▶▶ 应用型本科财经类规划教材

U0750805

公共组织财务管理

缪匡华　编著

厦门大学出版社　国家一级出版社
XIAMEN UNIVERSITY PRESS　全国百佳图书出版单位

前　言

　　公共组织财务管理是公共组织管理的一个重要组成部分,它是根据财务制度、财经法规,按照财务管理的原则,对单位资金的筹集、分配及使用所引起的财务活动进行计划、组织、协调、控制,并处理财务关系的一项综合性的经济管理工作。

　　目前,我国已初步建立了以部门预算、国库集中收付、收支两条线管理等为主要内容的现代预算管理制度。行政事业性收费、政府性基金和罚没收入等财政性资金作为"非税收入"纳入"综合财政预算"统一管理。2013 年 1 月 1 日,新的《行政单位财务规则》、《事业单位会计准则》开始执行,一批行业性事业单位的财务制度和会计制度也相继出台。事业单位分类改革正在深入推进,将在清理规范的基础上完成事业单位分类,形成新的事业单位管理体制和运行机制。

　　制度的创新、事业的发展、环境的变化、公共事业管理体制改革的日益深化,对完善公共组织财务、会计管理制度,严格预算管理,加强财务监管和运行监督提出了更加迫切的要求。特别是以部门预算、国库集中支付、政府采购等为核心的财政管理机制改革,给公共组织财务管理和会计核算提出了更大的挑战。加强公共组织财务管理,适应制度调整和管理方式转变,提高资金使用效能,是现实的必然选择。

　　本书结合公共组织财务管理理论与实践的新变化,依据现行的行政单位财务规则、事业单位财务规则、行政单位会计制度、事业单位会计制度和民间非营利组织会计制度,比较全面、系统地阐述了公共组织财务管理的基础知识、管理程序和管理方法,介绍了公共组织财务管理理论、预算管理、收入与支出管理、资产管理、负债管理、净资产管理、财务清算、财务报告与分析、财务监督等方面的内容。章后附有思考题和相关阅读材料,以便增进学生对公共组织财务管理理论与实践的了解与理解。

本书吸收了本学科的最新研究成果,在内容的选择上分清主次、突出重点,力求实现教学内容的先进性、科学性和完整性;力求通俗易懂、易教易学。

在本书编写过程中,本人广泛参阅了国内外相关教材和著作,参考并借鉴了相关书籍与文献,在此,对这些文献的作者表示由衷的感谢。由于本人水平所限,书中难免会有缺点甚至错误,恳请同行、读者批评指正。

缪匡华

2014 年 1 月 1 日

目　录

第一篇　绪　论

第二篇　行政事业单位财务管理

第一篇

绪　论

第一章

公共组织概述

第一节 公共组织的含义和特征

一、组织和公共组织的含义

从名词上说,组织可以按广义和狭义划分。

从广义上说,组织是指由诸多要素按照一定方式相互联系起来的系统。系统论、控制论、信息论、耗散结构论和协同论等,都是从不同的侧面研究有组织的系统的。从这个角度来看,组织和系统是同等程度的概念。

从狭义上说,组织就是指人们为了实现一定的目标,依照一定的目的、任务和形式组建起来的社会集体或团体,如行政事业单位、党团组织、工会组织、企业、军事组织等等。狭义的组织是专门就人群而言的,运用于社会管理之中。

(一)组织的特征

(1)组织是人们在相互交往中形成的一定行为关系的集合;

(2)组织有某种特定的目标;

(3)组织有一定的结构和活动方式;

(4)组织有其内在的价值观;

(5)组织是一个开放系统,随社会环境的变化而有机发展。

(二)组织的分类

现代社会的组织类型十分繁杂,按照不同的标准,对组织进行不同的分类。

根据组织的目标,组织分为公益组织、工商组织、服务组织和互益组织;

根据主要功能,组织分为政治组织、经济组织、军事组织、文化组织和社会组织；

按照人为设定还是自发形成,组织分为正式组织和非正式组织；

根据权力配置的方式,组织分为集权型组织和分权型组织；

根据管理事项及复杂程度,组织分为综合性组织和专门性组织。

（三）公共组织

公共组织是人类社会各种各样的组织形式之一。公共组织就是以管理社会公共事务,提供公共产品和公共服务,维护和实现社会公共利益为目的,拥有法定的或授予的公共权力的所有组织实体。

广义的公共组织不仅指政府及其执行部门,而且包括立法机关、司法机关、学校、医院、教会、军队、政党等具有管理行政事务的机构。

狭义的公共组织是指政府及其执行部门,以及具有行政授权的社会组织。

总体而言,公共组织包括行政单位、事业单位与民间非营利组织。

二、公共组织的特性

1. 政治性

政府是实现国家意志的,是国家最重要的组成部分,是国家进行政治统治的主要机关,是管理各种公共事物的主体。政府的一切行为都是为其政治统治的合法性服务的。公共行政必须执行国家的政治意志,执行政治决策,它不可能是中立的。

2. 社会性

无论何种性质的国家公共组织,都具有管理公共事务的职能。公共组织在行使管理公共事物职能时,都是为全社会服务的。公共组织这种社会属性,是由公共组织为了稳定社会秩序,维护政治统治的合法性的目的所决定的。公共组织的社会性是其政治性的基础。

3. 服务性

任何国家的公共组织,从管理公共事务的角度来讲,它为全社会提供公共物品。它不仅要保证公共秩序,维护社会稳定,还要为社会发展和经济发展服务。政府提供服务是以低投入高产出的高效实现行政目标为目的的,是无偿的非营利性的公共服务。

4. 权威性

政府在整个社会中有至高无上的地位和权威,起着其他任何组织无法起到的作用。这种权威是政府进行公共事务管理所必要的条件。政府凭借行政权力,对国家的政治、经济、文化等公共事务进行广泛的干预和管理。它的权力覆盖面可达及每个组织和公民,政府具有强制性。政府的权威性还表现在其组织内部管理的强制性上。

5.法制性

公共组织是依法代表国家行使公共权力的机关,有很强的法制性。公共组织的法制性主要表现在依法设置机构和依法行政上。公共组织具有明确的法律地位,组织机构的设置及其宗旨、目标及运作程序,人员编制,行为规范,管理方式,财政预算等都由宪法和有关法律决定。公共组织必须依据法律规定行使职权,在处理社会公共事务时,要运用法律手段,或按法律规定采取行政手段、经济手段和其他各种手段。在处理社会公共事务时,必须严格贯彻执行宪法和有关法律以及有关规定、条例、命令、规章与办法等等,并且不得随意变更和曲解这些法律规定。

6.系统性

在行政系统内,公共组织的权力关系和结构方式都层次分明,统分有据,纵横相连,浑然一体。它确保行政系统内统一领导,统一指挥,命令统一,政令畅通。这就是它的整体性特点。行政系统是个巨系统,在系统内部可分为省级次系统和市、县级子系统,表现为系统的层次性。行政巨系统与其次系统和子系统之间有机联系,使整个行政巨系统的每个组成部分都发挥其功能,这就是它的相关性。行政系统具有系统的整体性、结构性、层次性和相关性。

三、公共组织的构成要素

公共组织是按照一定法律法规严格建立起来的正式组织,公共组织在构成要素的种类上与一般组织大体一致,但其要素的具体内涵却是不完全一样的。公共组织的构成要素主要包括以下方面:

1.组织目标

是指组织成员进行某项活动所需达到的预期结果。目标是组织的基本要素之一。组织都是为了实现某个目标而建立起来的,它决定着组织行为的方式和组织发展的方向,关系到组织管理活动的效果。公共组织目标是公共组织存在的基础。组织目标从不同的角度可有不同的分类,公共组织中的职能目标从时间上看,有长远目标、中期目标和短期目标;从空间结构上看有总目标和分目标。这些目标构成了公共组织中的"目标网络"。

2.组织人员

组织人员是公共组织的一个基本构成要素,也是公共组织的主体。作为公共管理主体的组织和机构,其实际的运行和效能的发挥,必须依靠具体的人来完成。公共组织的人员是受国家和公民的委托,行使公共权力,负责运用资源及指挥公务人员,达成政府施政目标的人。公共人员的素质和智能结构,是公共组织的一个重要要素。管理主体自身素质的完善、管理主体认识能力的提高和价值取向的合理化,对公共管理的结果将会产生重要的影响。

3.物质因素

任何组织的运行,都无法离开物质因素的支持。物质因素包括公共组织赖以存在的载体如场地、房屋、办公设备、用品、经费等。

4.职能范围

职能范围是根据组织目标对公共组织所要完成的工作任务、职责及其作用的总体规定,它确定了公共组织行使职权的活动和作用范围。职能范围是组织目标的具体化,它决定着组织规模、内部职位设置等方面的内容。公共组织的职能范围从其性质的角度可划分为政治职能和管理职能;从管理角度可划分为计划、组织、协调、控制、监督和创新等职能。

5.机构设置

机构设置是根据组织目标、职能范围在公共组织内部按单位进行分工的结果。公共组织都要通过一定的机构体现出来,公共组织的机构设置必须科学、合理,才能使公共组织真正成为公共活动的载体。

6.职位设置

职位设置是在机构设置的基础上进一步按个人职责明确工作分配或分工的结果,即将组织目标、工作任务、权力职责具体落实到个人身上。职位是公共组织运行最基本的要素之一,只有有了职位设置,才能使权力的流动成为可能。实行科学的职位分类,是减少公共组织内部矛盾的有效途径。

7.权责体系

职权是指被组织正式承认的权力,它主要来自于组织的认可,与职位有密切关系。职责是指完成任务所应承担的责任。权责体系指公共组织中各个部门、层次、成员之间若干从属、并列等相互关系的确认与规范,它通过权力和职责的划分,保障公共组织各组成部分有序运行。

8.规章制度

规章制度是指以书面文件等形式对组织目标、职能任务、权责关系、活动方式等进行严格规范。从总体上讲,从公共组织机构设置、权力划分到公共组织成员的行为规范等,都要有法可依。就公共组织内部而言,也必须有一套规章制度,以确保公共组织的正常运行和公共权力的正确行使。

9.技术和信息

公共组织构成因素中的技术不仅指组织活动过程中所采用的科学技术，也包括组织决策原则、方式在内的"政治技术"；信息是组织活动不可缺少的因素，信息传递的途径和方式，也正是组织各部分相互协调的途径和方式，组织过程在一定意义上是一个信息收集、整理、制造、传递、反馈的过程。信息技术将改变许多组织的性质和结构，以及组织产品和服务的性质与生命周期。新技术可以促进分权化、网络化的管理作风以及自组织的能力。

第二节　政府组织

一、"政府"名称的来历

"政府"其名，起源于唐宋时期的"政事堂"和宋朝的"二府"两名之合称。

唐宋时中央机关机构为三省六部，即尚书省，下设吏、礼、户、兵、刑、工六部，主管行政事务；中书省起草政令，实为秘书班子；门下省掌管出纳和常命，有审查诏令权力。唐朝时期，为提高工作效率，中书省和门下省有时合署办公，称为"政事堂"。宋朝将"政事堂"设于中书省内，称为中书。宋初年还设立了枢密使，主管军事，其官署称为枢密院。并将中书省和枢密院并称为"二府"。"政事堂"和"二府"合称即为后来的"政府"。

我国明代就有关于"政府"的称谓了，如明黄道周《节寰袁公（袁可立）传》："及在御史台，值他御史触上怒，将廷杖，诸御史诣政府乞伸救，辅臣以上意为辞。"

二、政府的含义

政府，俗称"官府"、"衙门"、"公家"等，是一个政治体系，是于某个区域订立、执行法律和管理的一套机构。

政府是一个国家为维护和实现特定的公共利益，按照区域划分原则组织起来的，以暴力为后盾的政治统治和社会管理组织。

1. 广义的政府

广义的政府是指国家立法机关、行政机关和司法机关等公共机关的总合。代表着社会公共权力。

2. 狭义的政府

狭义的政府是指国家政权机构中的行政机关，即一个国家政权体系中依法享有行政权力的组织体系。

我国宪法规定,国家权力机关行使立法权,人民法院行使审判权,人民检察院行使检察权,人民政府行使行政权。

三、政府的特点

1.从行为目标看,政府行为一般以公共利益为服务目标,在阶级社会里,它以统治阶级的利益为服务目标;

2.从行为领域看,政府行为主要发生在公共领域;

3.从行为方式看,政府行为一般以强制手段(国家暴力)为后盾,具有凌驾于其他一切社会组织之上的权威性和强制力;

4.从组织体系看,政府机构具有整体性,它由执行不同职能的机关,按照一定的原则和程序结成严密的系统,彼此之间各有分工,各司其职,各负其责。

四、政府的职能

1.政治职能

政治职能是指政府为维护国家统治阶级的利益,对外保护国家安全,对内维持社会秩序的职能。我国政府主要有四大政治职能:

(1)军事保卫职能;

(2)外交职能;

(3)治安职能;

(4)民主政治建设职能。

2.经济职能

经济职能是指政府为国家经济的发展,对社会经济生活进行管理的职能。随着我国计划经济体制向社会主义市场经济体制的转变,我国政府主要有四大经济职能:

(1)经济调节职能;

(2)公共服务;

(3)市场监管;

(4)社会管理。

3.文化职能

文化职能是指政府为满足人民日益增长的文化生活的需要,依法对文化事业所实施的管理。它是加强社会主义精神文明,促进经济与社会协调发展的重要保证。我国政府的文化职能主要是:

(1)发展科学技术；

(2)发展教育；

(3)发展文化事业；

(4)发展卫生体育。

4.社会公共服务职能

社会公共服务职能,即国家提供公共服务,完善社会管理的职能。这类事务一般具有社会公共性,无法完全由市场解决,应当由政府从全社会的角度加以引导、调节和管理。目前,政府的社会公共服务职能主要有：

(1)调节社会分配和组织社会保障的职能；

(2)保护生态环境和自然资源的职能；

(3)促进社会化服务体系建立的职能；

(4)提高人口质量,实行计划生育的职能。

五、中央政府职能

在我国行政系统中,国务院居于最高领导地位,它统一领导所属各部、委的工作,统一领导全国各级地方行政机关的工作,有权根据宪法、法律管理全国范围内的一切重大行政事务。

根据我国宪法规定,国务院共有 18 项职权。这 18 项职权可归结为六个方面：

(1)根据宪法和法律,规定行政措施,制定行政法规,发布决定和命令；

(2)向全国人民代表大会及其常务委员会提出议案；

(3)规定各部各委员会的任务和职责,统一领导各部和各委员会的工作,领导全国性的行政事务；

(4)统一领导全国各级地方行政机关的工作,规定中央和地方行政机关职权的划分；

(5)负责执行国民经济计划与国家预算,管理科学、教育、经济、文化、卫生等工作；

(6)任免行政人员。

此外,国务院还有最高权力机关及其常设机关授予的其他职权。

六、地方政府职能

自 1994 年起,各级地方政府机构相继进行改革,改革的主要内容和重点是：转变政府职能,实行政企分开；合理划分职权,理顺各种关系；大力精兵简政,提高行政效率。

1.县级以上各级地方人民政府的主要职能

(1)执行本级人民代表大会及其常务委员会的决议,以及上级行政机关的决议和命令,规定行政措施,发布决议和命令;

(2)领导和监督所属各工作部门和下级人民政府的工作;

(3)执行经济计划和预算,管理本行政区域内经济文化建设、民政和公安等工作;

(4)依法任免和奖惩国家行政机关工作人员;

(5)保护公共财产,维护社会秩序,保障公民权利,保障少数民族的平等权利;

(6)办理上级国家行政机关交办的其他事项。

2.乡、镇人民政府的主要职能

(1)执行本级人民代表大会的决议和上级国家行政机关的决定和命令,发布决定和命令;

(2)执行本行政区域内的经济和社会发展计划、预算,管理本行政区域内的经济、教育、科学、文化、卫生、体育事业和财政、民政、公安、司法行政、计划生育等行政工作;

(3)保护社会主义的全民所有的财产和劳动群众集体所有的财产,保护公民私人所有的合法财产,维护社会秩序,保障公民的人身权利、民主权利和其他权利;

(4)保护各种经济组织的合法权益;

(5)保障少数民族的权利和尊重少数民族的风俗习惯;

(6)保障宪法和法律赋予妇女的男女平等、同工同酬和婚姻自由等各项权利;

(7)办理上级人民政府交办的其他事项。

七、行政单位

行政机关是指依据宪法和有关组织法的规定设置的,行使国家行政职权,负责对国家各项行政事务进行组织、管理、监督和指挥的国家机关。

行政单位是国家进行行政管理、组织经济建设和文化建设、维护社会公共秩序的单位,主要包括国家权力机关、行政机关、司法机关、检察机关以及实行预算管理的其他机关、政党组织等。行政单位与行政机关是有区别的,行政单位包括行政机关。

国家权力机关是国家权力的体现者和行使者,分为最高国家权力机关和地方国家权力机关,即全国人民代表大会和地方各级人民代表大会及其常务委员会。

国家行政机关是权力机关的执行机关,即各级政府。我国国家行政机关由国务院以及省(自治区、直辖市)、设区市(自治州)、县、乡(镇)组成。各级政府下还要设置具体办事机关,包括民政、商业、工商管理、统计、财政、审计、文化、教育、卫生、外贸、体育、监察、公安、安全、司法、检察院、人民法院等。

政党组织和部分人民团体的中央和地方常设机构,虽然不属于国家机关,但由于其业务活动方式和财务活动的特点与国家机关类似,因此,作为行政单位管理。

行政单位依法设立,其人员实行公务员体制管理,活动经费、工资福利等全部由政府拨付。

第三节　事业单位

一、事业单位的含义

事业单位,是指国家为了社会公益目的,由国家机关举办或者其他组织利用国有资产举办的,从事教育、科技、文化、卫生等活动的社会服务组织。

事业单位一般要接受国家行政机关的领导,要有其组织或机构的表现形式,要成为法人实体。从目前情况来看,事业单位绝大部分由国家出资建立,大多为行政单位的下属机构,也有一部分由民间建立,或由企业集团建立。事业单位有以下特征:一是不以营利为目的;二是财政及其他单位拨入的资金主要不以经济利益的获取为回报。

我国的事业单位在功能上对应的是国外的非营利组织(NPO)、非政府组织(NGO),国外的这些组织是社会自治组织,在我国,事业单位和政府的关系比较密切。这种不同点,有些是社会制度不同造成的,有的是由于我国的社会自治能力不足造成的。

二、事业单位的分类

事业单位一般是国家设置的带有一定的公益性质的机构,但不属于政府机构,与公务员是不同的。一般情况下国家会对这些事业单位予以财政补助,分为全额拨款事业单位、差额拨款事业单位；还有一种是自主事业单位，是国家不拨款的事业单位。

1.全额拨款事业单位

指全额预算管理的事业单位，其所需的事业经费全部由国家预算拨款。

这种管理形式，一般适用于没有收入或收入不稳定的事业单位，如学校、科研单位、卫生防疫、工商管理等事业单位，即人员费用、公用费用都要由国家财政提供。采用这种管理形式，有利于国家对事业单位的收入进行全面的管理和监督，同时，也使事业单位的经费得到充分的保证。

2.差额拨款事业单位

按差额比例拨款，财政承担部分，由财政列入预算；单位承担部分，由单位在税前列支，如医院等。

差额拨款单位的人员费用由国家财政拨款，其他费用自筹。按照国家有关规定，差额拨款单位要根据经费自主程度，实行工资总额包干或其他符合自身特点的管理办法，促使其逐步减少国家财政拨款，向经费自收自支过渡。

3.自主事业单位

是国家不拨款的事业单位。自收自支事业单位作为事业单位的一种主要形式，不需要地方财政直接拨款。

目前，我国正在进行事业单位的分类改革，即按照社会功能将现有事业单位划分为承担行政职能、从事生产经营活动和从事公益服务三类。对完全行使行政职能的事业单位，改革方向是结合深化行政体制改革和政府机构改革的背景，根据具体情况，进行相应调整，具备条件的转为行政机构；对承担部分行政职能的事业单位，将其行政职能和公益服务职能与有关单位的职能和机构进行整合。对从事生产经营活动的事业单位，已经实现或经过相应调整后可以实现由市场配置资源，改革方向是逐步转为企业，依法进行企业注册，并注销事业单位，注销事业编制。对从事公益服务的，根据职责任务、服务对象和资源配置等方面的不同情况，初步分为公益一类、公益二类两类。承担义务教育、基础性科研、公共文化、公共卫生及基层基本医疗服务等基本公益服务，不能或不宜由市场配置资源的，划入公益一类，即纯公益类的事业单位，由政府出资保障，不再允许其存在经营活动。承担职业教育、高等教育、非营利性医疗等公益服务的事业单位，可部分由市场配置资源的，划入公益二类，即属于准公益类的事业单位，允许其部分由市场配置资源，但不允许进行以营利为目的的生产经营活动。

事业单位范围涵盖较广,从行业分布来看,可以分为以下 24 类:

(1)科学研究事业单位

(2)教育事业单位

(3)文化事业单位

(4)勘察设计事业单位

(5)新闻出版事业单位

(6)广播影视事业单位

(7)卫生事业单位

(8)体育事业单位

(9)农、林、牧、水事业单位

(10)交通事业单位

(11)气象事业单位

(12)地震事业单位

(13)海洋事业单位

(14)环保事业单位

(15)测绘事业单位

(16)信息咨询事业单位

(17)质量监督事业单位

(18)知识产权事业单位

(19)物质仓储事业单位

(20)城市公用事业单位

(21)社会福利事业单位

(22)经济监督事业单位

(23)机关后勤事业单位

(24)公证服务等其他事业单位

三、事业单位的性质和宗旨

1.事业单位的性质

事业单位是相对于企业单位而言的。事业单位包括一些有公务员工作的单位,它们不是以营利为目的的,是国家机构的分支。

2.事业单位的宗旨

事业单位是以公益服务为主要宗旨的一些公益性单位、非公益性职能部门等。它参与社会事务管理,履行管理和服务职能,宗旨是为社会服务,主要从事教育、科技、文化、卫生等活动。

四、事业单位的特征

1.依法设立

事业单位的设立,应区分不同情况,由法定审批机关批准,依法登记,或者依照法律规定直接进行法人登记。

2.从事公益服务

事业单位从事的是教育、科技、文化、卫生等涉及人民群众公共利益的服务活动,一般不履行行政管理职能。

3.不以营利为目的

事业单位一般不从事生产经营活动,经费来源有的需要财政完全保证,有的可通过从事一些经批准的服务活动取得部分收入,但取得的收入只能用于事业单位的再发展,不得用于管理层和职员分红等。

4.社会组织

事业单位是组织机构而不是个人,要有自己的名称、组织机构和场所,有与其业务活动相适应的从业人员和经费来源,能够独立承担民事责任。

五、事业单位功能特征

1.服务性

这是事业单位最基本、最鲜明的特征。事业单位主要分布在教、科、文、卫等领域,是保障国家政治、经济、文化生活正常进行的社会服务支持系统。

2.公益性

公益性是由事业单位的社会功能和市场经济体制的要求决定的。在一些领域,某些产品或服务,如教育、卫生、基础研究、市政管理等,不能或无法由市场来提供,需要由政府组织、管理或者委托社会公共服务机构从事社会公共产品的生产,以满足社会发展和公众的需求。

3.知识密集性

绝大多数事业单位是以脑力劳动为主体的知识密集性组织,专业人才是事业单位的主要人员构成,利用科技文化知识为社会各方面提供服务是事业单位的主要手段。

4.不以营利为目的

六、事业单位的资金来源

事业单位的资金来源大致有三种：政府出资；事业收入；民间集资创办，国家予以补贴。我国事业单位大多数是国家出资创办，并受国家行政机关的监督和管理的。在我国行政编制中，事业单位的经费与人员工资由国家财政预算的事业费开支。

第四节　民间非营利组织

一、民间非营利组织的含义

民间非营利组织是指由民间出资创办的，依据一定法律成立的，具有稳定的组织形式、固定成员和领导结构的，在政府组织和企业组织之外而独立运作，发挥特定的社会功能的，不以营利为目的的，关注于特定的或普遍的公众、公益事业的民间团体。它提供部分公共产品与服务，强调个人奉献、成员互益等价值观念。

民间非营利组织主要是以精神产品和各种劳务形式向社会提供生产性或生活性服务的。它们虽然一般不直接创造物质财富，但对整个社会再生产过程起着不可忽视的作用。民间非营利组织与企业、事业单位一样，都是整个国民经济不可缺少的组成部分。没有这些组织的业务活动，整个社会再生产活动和社会生活就无法顺利进行。

在会计研究上，必须把事业单位和民间非营利组织分开，因为两者的会计主体就不同，所以会计目标、会计原则和遵循的会计核算法规也不同。

二、民间非营利组织的分类

根据我国现行的法律法规对社会组织的有关规定，我国目前非营利组织的存在形式主要包括事业单位和民间非营利组织。民间非营利组织包括依照国家法律、行政法规登记的社会团体、基金会、民办非企业单位和寺院、宫观、清真寺、教堂等。其中民办非企业单位是由企业事业单位、社会团体和其他社会力量以及公民个人利用非国有资产举办的、从事公益性社会服务活动的非营利民间组织；社会团体是一种以会员名义集合而成的松散的社会中介组织。

1.社会团体

我国的社会团体是指中国公民自愿组成,为实现会员共同意愿,按照其章程开展活动的非营利社会性民间组织。这类组织主要包括各行各业的各种学会、联合会、研究会等,具有非营利性和民间性两种基本组织特征。

社会团体主要是由代表一定社会群体的共同意愿或利益的人员组成,以社团成员互益为基本宗旨,为实现这些社会成员的公共意愿而开展各种公益性活动,其社会定位是作为政府与社会相互沟通联系的桥梁与纽带,其权威基础来源于社会或其组织成员对其目标所具有的公共价值的认同,并得到政府在政策或道义上的支持,其活动多集中在济贫救弱、环保、文化教育、社区工作等领域。

这类组织活动所需的经费一般由政府财政提供或社会捐助等。

社会团体成为公共组织,需要按照《社会团体登记管理条例》进行登记,而社会团体成为公共管理主体,还需经过法律、法规授权或行政机关委托。

2.基金会

基金会是指利用自然人、法人或者其他组织捐赠的财产,以从事公益事业为目的,按照基金管理条例的规定成立的非营利性法人,是社会团体法人。

基金会分为面向公众募捐的基金会和不得面向公众募捐的基金会。公募基金会按照募捐的地域范围,分为全国性公募基金会和地方性公募基金会。

基金会是对兴办、维持或发展某项事业而储备的资金或专门拨款进行管理的机构。一般为民间非营利性组织。宗旨是通过无偿资助,促进社会的科学、文化教育事业和社会福利救助等公益性事业的发展。基金会的资金具有明确的目的和用途。

基金会管理办法:

(1)基金会可以向国内外热心于其活动宗旨的企业事业单位、社会团体和其他组织以及个人募捐以筹集资金,但必须出于捐赠者的自愿,严禁摊派。

(2)基金会的领导成员,不得由现职的政府工作人员兼任。基金会应当实行民主管理,建立严格的资金筹集、管理、使用制度,定期公布收支账目。

(3)基金会的基金,应当用于资助符合其宗旨的活动和事业,不得挪作他用。基金会不得经营管理企业。

(4)基金会可以将资金存入金融机构收取利息,也可以购买债券、股票等有价证券,但购买某个企业的股票额不得超过该企业股票总额的20%。

(5)基金会对接受资助者使用资助资金的情况有权进行监督。如果发现不按原定的协议使用资金,基金会有权减少、停止或者收回资助的资金。

（6）基金会工作人员的工资和办公费用,在基金利息等收入中开支。

（7）国外捐赠给基金会的外汇,归基金会所有,允许开立外汇存款账户。

国外捐赠给基金会的物资,免征关税,归基金会所有;基金会有权将其作为资助,无偿转让给与其宗旨有关的其他单位或者个人,但不得出售。

（8）建立基金会,由其归口管理的部门报经人民银行审查批准,民政部门登记注册发给许可证,具有法人资格后,方可进行业务活动。

全国性的基金会,报中国人民银行审查批准,向民政部申请登记注册,并向国务院备案。地方性的基金会,报中国人民银行的省、自治区、直辖市分行审查批准,向省、自治区、直辖市人民政府的民政部门申请登记注册,并向省、自治区、直辖市人民政府备案。

基金会改变名称、合并或者撤销,按照申请成立的程序办理。

（9）基金会应当每年向人民银行和民政部门报告财务收支和活动情况,接受人民银行、民政部门的监督。

基金会的活动违反以上规定时,人民银行有权给予停止支付、冻结资金责令整顿的处置,民政部门有权给予警告、吊销许可证的处罚。

（10）以上办法由中国人民银行和民政部负责实施,并可制定相应的实施细则。

3. 民办非企业单位

我国的民办非企业单位是指企业事业单位,社会团体和其他社会力量以及公民个人利用非国有资产创办的、从事非营利性社会服务活动的社会组织。这类组织主要包括从事科学、教育、文艺、卫生、体育等科学文化类的非企业单位,如民办医院诊所、民办剧团、民办学校、各类体育俱乐部、民办各类科研所等;从事各种社会救济的非企业单位,如民办孤儿所、民办养老院等;从事民间公证鉴定、法律服务、咨询服务等社会性服务的社会中介组织,如法律服务所等。

民办非企业单位的主要功能是面向社会,为满足人们的社会需要而开展服务;其社会定位是凭借专业知识和技能服务于社会的非营利组织;其组织形式是具有一定专长的单位成员,根据双向选择的原则和一定的组织形式,建立稳定型的单位实体;其工资报酬形式是单位成员按劳取酬。

目前我国的民办非企业单位实行的是自收自支、自主办学（院、所等）、自负盈亏的原则,几乎没有国家财政拨款或资助,主要靠服务收费、捐赠获得资金,在提供服务中虽然注重社会效益但也要保障一定的经济效益,但其营利程度较低。其所提供的产品是混合公共产品,既具有部分公共产品的性质,又具有部分私人物品的性质。同社会团体一样,民办非企业单位也要按照相关规定先进行合法登记,然后再根据法律、法规授权或行政机关委托而具有公共组织的主体资格,成为公共管理主体。

4.寺院、宫观、清真寺、教堂

是由具有宗教信仰和热心宗教的人在国家支持下兴办的开展宗教活动的场所。主要包括佛教的寺院、道教的宫观、伊斯兰教的清真寺和基督教的教堂等。

三、民间非营利组织的特征

美国研究非营利组织的专家,约翰·霍普金斯大学的莱斯特·萨拉蒙教授对非营利组织的界定被学术界奉为经典,他指出非营利组织六个最关键的特征是:

1.组织性

具有一定的组织机构,是根据国家法律注册的独立法人,有成文的章程、制度及固定的组织形式和人员等;

2.民间性

非营利组织在组织机构上独立于政府,既不是政府机构的一部分,也不是由政府官员来主导;

3.非营利性

组织建立的宗旨不是为了获取利润,非营利组织可以有收支盈余,但这属于资金运作的结果而非初衷,并且其所得盈余必须用于组织使命所规定的工作,而不能在所有者中按出资额进行分配;

4.自治性

拥有独立的决策和执行能力,能够进行自我管理,非营利组织有不受外部控制的内部管理程序,自己管理自己的活动;

5.志愿性

成员的参加和资源的集中不是强制性的,而是自愿和志愿性的,在组织的活动和管理中都有相当程度的志愿者参与,特别是形成由志愿者组成的董事会和广泛使用志愿人员;

6.公益性

服务于某些公共目的和为公众奉献,以提高社会福利为己任。

萨拉蒙教授的这六条标准亦非十全十美,很多学者对其中第六条标准——公益性提出指责,因为现实社会中存在着大量非营利组织只为局部社会成员服务,如各种行业协会、联合会、互助社等。

美国财务会计准则委员会(FASB)规定,非营利组织的主要特征为:

(1)大部分资财来源于资财的供应者,他们不期望收回或据以取得经济上的利益;

(2)业务运营的目的,主要不是为了获取利润或利润等价物而提供产品或劳务;

(3)没有明确界定的所有者权益及其出售、转让或赎回,以及凭借所有权在组织解散时分享一定份额的剩余资财。

我国《民间非营利组织会计制度》规定,民间非营利组织应当同时具备以下特征:

(1)该组织不以营利为宗旨和目的;

(2)资源提供者向该组织投入资源不取得经济回报;

(3)资源提供者不享有该组织的所有权。

思考题

1.什么是公共组织?公共组织的特征是什么?

2.什么是行政单位?什么是事业单位?

3.行政事业单位的特征是什么?

4.民间非营利组织的特征是什么?

第二章

公共组织财务管理理论

第一节 公共组织财务管理的含义与特征

一、公共组织财务管理的含义

公共组织是行使国家赋予的一定权力、具有一定的政府职能、管理社会公共事务的组织机构。公共组织财务是客观存在于财政、主管部门、行政事业单位业务工作和经营活动中的资金运动及其所体现的国家与单位、单位与单位以及单位内部的经济关系，它是事业管理的重要内容。公共组织财务管理必须与事业的发展相适应。

财务管理是一个动态的概念，不同的时期有不同的时代特征与时代要求。在新的条件下，公共组织进行财务管理，要与时俱进，结合实际，必须包含科学、依法、成效等新的内涵。

公共组织财务管理是指行政事业单位、民间非营利组织按照国家有关部门的方针、政策、法规和财务制度的规定，有计划地筹集、分配和运用资金，对公共组织业务活动进行核算、财务监督与控制，以保证事业计划及任务的全面完成，是公共组织行使职能的过程中客观存在的财务活动和财务关系，是单位组织财务活动、处理与各方面财务关系的一项管理工作。

公共组织加强财务管理，具有以下几方面的作用：

1. 全面反映公共组织以各种形式存在的资产

公共组织无论是以实物形态存在的资产还是以非实物形态存在的资产，都同样具有使用价值和价值，需要予以确认。行政事业单位财务规则明确了资产的概念，对财务管理做出了比较系统、明确的规定，规范和加强了行政事业单位对外的投资管理,使行政事业单位以各种形态存在的资产得到全面的反映,有利于行政事业单位加强对资产的全方位管理,更好地发挥资产的作用和效益。

2.提高公共组织资金效益,强化资金管理

实行会计集中核算后,实体单位的财政资金集中在会计核算中心的单一账户上,有利于财政部门对资金加强统一调度和管理,有利于提高资金使用效益。同时,通过实行会计集中核算,能够全方位、全过程掌握和监督各单位每笔资金的流向。

3.促进公共组织职能的健康和谐

公共组织要发挥职能,就需要资金,资金如何预算,如何使用,这些都离不开财务管理。财务部门在实施控制和监督过程中,发现问题及时反馈给决策者,帮助其改进,保证职能的顺利发挥。

4.有效控制公共组织支出

财务部门严格执行财务制度及有效的支出约束机制,预算编制坚持"以收定支、收支平衡、统筹兼顾、保证重点"的原则,合理地、科学地安排收支。

5.健全公共组织财务管理制度

财务部门根据本单位的业务特点、管理要求、资金运动、人员配置等,充分体现本单位的特点,制定规范、合理、人性化的制度,做到有章可循。强化会计监督,减少和杜绝了违规违纪行为的发生。

二、公共组织财务管理的特征

公共组织财务虽然属于部门或单位的财务,但又是整个财政体系的一个重要组成部分,这决定了公共组织财务管理具有自己的特点。

1.政策性强

行政事业单位的资金来源主要依靠财政拨款,其支出是一种无法通过自我资金循环和周转补偿的消耗性支出。因此,行政事业单位资金的筹集、运用和管理方式都带有很强的政策性。行政事业单位财务是国家有关方针政策的体现,它的一收一支都直接关系到国家政治、文化建设和群众的切身利益,关系到行政事业单位计划的实现。因此,行政事业单位在办理各项收支业务时,要严格执行有关的收支范围和收支标准,严格执行各项财务规章制度及财经纪律。

2.以预算管理为中心

预算管理是指单位为了实现确定的经济目标或者管理目标,利用预算编制、预算执行和预算考核等手段进行的相关财务活动。对于行政事业单位而言，是指为了合理适时地向社会提供公共产品以及服务而实行的有组织、有计划的管理活动。单位针对预算的管理主要从预算的编制和预算的执行两个方面进行。通过实施预算管理，在发生耗费或者支出最小的情况下，实现行政事业单位的社会职能。预算管理活动的有效实施对单位目标的实现会产生重要的影响，所以，合理科学的实施预算管理可以帮助单位实现资源优化配置的目标，对于单位各项管理制度的实施和综合管理水平的提高有着重要的帮助。

预算管理是公共组织管理的核心和基础，也是行政事业财务管理的中心。

3.财务类型不同，管理办法多样

公共组织种类多，业务特点各不相同，财务收支状况也有很大差别。为了适应这些特点，国家对不同类型的单位实行了不同的财务管理办法。在财务制度上，国家制定了《行政单位财务规则》和适用于各类事业单位的《事业单位财务规则》，同时还制定了分行业的事业单位财务制度。在拨款的形式和数额上，国家根据各类行政事业单位的不同情况，分别实行不同的供应资金方式。在内部财务管理上，行政事业单位还要根据各自财务管理的不同要求，在执行国家统一的财务制度的前提下，制定各单位内部实行的财务管理办法。

4.财务管理体系比较简单

最主要的原因是行政事业单位资金来源单一，主要是财政拨款。虽然事业单位随着体制改革的深入，更多的面向市场，参与市场竞争，也越来越多地吸收了社会资金，但财政拨款和补贴仍然是现阶段绝大多数事业单位的主要资金渠道。这种单一的资金来源，本身管理事项少、难度小，且资金提供者并不追逐所提供的资金获得的经济收益，资金管理采用会计集中核算，并执行以财政预算为主的财务核算体系，做好预算编制、执行与评估以及内部控制、财务监督等重点内容即可，财务管理相对比较简单。

5.兼顾效率和公平

财务管理的本质是提高资金效率，实现价值增值。虽然行政事业单位开展业务活动的目的是执行或提供社会管理或公益职能，没有直接经济目的，但同样需要讲求效率，追求费用最低化、回报最高化以及正的净现值等目标。只有这样才能充分利用公共资源提供更好的公共服务。当然，行政事业单位的效率目标可能会与组织的其他目标产生矛盾。因此，在确定财务管理目标，进行财务决策时要兼顾效率和公平。

第二节 公共组织财务管理目标、任务和原则

一、公共组织财务管理的目标

公共组织是以实现社会公益而不是追逐利润为宗旨的,其财务管理目标应服从于组织宗旨。具体体现在以下三个层次:

1.保障公共资源的安全完整

这是财务管理的初级目标。初级目标就是保障公共资源的安全完整,即通过科学编制预算,统筹安排、节约使用各项资金,建立、健全公共部门的内部控制制度,加强资产管理,保障预算的严格执行,防止资产流失和无效投资。

2.提高资源使用效率

这是财务管理的中级目标。就是要通过绩效管理、成本控制、资产管理等手段,帮助公共部门科学决策,合理配置使用资源,注重资源的投入产出分析,提高资源的使用效率。

3.实现效率与公平的统一

这是财务管理的高级目标。就是通过财务管理活动,帮助单位科学有效地组织分配财务资源,为社会公众提供更好的公共产品和服务,实现"效率"与"公平"的统一。

二、公共组织财务管理的任务

公共组织财务管理的任务是,依法筹集并合理有效地使用资金,对公共组织的各项财务活动实施有效的综合管理。

1.加强公共组织预算管理,保证各项事业计划和工作任务的完成

根据国家规定,实事求是地、科学合理地编制单位预算,并严格执行审批后的预算,做好预算管理工作。

2.加强收支管理,提高资金使用效率

加强收支管理,组织增收节支,合理安排资金,有效使用资金,提高资金的使用效益。

3.加强资产管理,防止国有资产流失

贯彻"统一领导,分工管理,层层负责,合理调配,管用结合,物尽其用"的原则,防止资产闲置。

4. 建立健全财务制度，实现公共组织财务管理的规范化和法制化

根据财政部门及上级主管部门制定的财务制度，在本单位领导的直接领导下，建立内部财务制度，健全财会机构，切实搞好核算管理、计划管理等各项工作。

5. 按规定及时编报决算，如实反映公共组织财务状况

在规定的时间内，真实、完整地编报决算。

6. 加强财务分析与财务监督，保证公共组织各项活动的合理性与合法性

建立一套符合本单位特点的财务分析体系，运用各种分析方法，对财务活动的各个方面进行全面分析，提出改进意见和措施。财政部门、主管部门和单位领导还要科学运用各种监督手段，对各项财务活动的合法性、合理性、真实性及财会资料的准确性、完整性等进行监督。

三、公共组织财务管理的原则

公共组织财务管理原则与企业财务管理原则不同，这主要是由公共组织的性质决定的。企业是自筹资金进行经营活动的，而行政事业单位多是靠国家拨款（补助）；企业经营的目的是获得利润，而行政事业单位的目的并不在于获利，主要是完成行政任务和事业计划。公共组织财务管理的基本原则是：

1. 依法管理原则

依法管理是公共组织财务管理应遵循的最基本的原则。在全面协调、统一的前提下，依照相关法律法规，按照管理资产与管理资金相结合、使用资金与管理资金相结合、管理责任与管理权限相结合的要求，实行各级、各部门共同承担责任的财务管理，以调动全体员工管理的积极性，将各项管理措施落到实处，务求有效。

2. 现金收支平衡原则

在财务管理中，要求在业务活动过程中做到现金收入（流入）与现金支出（流出）在数量上、时间上达到动态平衡。

3. 突出重点原则

管理主体可以根据财务管理的全面情况，根据重要程度和紧迫程度进行排列组合。对于多数单位而言，在各个发展时期，全面系统地查找财务管理过程存在的问题是有效开展财务管理的首要前提，必须综合分析影响财务管理的各种内外环境要素。在财务管理过程中发现，哪些是需要马上解决的、需要着重考虑的，哪些是可以暂缓的、不需要投入大量精力的，从而发现财务管理

中存在的问题,找出解决的途径和办法。

4.前瞻性原则

财务管理要基于单位发展战略的基础,根据发展战略制定、实施、评价和优化的实际情况,合理制订计划,紧扣发展走向,卓有成效地开展相关活动。从目标层面上看,财务管理主要是为保证单位持续健康发展提供有价值的财务信息,这些信息大致分为"判断导向"和"发展导向"两种类型,判断导向的评价强调的是过去的绩效,为判断哪些方面应该纠正和如何有效地衡量已实施的财务管理提供基础。而发展导向的评价更加关注的是改进未来的绩效,确保绩效预期清晰明确,识别通过相关评价的基本方法,一方面修正和调整财务管理的基本内容,另一方面改进现有管理的方式和方略,进而有助于提高管理绩效和水平。

5.适应性、可操作性原则

适应性是一项制度的生命。制度的制定必须结合单位实际,不能照搬硬抄《会计法》《行政事业单位会计制度》,或其他单位的管理方法和管理模式,要与单位其他管理制度相衔接。内部财务制度的条文在表述上应尽量通俗易懂,操作方便,并与日常会计核算的实务紧密联系;要按单位实际对有关内容、程序、权限等作出明确规定,使单位会计流程中的各个环节都有章可循、规范有序。

6.监督性原则

对每项重要经济业务都要安排事前、事中、事后的控制方式,便于及时掌握和归集所需要的信息。对会计账目列示方式、财务报告的披露方式要进行具体详尽的规定。

第三节 公共组织财务管理内容

由于公共组织财务活动的特殊性,公共组织财务管理具有更为广泛的内容,不仅包括对公共资金的管理,还包括对各种公共资源的管理。主要内容如下:

一、预算管理

公共组织预算资金管理是指公共组织根据行政事业活动计划和任务编制的年度财务收支计划。行政事业单位属于非物质生产部门,是非营利组织,以实现社会效益为宗旨,向社会提供生产性或生活性服务,其资金来源大多直接或间接来自纳税人及其他出资者,力求做到收支平衡。行政事业单位的性质及资金来源和支出渠道,决定了其资金管理目标及地位的特殊性。预算管理是对公共组织进行财务监管所使用的主要手段,通过预算编制可以提高公共组织对未来事务的预见性、计划性,规范组织财务收支活动。预算审批特别是政府部门的公共预算审批,实质是民主参与公共资源分配决策,提高公共财务透明度的一种形式,是对公共组织财务活动的一种事前控制。

公共组织预算由收入预算和支出预算组成,包括短期的现金收支预算,以及长期的资本支出和长期的资金筹措。具体来讲,行政事业单位由于其特殊性质,预算的内容主要包括以下方面:收入预算,包括财政拨款、财政补助收入、上级补助收入、事业收入、经营收入、附属单位上缴收入和其他收入;支出预算,包括事业支出、经营支出、对附属单位补助支出和上缴上级支出。支出预算按其性质可以细分为:(1)维持单位管理和服务工作正常进行所需的日常经费,包括人员经费和公用经费,即经费预算;(2)单位专项业务活动所需的业务事业费,包括各部门的部门业务费和单位总体业务工作活动费,即业务预算;(3)对下属单位的专项补助;(4)上缴上级的支出。

公共组织的整个预算体系均应有相应完善的预算管理组织机构,相应的授权、分权、资金监控,预算调整审批制度和程序。财务预算管理应定期对照预算指标及时总结预算执行情况、计划差异,分析原因,提出改进措施,协调各方关系,有计划、有步骤地将单位的长期战略规划、短期策略和发展方向进行有机的结合并予以具体化。

二、收入与支出管理

收入一般是指公共组织为开展业务活动和完成公共任务依法获取的非偿还性资金。支出一般是指公共组织为开展业务活动和完成公共任务发生的各项资金耗费与设施。行政事业单位的收入大多是靠公共权力强制获得的,支出与收益也不存在明显的配比关系。因此,财务管理应更加关注组织收入与支出活动,合理确定收入规模,规范收入来源,优化收入结构,正确界定公共支出范围,规范支出活动,建立合理的理财制度。公共组织收支财务管理制度一般有:

1. 内部控制制度

在公共组织内部科学设置职务和岗位,使得不相容的职务和岗位分离,形成部门和人员间相互牵制、相互监督的机制,防范在资金收支活动中的资金流失、被侵占、挪用、转移和贪污等问题的发生。

2. 财务收支审批制度

建立健全公共组织财务审批制度是部门财务管理工作的关键环节,只有这样才可能保证组织收支规范化。

　　3. 内部稽核制度

　　要建立内部监督审查制度，定期对组织资金的收支情况进行监督审查，及时发现问题，防止资金管理方面的漏洞。

三、成本管理

　　虽然公共组织的主要目的是为公众利益服务，但并不是不讲成本与效益问题。成本管理应包括以下内容：

　　1. 综合成本计算

　　寻找成本驱动因素，按驱动率分配管理费，并归集到相应的职能、规划、项目和任务中，以便在资源成本率分配管理费用和资源用途之间，以及成本和业绩之间构建联系，从而明确各自责任。

　　2. 活动分析和成本趋势分析

　　对政府项目和流程进行分析，寻找较低成本的项目和能减少执行特定任务成本的途径。

　　3. 目标成本管理

　　即恰当地制定和公正地实施支出上限，合理控制业务成本。

　　4. 绩效管理

　　将成本同绩效管理目标联系起来，实施绩效预算和业绩计量。

四、债务管理

　　债务是指以公共组织为主体所承担的需要以公共资源偿还的债务。从财务管理角度实施行政事业单位债务管理的主要内容有：

　　(1)建立财务风险评估体系，合理控制负债规模，降低债务风险。公共组织为解决资金短缺问题或扩大业务规模，可以适度举债。但由于公共组织不以营利为目的，偿债能力有限。因此，要建立财务风险评估体系，根据组织的偿债能力，合理控制负债规模，降低债务风险。

　　(2)建立偿债准备金制度，避免债务危机。

　　(3)建立科学的核算制度，全面系统地反映行政事业单位债务状况。

五、资产管理

　　资产是公共组织提供公共产品和服务的基本物质保障。资产管理的主要内容有：

(1)编制资产预算表。公共组织在编制预算的同时应编制资产预算表,说明组织资产存量及其使用状况,新增资产的用途、预期效果等,便于预算审核部门全面了解组织资产状况,对资产配置作出科学决策。

(2)建立健全资产登记、验收、保管、领用、维护、处置等规章制度,防止资产流失。

(3)建立公共资产共享制度,提高公共资产利用效果。

(4)完善资产核算和信息披露,全面反映公共组织资产信息。

第四节　公共组织财务管理方法

财务管理方法,简单地说,是财务人员用来进行资金运动管理的各种技术方法的集合。具体而言,财务管理方法是财务管理人员,针对业务目标,借助经济数学和电子计算机的手段,运用运筹论、系统论和信息论的方法,结合财务管理活动的具体情况,对资金的筹集、资金的投入、成本费用的形成等管理活动进行财务预测、财务决策、财务控制、财务计量、财务分析、财务报告和财务监督的技术,它是财务人员完成既定财务管理任务的主要手段。

一般来说,财务管理方法可分为定性和定量两大类型。

定性方法,是指依靠个人主观经验、逻辑思维和直观材料进行分析、判断,开展管理活动的方法。常用的方法有:个人判断法、集合意见法、特尔菲法(专家调查法)、市场调查法。

定量方法,是运用数学方法,通过预测模型进行计算来得到预测结果的方法。

定性和定量这两种方法在财务管理过程中都不可缺少、不可偏废。但长期以来,我们偏重于采用定性方法,忽视了定量方法。其实,定量方法和定性方法一起构成财务方法体系,在这个体系中,定量方法占据了重要地位。

一、财务预测与决策方法

财务预测与决策是进一步强化财务管理的前提,在财务管理体系中居于核心地位。

财务预测是指在现有财务资料的基础上估计未来财务状况及财务指标,主要有因素分析法、比例法、期末余额法、直接计算法、量本利分析法等预测方法。

财务决策是在财务预测的基础上进行的,它依据财务预测资料及其他相关信息,决定实施方案和财务目标,主要有优选对比法、数学微分法、线性规划法、概率和树型决策法、图表和损益决策法、综合平衡法等方法。

二、财务预算与计划方法

财务预算是在计划期内预计业务经营成果、现金收支及财务状况的预算,是全面预算管理的一个重要构成部分,也是财务管理工作的一个重要环节。主要有增量预算法、零基预算法。

财务计划是组织财务活动的纲领性方法,主要有余额法、平衡法、定额法等方法。

三、财务控制方法

财务控制是在财务管理过程中采取特定手段影响和调节财务活动,从而确保实现财务目标的一系列方法。一般控制方法有以下三种:

1. 防护性控制(排除干扰控制法)

在运用这种控制方法前,须制定一系列诸如内控制度的配套制度及各种开支标准,消除资金运转过程中可能发生的偏差,充分保证资金的安全完整性,同时做到努力节约各种费用开支;

2. 前馈性控制(补偿干扰控制法)

在掌握大量可靠信息的条件下,通过密切监控并科学预测实际运行系统可能出现的问题,积极采取相关措施控制并消除差异。

3. 反馈控制(平衡偏差控制法)

平衡偏差(平衡实际产生的偏差)的过程可能有一定的滞后,但整体来看影响不大,应当在认真研究实际情况的基础上,分析并找出实际情况与计划相背离的原因,既而采取有效措施调整相关财务活动,消除差异并努力避免以后发生类似现象。

四、财务分析与考核方法

财务分析是依据财务信息采用特定方法分析和评价财务活动及结果,全面掌握财务指标的完成情况及财务活动的相关规律。常用的财务分析方法有财务比率综合分析法、杜邦分析法、因素综合分析法等。

财务考核是通过比较规定的考核指标与报告期内财务指标实际完成数,从而确定有关责任部门及个人任务完成情况的活动。财务考核形式多样,主要有适合于考核某些财务成果指标和固定性费用开支的"指标考核"、适合于综合考核多种财务指标的"评分考核"、适合于考核在基期基础上要求增减若干数量的财务指标的"指标完成百分比考核"、适合于考核有一定变动规律但变动性较大的"相对指标考核"等。

第五节 公共组织财务法规

目前,我国行政事业单位财务管理法规体系,按照其地位和从属关系,可分为法律、财务规章、行业财务制度三个层次。

《中华人民共和国预算法》在整个行政事业单位财务管理法规体系中处于核心起主导作用;

《行政单位财务规则》和《事业单位财务规则》是第二层次;

行业事业单位财务制度是第三层次。

一、《中华人民共和国预算法》

《中华人民共和国预算法》是由国家权力机关按照一定程序制定的,用于维持、调整和确认各种财政关系,规范和约束国家预算资金分配及国家预算管理过程的法律,于 1995 年 1 月 1 日正式实施。《中华人民共和国预算法》是国家预算管理办法的法律规范,是组织和管理国家预算的法律依据。目前《中华人民共和国预算法》(修正案草案)仍在修订过程中。

二、《行政单位财务规则》

《行政单位财务规则》是行政单位财务制度体系中最基本、最高层次的法规,于 1998 年 1 月 1 日由中华人民共和国财政部颁布。经过修订,2013 年 1 月 1 日新的《行政单位财务规则》开始执行。新规则适用于各级各类国家机关、政党组织(统称行政单位)的财务活动。新规则共 11 章、61 条,是所有行政单位从事财务活动必须遵守的基本原则和行为规范,是制定行政单位财务制度和单位内部财务管理办法的纲领性文件。

三、《事业单位财务规则》

是事业单位财务制度体系中最基本、最高层次的法规,于 1996 年 10 月由中华人民共和国财政部颁布。经过修订,2012 年 4 月 1 日新的《事业单位财务规则》开始执行,共 12 章、68 条。新规则适用于各级各类事业单位的财务活动,是制定事业单位财务制度和单位内部财务管理办法的纲领性文件。

新的《事业单位会计准则》也于 2013 年 1 月 1 日开始实施。

四、行业事业单位财务制度

新《事业单位财务规则》第六十六条规定,行业特点突出,需要制定行业事业单位财务管理制度的,由国务院财政部门会同有关主管部门根据本规则制定。部分行业根据成本核算和绩效管理的需要,可以在行业事业单位财务管理制度中引入权责发生制。第六十七条规定,省、自治区、直辖市人民政府财政部门可以根据本规则结合本地区实际情况制定事业单位具体财务管理办法。

目前国家颁布的行业事业单位财务制度主要有如下几类(如下表所示)。

表 2-1   行业事业单位财务制度

行业事业单位	已颁布的制度
文化事业单位	文化事业单位财务制度
科学事业单位	科学事业单位财务制度
高等学校	高等学校财务制度
中小学校	中小学校财务制度
医院	医院财务制度;医院会计制度;医院财务报表审计指引
基层医疗卫生机构	基层医疗卫生机构财务制度;基层医疗卫生机构会计制度
体育事业单位	体育事业财务制度
广播电视事业单位	广播电视事业单位财务制度
文物博物馆事业单位	文物博物馆事业单位财务管理办法
地质事业单位	地质事业单位财务制度
测绘事业单位	测绘事业单位财务制度
农业事业单位	农业事业单位财务制度
监狱事业单位	监狱财务制度

除了制定行业财务管理办法之外,国家还通过制定一系列法规和财务规章制度,对行政事业单位的财务活动进行规范。主要有:

(1)《行政单位国有资产管理暂行办法》

(2)《事业单位国有资产管理暂行办法》

(3)《政府信息公开条例》

(4)《关于进一步推进财政预算信息公开指导意见》

(5)《关于进一步做好预算信息公开工作的指导意见》

(6)《行政事业单位收费项目目录》

(7)《行政事业性收费和罚没收入实行"收支两条线"管理的若干规定》

(8)《行政事业单位业务招待费列支管理规定》

(9)《关于进一步加强政府采购管理工作的意见》等

各行政事业单位还要根据各自具体情况,制定符合实际需要的财务管理规定,建立健全单位内部的财务制度。

五、民间非营利组织会计制度

《民间非营利组织会计制度》是财政部为了规范民间非营利组织的会计核算,提高会计信息质量,根据《中华人民共和国会计法》以及国家有关法律、行政法规制定的并于 2005 年 1 月 1 日起执行。该制度适用于我国境内依法设立的符合本制度规定特征的民间非营利组织。

《民间非营利组织会计制度》的主要内容为以下几个方面:

1. 提出了《制度》的制定依据

《制度》第一条指出,"为了规范民间非营利组织的会计核算,保证会计信息的真实、完整,根据《中华人民共和国会计法》及国家有关法律、行政法规,制定本制度"。

2. 规定了《制度》的适用范围

《制度》第二条指出,"本制度适用于在中华人民共和国境内依法设立的符合本制度规定特征的民间非营利组织"。并明确规定民间非营利组织必须同时具备的三个特征:第一,该组织不以营利为宗旨和目的;第二,资源提供者向该组织投入资源不取得经济回报;第三,资源提供者不享有该组织的所有权。

3. 提出了 4 个会计核算的基本假设

基本假设是会计人员对经济活动进行会计核算的基本前提,它不仅是民间非营利组织会计核算的基本依据,也是制定民间非营利组织会计制度的重要指导思想。

4. 规定民间非营利组织应当采用权责发生制作为会计核算基础

《民间非营利组织会计制度》将会计核算基础作为介于会计基本假设与一

般原则之间的单独条文来规定,这充分说明了《制度》对会计核算基础重要性的强调。

5.规定了12条会计核算的一般原则

《制度》明确规定了非营利组织会计核算必须遵循客观性、相关性、实质重于形式、一致性、可比性、及时性、明晰性、配比性、实际成本、谨慎性、区分资本性支出与运营性支出界限以及重要性等12条原则。

6.提出5个会计要素,并对各会计要素的确认与计量作了具体规定

《制度》第二章至第六章对民间非营利会计要素及各要素的确认与计量作了具体规定,这些会计要素都充分体现了民间非营利组织财务活动及会计核算规范要求。例如,资产要素中的接受捐赠资产、受托代理资产,负债要素中的受托代理负债,净资产要素中的限定性净资产和非限定性净资产,收入要素中的捐赠收入、会费收入、提供服务收入,费用要素中的业务活动成本、筹资费用等,都是民间非营利组织会计所特有的资产、负债、净资产、收入和费用内容。

7.规定了财务会计报告的内容

《制度》规定民间非营利组织财务会计报告由会计报表、会计报表附注和财务情况说明书组成,其中会计报表至少应由资产负债表、业务活动表和现金流量表三张主要报表组成,以全面反映组织的财务状况、业务活动情况和现金流量等信息。

8.规定了应使用的会计科目和会计报表格式,使《制度》更具有可操作性

《民间非营利组织会计制度》作为国家有关法律、行政法规的配套制度,实现了与《基金会管理条例》、《社会团体登记管理条例》和《民办非企业单位登记管理暂行条例》等法规的协调,解决了民间非营利组织适用会计规范的问题。《基金会管理条例》、《民办教育促进法》等要求基金会和民办学校按照国家统一的会计制度编制财务会计报告,并委托注册会计师进行审计;《社会团体登记管理条例》和《民办非企业单位登记管理暂行条例》也要求社会团体和民办非企业单位必须对外提供包括财务信息在内的年度工作报告。《民间非营利组织会计制度》的制定实现了与这些法律、行政法规的配套。

第六节　公共组织财务管理创新

财务管理创新是指财务管理在实现了量的渐进积累之后,由于相关因素的影响和改变,实现了质的突变飞跃,这一交替演进过程就是财务管理的继承

和创新过程。

新形势下,生产要素、生产组织方式、财产占有及分配方式等都将发生重大变革,公共组织的财务管理环境也将出现巨大变化。为此,公共组织财务管理创新很有必要。

1.外部必要性

(1)公共组织改革的深入需要财务管理创新;

(2)经济全球化需要公共组织财务管理创新。

2.内部必要性

目前,公共组织财务内部管理存在的问题迫切要求财务管理创新。

(1)制度方面的问题。第一,财务管理制度基础薄弱;第二,财务审计和监督工作薄弱。

(2)管理观念的问题。第一,缺乏市场竞争观念;第二,缺乏防范风险观念;第三,缺乏依法理财观念。

(3)人才素质的问题。财务人员整体素质较低,难以适应新形势的需要。

新形势下公共组织财务管理创新,可以采取以下几方面的对策:

一、财务管理观念的创新

加强认识,转变理财观念。认识知识资本,充分利用知识资本,建立自我约束、自我控制、自我发展的良好机制的有效办法,要认识到财务管理不仅仅是财务部门的工作,而且是整个系统或单位内部各项资源的最优整合,它的战略性和系统性要求各职能部门共同参与,它是一个系统工程。

1.要增强法律意识,树立依法理财的观念

严格执行财务规则和会计制度,用法规来规范财务管理和会计核算工作。特别是行政事业单位的领导干部要加强财经法规的学习,切实依法进行财务管理。

2.培养市场观念

公共组织的财务人员要有面向市场开源节流的意识,主动参与单位的各项管理和业务工作,利用单位现有的人才、信息和科技优势,提供有偿服务。同时公共组织要善于围绕市场办事业,关注市场需求,并根据市场的需求合理调整资金配置,提高资金的有效利用。

3.树立财务风险意识

在新形势下,公共组织首先要增强财务人员的风险意识,提高财务人员的风险控制能力,将财务人员风险意识的培养同岗位责任挂钩,加大对财务人员

风险管理的培训力度。其次,要根据本单位的实际建立风险预警机制,有效地
把握和预计可能出现的风险。

4. 树立"以人为本"理念

创新财务管理应增加人力资源投资,围绕人的价值管理来展开财务管理,
充分调动人的积极性、主动性和创造性,提高财务人员的整体素质,这是最终
实现财务管理目标的根本保证。

5. 增强沟通与合作意识

信息网络化和经济全球化使得各种资源全球配置,实现资源全球共享。
这必然要求公共组织加强内部与外部的沟通与合作。财务人员在管理中必须
善于抓机遇,灵活地处理和协调单位内部及与其他单位之间的合作关系,提高
工作效率。

二、财务管理目标的创新

财务管理目标的创新,将追求自身利益和财富最大化的目标转向知识最
大化的综合管理目标,使知识最大化目标能兼顾内外利益。

1. 国库集中支付

是指以国库单一账户体系为基础,资金拨付以国库集中支付为主要形式,
所有财政性资金都通过国库单一账户体系进行拨付、结算的一种财政资金管
理制度。它实现了从预算分配、资金拨付、资金使用、银行清算直至资金到达
商品和劳务者账户的全过程监控。

2. 完善政府预算体系

研究完善政府会计制度,探索实施中、长期预算管理,编制滚动预算。深
化部门预算、国库集中收付等制度改革,将所有政府性收入全部纳入预算管
理,加强国有资产管理,促进资产管理与预算管理的有机结合。

3. 应建立健全配套制度

规范支出审批程序,应加强财产治理制度建设,确保财产物资的安全;应
进一步落实"收支两条线"制度,从源头上增收节支;应完善内外监控制度,保
证会计服务质量;应正确处理好核算与被核算单位之间的关系。

三、财务管理内容的创新

1. 加强财务审核监督,严格财政支出管理

通过集中核算严把单位财务审核关,切实履行好财政监督职能,为政府和
单位节减行政管理成本的同时,对部门预算、政府采购、"收支两条线"管理、国

库集中支付、核算单位的会计业务实施全过程监督,遏制财务收支中各种违规、违纪行为的发生。

2.继续深化财政国库体制改革

财政国库管理制度改革是涉及整个财政管理的基础性改革,政策性、技术性强,国库集中支付制度改革试点工作继续顺利运行,国库管理的各项制度日益规范,信息技术支撑进一步得到保障。

3.增强协调配合

国库支付中心的性质和职能决定了它是一个涉及面广、政策性强的事业单位,处理协调好各种关系是保证其充分发挥职能作用的关键。通过对财政资金的统一调度和合理管理,把原来分散沉淀在各个单位的财政资金集中账户统一管理,集中盘活财政资金,提高资金使用效率。进一步完善报账审核办法,统一报账审核标准,实行拒付理由通知书制度,对不符合财务制度的各项开支、超预算指标金额的项目要严格把关,依据不同情况,签发拒付理由通知书,实现财务信息反馈制度,定时向核算单位财务负责人反馈本单位财务状况。

四、财务管理制度的创新

财务管理制度是财务工作的基本依据和行为规范。要提高财务管理水平,就必须制定一套完整的财务管理制度。

1.重视财会制度建设

公共组织必须建立以决策为核心的财务管理体制,加强自我约束。

(1)财务人员要及时主动地提供财务数据和市场分析等资料,为领导科学决策提供信息支撑;

(2)财务部门要站在领导层和全局的高度,主动参与决策的分析论证,提出参考意见;

(3)财务人员应认真执行决策,对相关工作认真检查、监督,保证决策顺利执行。

2.完善财务内部稽核机制和监督检查机制

(1)强化审计的作用

审计部门的设置应高于其他职能部门,独立于被审计部门,这样才能保证审计的权威性,否则只能形同虚设。审计部门通过对原始凭证、记账凭证、会计账簿、会计报表等的审计,协助单位领导监督各项收支,从而促成好的控制环境的建立。

(2)定期对单位内控制度进行评价和修正

在审计过程中,审计人员要及时发现财务管理工作中存在的问题并及时反馈,提出意见,以便单位领导及时改进工作。

(3)建立健全各种财务管理制度,规范财务工作流程

按照各项法规及财政部门的要求,结合本单位的实际情况,建立健全各种财务管理制度,包括人员岗位责任制度、账务处理程序制度、内部牵制制度、内部稽核制度、原始记录管理制度、财务收支审批制度等。

五、提高财务人员素质

培养优秀的财务管理人员对于财务管理创新非常重要。财会人员不仅应精通财会专业知识,还应掌握经济管理理论,预算、计划执行、决算的运作规律,政策法规及相关技术知识。此外,财务人员还应注重培养以下能力:

1. 职业判断能力

新形势下,会计制度、准则的通用性会增强,对一些会计事项的处理会有多种会计政策、原则可供选择,这就需要财务人员学会分析、判断、综合、总结,根据有关财务资料进行正确核算。

2. 沟通协调能力

公共组织结构日趋复杂,利益主体和服务对象日趋多元化。对于不同的主体,财务人员必须采用不同技巧来沟通协调。

3. 钻研业务能力

具备完善的知识结构、熟练的工作技能,以新的思路和方法处理工作中遇到的新情况和新问题。

在新形势下,公共组织只有通过财务管理创新,树立现代财务管理理念,完善财务管理体制,才能适应经济发展和现代化建设的需要。

思考题

1. 什么是公共组织财务管理?
2. 公共组织财务管理具有哪些特征?
3. 公共组织财务管理的任务是什么?
4. 公共组织财务管理应遵循哪些原则?
5. 公共组织财务管理的法律法规有哪几个层次?
6. 公共组织财务管理方法有哪些?
7. 财务管理创新的基本内容是什么?

第三章

预算管理

第一节 公共组织预算的含义、意义和原则

一、预算的含义

公共组织预算是公共组织根据公共事业发展计划和公共事务的管理任务编制的,并经过规定程序批准的年度财务收支计划。重点包括:行政单位预算、事业单位预算。

多数国家的政府分为两级:中央政府和地方政府。政府预算作为政府基本财政收支计划,与此对应,也可分为中央预算和地方预算。原则上,一级政府对应一级预算,因此,在现代社会,大多数国家都实行多级预算。我国的预算体系也是如此,与国家的政权结构一致,我国的政府预算由中央和地方两级预算组成。如图所示。

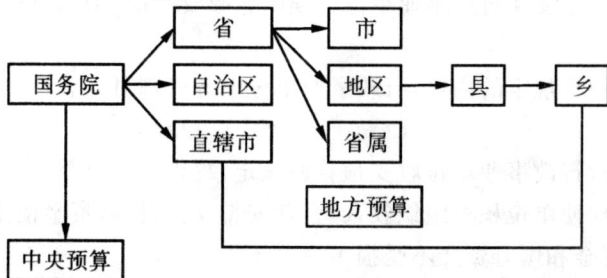

图 3-1 我国政府预算管理体系简图

中央政府预算,也就是常说的中央预算,它经法定程序批准,是中央政府的财政收支计划。地方预算按照行政区划,再分为各省预算、各自治区预算、各直辖市预算等。从预算内容来看,政府预算可以分为总预算和单位预算。其中单位预算是实行预算管理的国家机关、社会团体和其他单位的收支预算,而总预算则是由两个部分组成,其一是本级政府预算,其二是汇总的下一级预算。

二、预算管理的意义

1. 是公共组织履行自身职能的财力保证

行政单位从事组织协调经济和社会发展、维护社会秩序、实现社会公共利益的工作;事业单位主要在科学、教育、文化、卫生、体育等领域从事公益性业务活动。行政事业单位的业务工作所需经费,主要靠财政拨款(补助)、事业收入等经费来源解决,而财政拨款、事业收入均进入预算。行政事业单位预算就是有计划地筹集资金、安排支出的活动及其过程,是从财力上保证单位履行自身的职能。

2. 有利于加强国家宏观调控,实现财政的收支平衡

在国家财政预算支出中,有很大一部分是用于各项事业发展和国家政权建设的支出。单位资金收支活动,实质上是财政资金运动的继续和延伸。行政事业单位预算同财政预算紧密地联系在一起,使之成为财政预算管理体系不可缺少的组成部分。国家财政安排的行政事业经费占财政经常性支出的二分之一以上。因此,要实现国家宏观调控,实现财政预算收支的平衡,就必须加强行政事业单位的预算管理。

3. 有利于提高行政事业单位财务管理水平

(1)通过全面反映行政事业单位各项财务收支状况,为单位财务管理提供依据和基础;

(2)按照预算规定的内容,行政事业单位财务管理可以有计划有步骤地管好各项经费;

(3)通过对行政事业单位收支预算的核定,提供一种监督全年财务活动的工具,既可以促使单位积极组织收入,合理安排支出,提高资金使用效率,又可以保障预算资金和国有资产不受损害;

(4)以预算为基础对实际工作进行评价和考核,可以发现问题,及时采取措施纠正。

三、预算编制的原则

为了科学合理地编制部门预算,行政事业部门在编制预算过程中,应遵循以下原则:

1. 政策性原则

作为财务管理重要内容之一的公共事业、行政组织预算编制必须体现国家有关方针、政策。在编制预算过程中,应当以国家有关方针政策和各项财务制度为依据,根据完成事业计划和行政工作任务的需要,正确处理需要与可能的矛盾,保证重点,兼顾一般,实事求是地编制组织预算,合理安排和分配使用各项资金。

2. 可靠性原则

公共事业、行政组织预算一经批准,便是严格执行,一般不能调整。因此,公共事业、行政编制预算要做到稳妥可靠,量入为出,收支平衡,不能打赤字预算;对每项收支项目的数字指标,要运用科学的方法,依据确切可靠的资料和收支变化的规律,认真进行测算和计算,切实做到各项数据真实可靠。具体来讲,单位的收入预算要积极可靠,留有余地,对没有把握的收入项目和数额,不能打入收入预算,以避免在收入不能实现的情况下,支出大于收入,造成单位收支预算的失衡;支出预算要建立在稳妥可靠的收入基础上,不能预留硬缺口,以避免预算核定以后,不断调整支出预算。

3. 合理性原则

公共事业、行政组织编制预算要正确处理整体与局部、事业需要与财力可能的关系,做到科学合理地安排各项资金,使有限的资金发挥最大的效益。在编制预算时,既要按照保证重点、兼顾一般的要求,优先保证重点支出,同时也要妥善安排好其他各项支出。支出中有两部分必须优先予以保证:一是刚性支出,如人员工资、社会保障费等;二是满足业务工作正常运转必不可少的支出,如必要的公务费、业务费、修缮费、设备购置费等。

4. 完整性原则

公共事业、行政组织在编制预算时,必须将单位取得的财政拨款和其他各项收入以及各项支出完整、全面地反映在单位预算中,不得在预算之外另留收支项目。

5. 统一性原则

编制预算时,要按照国家统一设置的预算表格和统一的口径、程序以及统一的计算方法填列有关收支数字指标。

6.绩效性原则

部门预算应建立绩效考评制度,对预算的执行过程和完成结果实行全面的追踪问效,不断提高预算资金的使用效益。在项目申报阶段,要对申报项目进行充分的可行性论证,以保障项目确实必需可行;在项目执行阶段,要建立严格的内部审核制度和重大项目建设成果报告制度,以对项目进程资金使用情况进行监督,对阶段性成果进行考核评价;在项目完成阶段,项目单位要及时组织验收和总结。

第二节　预算编制的准备工作和编制方法

一、预算编制的准备工作

1.核实各项基本数字

基本数字是反映单位机构规模、工作量多少和人员配置等情况的基本统计数据,主要包括单位机构数、人员编制数、在职实有人数、离退休人数、房屋建筑物面积、机动车辆数、设备台数等基本数据资料。通过对上述数据的审核,剔除那些不实或非正常性支出因素,如未经批准擅自超编的人数等,确定编制本年度预算的基本数字。

2.分析上年度预算执行情况

公共事业、行政组织上年度预算执行情况是编制本年度预算的重要依据。单位预算中的各项财务收支计划指标是以上一年度预算执行数为依据,并根据本年度事业发展计划和工作任务的要求,结合财力的可能来确定的。因此,正确预计和分析上一年度预算执行情况,是编制本年度预算的一项非常重要的准备工作,具体内容包括:统计上年已发生月份的累计实际执行数,预计全年收支数;分析上年度的组织计划和组织行政任务完成情况、预算执行情况,找出其内在规律性,分析、预测发展趋势;分析各项资金来源及变化情况;分析物价、收支标准及定员、定额的变化情况,计算其对预算期的影响程度;分析资金使用中存在的问题,研究提出改进意见;分析上年出台的有关政策对预算期收支影响程度。

3.分析影响预算期收支的有关因素

在分析整理上年预算执行情况的基础上,还要注意收集掌握同编制预算有关的因素,主要包括:预算期内事业计划和工作任务的安排情况;预算期内各类人员实有数或定员比例的变动情况;预算期内需要购置和维修的设备、房屋基本情况;预算期内市场物价和收支标准变动情况;预算期内新出台的政策对收支的影响情况。

4.正确领会上级有关部门对预算编制的要求

为了保证预算编制的统一性和规范性,在预算编制前,必须认真学习编制预算的有关规定,正确领会编制预算的有关要求,熟悉预算收支科目和表格,以便高质量地完成预算编制工作。

二、定员定额

(一)定员定额的含义和意义

定员是指行政单位和事业单位的人员编制,或事业单位按定员比例计算的人员编制指标额度和配备标准。分为行政单位定员和事业单位定员。

1.行政单位定员

行政单位定员是国家根据"精兵简政"原则,按照行政单位的机构设置和工作任务、所处区域面积大小、所辖人口多少而规定的人员配备标准。

2.事业单位定员

按机构类型定员,即按照事业单位的类型差异、规模大小、工作任务繁简和业务量的多少规定的人员配置数量。

按特定比例定员,即按照特定的业务计算单位和规定的定员比例确定人员配置数。

定额是指财力、物力的取得、消耗、补偿、配备和使用等方面所规定的指标额度。

行政事业单位的定员定额,就是国家根据各个单位的性质、任务、规模以及业务工作量的需要,在进行工作、开展业务活动以及从事生产经营过程中,对于人力、物力、财力的配备、消耗、补偿、利用以及获得成果等方面所规定应遵守的标准或应达到的水平。

定员定额不仅是财政部门分配资金和审核单位预算的重要依据,也是单位编制预算的重要依据,具有重要意义。

(1)定员定额是编制、核定预算的重要依据

在编制预算时,以定员定额为依据,就可以做到合理分配资金,保证各项任务的完成。

(2)定员定额是加强财务管理,开展经济核算的重要手段

可以使单位的各项收支有明确的衡量标准,提高资金效果,以最小的消耗

取得最大的社会效益和经济效益。

（3）定员定额是分析、检查、考核预算执行情况的重要尺度

可以及时发现各项收支执行中的薄弱环节，以便采取有效措施，改进经营管理工作，解决和纠正工作中存在的问题，推动后进单位向先进方面转化。

（4）定员定额是实现单位预算自求平衡的重要基础

运用定员定额编制单位预算，管理各项收支，就可以使单位预算趋于合理，促进单位自身强化财务管理，严格控制各项收支，从而保证单位预算自我平衡的实现。

（二）定员定额的制定方法

1.定员的方法

行政事业单位定员，是在国家事业劳动计划内，根据单位的性质、规模和特点，由编制主管部门会同业务主管部门和财政部门制定的。制定的方法有两种：

（1）根据行政事业机构的级次、规模和工作任务，所辖地区及所辖人口数量，确定人员编制数。

（2）按照特定的业务计算比例确定人员编制数。如学校，是按一定数量的学生数确定教职工的编制数。医院则是按照每一张床位配备一定数量的职工来确定人员编制数。

2.定额的方法

制定定额的方法。定额有的是由财政、财务主管部门制定，单位据以执行的；有的是由单位根据上级的要求，结合本单位的具体情况自行制定的。定额无论由谁制定，制定的程序和方法是基本相同的。其制定程序如下：

（1）确定制定定额的单位范围。

（2）确定纳入定额管理的支出内容。主要是基本支出和项目支出中的经常性专项业务。

（3）确定定额项目。主要是人员经费和公用经费。经常性专项业务费结合业务特点及支出内容确定。

（4）确定每个定额项目的计算对象。如是以人为计算对象，还是以物耗为计算对象。

（5）确定定额计算方法。需求法或实际支出法。

（6）收集分析整理数据。制定定额的方法和占有的数据资料之间是相互联系、相互制约的，用什么方法制定定额决定了要收集整理什么数据，决定了可以采用何种方法计算定额。

(7)提出单位分类分档建议。

(8)确定各个定额项目的定额标准。

(9)根据财力状况,确定实际可行的分年度定额。

(10)在实际支出定额的基础上确定财政拨款或财政补助数。

(三)加强定额管理,规范开支标准

1.统一思想,提高认识

定额和费用开支标准是一项政策性和约束力都很强的制度,是编制单位预算和进行决算的基础,也是财政部门管理的基础。各级财政部门、行政机关、事业单位都要提高认识,自觉自愿服从定额管理,执行统一的费用开支标准,不擅自制定和修改,不随意突破和追加。

2.管理归口,审批公开

定额和费用开支标准的制定要归口于财政、劳动、人事、民政、物价等管理部门,因此要注意管理部门之间的协调配合。在此基础上广泛征求意见,深入调查研究,使制定的定额和费用开支标准出台后具有科学性、先进性、可行性和约束性。对于出台的定额和费用开支标准要向社会公开,接受民众和立法机关的审查监督。

3.注重管理,强化监督

财政部门要逐步制定规范的定额和合理的开支标准,建立行政经费支出的考核指标,形成一个包括总额指标、人均指标、财政供养人口与当地总人口的比例、人员与车辆比例,以及其他与经费支出有关连的物量因素所组成的指标体系,作为评价、考核和奖惩的依据。财政部门要强化法律监督意识,与审计、监察等部门配合,切实加强财务监督检查。对于违反定额和费用开支标准的各项不合理支出,要严格按行政处罚的有关规定处理;对于违反预算法规的行为,要依法处理。

三、预算编制的方法

(一)基数预算法

基数预算法也称基期法或基数增长法。它是以本单位或本部门报告年度收支执行数作为参照依据,然后考虑影响计划年度收支的可能因素,在报告年度基础上编制计划年度单位预算的一种方法。大多数情况是在报告年度预算的基础上进行增加,所以又称基数增长法。其中,各种影响因素主要包括市场价格和收费标准、工资标准、人员增减变化、各项开支标准和机构变化等,这些都将影响着公共组织收入、支出指标。

基数法的基本计算公式为

计划年度收支预算数＝报告年度收支执行数±影响计划年度收支的各种因素

或者计划年度收支预算数＝报告年度收入(支出)执行数×(1＋增长比例)

按照基数法编制预算,相对而言是比较简单的,它一般适用于各项基本数字管理比较完善的主管部门,即部门预算编制。但是,运用基数法编制预算局限性很大。承认既成事实既是基数法的特点,又掩盖着其难以消除的弊端。所谓既成事实,就是不考虑影响收支的因素是否已经发生变化,也不考虑已经发生的收支是否合理。运用基数法编制预算,实际上是在承认既定事实的前提下,编制增量预算。特别是各项支出只有升,没有降,所以也有人称它为基数增长法,这种方法还容易导致单位之间苦乐不均,助长相互攀比之风。因此,不宜单独采用,可辅之以其他方法。

(二)零基预算法

1.零基预算法的实施步骤

零基预算法,全称为"以零为基础编制预算"的方法,是由美国德州仪器公司在 20 世纪 60 年代末提出来的一种财务管理形式,并率先在 1977 年美国卡特总统时期应用于政府预算之中。自 80 年代以来,这一技术在世界各国政府和企业的管理实践中获得广泛的应用。

该法对单位每一事业计划的预算费用都是以零为基础重新加以分析计算的,避免了在编制收支预算时一般只注意上年度收支变化的倾向,同时也迫使财务主管人员每年编制预算时从整体出发,重新考察确定每一事业计划及其费用,有利于提高事业经费的使用效益。这一科学的管理思路在我国当前实施部门预算的背景下,对预算管理改革和实践具有重要意义。

实行零基预算法的步骤一般为:

(1)确定基层预算单位

组织的内部单位或下级单位,凡需实行预算管理的,均应明确其基层预算单位。一般来说,能够确定成本、费用、效益的经济责任单位,都可以确定为基层预算单位。

(2)收集数据,分析研究

预算编制人员通过查阅以前年度的财务预、决算以及会计资料,了解编制各项收支预算所需的数据资料。

(3)要求各部门提交预算方案

各责任部门根据要求,依据单位未来总体发展需要以及分解到各部门的任务,结合本部门的实际条件,对各自的收支项目进行详细讨论,对经费消耗与目标实现的相互关系进行充分论证,提出预算方案和资金使用理由。

(4)以零为起点,审核预算

对各预算方案,以零为起点,进行成本效益分析和考核,然后汇总各部门的预算方案,确定本单位的人员支出数额,统筹考虑公用支出、专项支出等具体项目的支出费用。

(5)分配资金

预算人员根据各预算目标的优先次序和各部门、各事项、各工作对目标的贡献强度序列,按照预算期可动用的资金及其来源,在各项目间加以分配,首先按人员和定额确定正常经费,再按照已确定的项目和活动的先后次序安排专项经费。

2.零基预算法在我国应用中需注意的问题

由于零基预算法来源于国外,因此在我国的具体应用中,还应注意以下问题:

(1)纯粹的零基预算法要求每年在准备年度预算时对每个支出类别、每个项目均从零开始进行评估,因此是一个庞大的理论体系

作为一种理论它是系统的、严密的,但完全严格地按照这个理论体系付诸实践,工作量太大、信息量要求太高,难以操作。这种纯粹的形式从来没有被哪个国家采用过,许多国家都只是或多或少地吸收了零基预算法的原则。目前,美国联邦政府已不再实行零基预算法,只是有些州和地方政府,出于零基预算法有助于对规模较小的预算作出选择的考虑,继续采用这种方法。

(2)世界上其他国家实行零基预算法是以预算定编、定额、定标准等基础工作已经完成为起点的,而我国则只能以预算定编、定额、定标准等作为试行零基预算法的起点

我国公共组织在定额标准的制定方面仅处于初步研究阶段,基础性工作底子薄,对各项业务经费开支标准、人员定额标准等的确定缺乏科学的依据,往往使预算定额过低。同时,因为零基预算法刚实行不久,所以还存在不少问题,如编制预算时缺乏所需要的基础数据,缺乏对收入能力评估的科学方法,专项经费追加频繁等,都影响到零基预算法的科学性、准确性和权威性。这都是亟待解决的问题。

(3)零基预算法的过程较为复杂

它强调以零为起点,即使有些数据要借鉴以前年度的,也要对其进行修正和说明理由,并且在制定过程中,还需预测服务水平与开支水平的关系、各项支出情况等,这其中许多方面必须依赖人员的专业技能和判断,对预算人员的

素质提出了更高的要求。

综合以上因素,考虑到时间限制以及零基预算法运作所需要的技能,这一方法比较适用于专项经费预算,也可适用于对日常支出预算的控制,即在逐步完善各种定编、定额的基础上,可以真正做到标准化的零基预算法。

从 20 世纪 90 年代以来,我国部分省市先后试行了零基预算改革,这是突破传统预算编制方式的大胆尝试。随着部门预算改革的推进,零基预算已在全国各地的公共组织预算编制中全面推开,并取得了较好的成效。

基数预算法和零基预算法不是完全对立的两种编制预算的方法,在实践中可以交替使用,互相参照。零基预算法更适合发展经费和设备购置等专项经费预算的编制。

(三)绩效预算法

绩效预算法是以预算项目的绩效("绩"是指成绩,"效"是指效益)为基础编制预算的,通过支出计划与效益之间的关系反映预期达到的效果。绩效预算法产生于 20 世纪 50 年代的美国,它最初是从企业界移植过来的。绩效预算的最大特点是强调"效"的地位,突出投入与产出的理财观念,建立起财政拨款与用款单位绩效考核挂钩的机制。

具体说来,绩效预算应包括以下步骤:

1. 预算编制

总预算按行政部门、管理部门、业务部门等层次分类。各层次可因管理目标的不同在预算科目上作详细取舍。编制绩效预算要参照单位往年(2~3年)实际经费支出数,既充分考虑以前年度的可比因素(剔除其中不合理的因素),又对预算年度新增的事业项目有充分的估计和评价。以各部门所承担并能完成的工作任务为基数与其经费挂钩,使预算与各部门的工作任务和工作目标捆绑在一起,促使各部门自觉地按预算的规范来支配自身的经济行为。

2. 预算执行

在绩效预算执行过程中,预算管理部门要随时把握各个部门每项经济活动的经济信息,并责成单位财务部门对各部门取得的业绩及时、准确、真实地进行记录、分析,并及时反馈给有关单位。绩效预算的执行中,要建成一套自上而下、自下而上的严密的层层控制、层层反馈信息的反馈网络,以便一旦发现问题,就能迅速采取有效措施加以解决和调控,保证绩效预算在执行过程中起到有效的控制作用,从而达到加强预算管理的目的。

3. 预算评价

实施绩效预算后,要建立经常性的检查制度及定期的评估制度,对所有实行绩效预算的部门和项目,按量化的指标检查并督导其工作任务的完成、经济目标的实现、经费预算的执行等情况。定期按既定的业绩考核标准进行评估,从而找出既定目标与实际工作情况之间的差距,据此评价各部门工作业绩的优劣。对完成工作任务和经济指标好的单位,要按既定预算拨付经费;对未能完成既定任务的单位,则应采取必要惩罚措施,例如在其预算经费中按一定比例削减其经费,以便控制其未来的绩效。检查与评估的目的不仅是评价绩效与成果,更重要的是为了保证达到预定的绩效和目标。

绩效预算法的优点不仅在于以预计经济效益的取得安排支出,而且在预算编制、执行及终了阶段一直注重绩效衡量,对每个项目都经过科学的可行性论证和评价,对于监督和控制预算支出有积极作用。实行绩效预算分配符合按劳分配的公平性,体现经费支出的效益性,它能有效地鞭策经费使用部门提高工作效率,减少损失与浪费,是一种行之有效的较为理想的预算管理方法。但需要注意的是,由于绩效预算法产生于企业界,因此公共组织在具体应用时,不但要注重经济效果的衡量,还要注重社会效果的衡量。另外,由于公共组织的预算投入与产出测算比较困难,并且二者之间关系模糊,所以对某些事实上无法直接进行绩效衡量的预算项目,应结合具体情况,进一步探讨适合公共组织特性的定量、定性衡量的方法。

四、编制单位预算的计算方法

1. 定额测算法

它是编制单位预算最常见的一种基本方法,是根据预先核定的预算定额和相关的基本数字来测算收支指标的,特别适合于按照定员或其他基本数字计算的项目。比如,对人员支出中的基本工资、津贴和公用支出中的车辆维修费等预算指标的测算。它的基本要求是,首先核实基本数字,然后确定每一单位定额,用定额与基本数字相乘,就可以得出所要的数据。

2. 标准测算法

它是按照制度规定的收支标准,测算预算收支指标的一种方法。它是根据预先规定的具体的收支项目标准和相关的基本数字来测算收支指标的。它适合于国家规定了明确收支标准的一些项目。比如,高等学校学费收入、防暑降温费、冬季取暖补贴、独生子女费、医院门诊挂号费、有关诊疗费收入等预算收支指标的测算,可以运用标准法。

3. 比例测算法

它是根据一个现有的数据,在其基础之上按照一定比例测算预算指标的一种方法。它是以预先测算出(或规定)的一个基础数据为计算基数,然后按国家规定的适用比例与之相乘来测算预算指标的。它适合于按比例掌握开支的经费预算。比如,职工福利费、工会经费、住房公积金、社会保险缴费等预算指标,可以运用比例法进行测算。

4. 比较测算法

它是对与上年相同项目或与同类单位条件相同的项目进行测算时采用的一种方法。它的基本前提是项目具有可比性、参照性。比如,办公费中的一般办公用品支出等可以采用这种方法。

5. 推算测算法

它是对影响收支指标的各项因素进行综合分析后,估算有关收支指标的一种方法。比如,维修费、专业材料购置费等可采用这种方法。比较测算法和推算测算法通常是在无法核定预算定额或无规定标准的预算项目中采用的。

第三节 公共组织预算的编制

预算表包括:收支预算总表、收入预算表、支出预算表、项目支出预算明细表、政府采购预算表、经费拨款支出预算表、基本情况表、非税收入征收计划表等。

一、收支预算总表

表 3-1 收支预算总表

单位:万元

收 入		支 出			
项目	本年预算	项目(按功能分类)	本年预算	项目(按经济分类)	本年预算
一、一般预算拨款		一、一般公共服务		一、基本支出	
经费拨款		二、外交		工资福利支出	
纳入预算管理的非税收入拨款		三、国防		一般商品和服务支出	
二、基金预算拨款		四、公共安全		对个人和家庭的补助	

续表

收　入		支　出			
项目	本年预算	项目（按功能分类）	本年预算	项目（按经济分类）	本年预算
三、财政专户管理的非税收入拨款		五、教育		二、项目支出	
四、经营收入		六、科学技术		专项商品和服务支出	
五、上级补助收入		七、文化体育与传媒		对企事业单位的补贴	
六、附属单位缴款		八、社会保障和就业		赠与	
七、其他收入		九、医疗卫生		债务利息支出	
		十、节能环保		债务还本支出	
		十一、城乡社区事务		其他资本性支出	
		十二、农林水事务		其他支出	
		十三、交通运输		三、经营支出	
		十四、资源勘探电力信息等事务		四、对附属单位补助支出	
		十五、商业服务等事务		五、上缴上级支出	
		十六、金融监管等事务			
		十七、地震灾后恢复重建支出			
		十八、援助其他地区支出			
		十九、国土资源气象等事务			
		二十、住房保障支出			
		二十一、粮油物质储备事务			
		二十二、国债还本付息支出			
		二十三、其他支出			
本年收入合计		本年支出合计		本年支出合计	
八、用事业基金弥补收支差额		结余分配			
九、上年结余		年末结余			
收入总计		支出总计			

二、收入预算表

表 3-2　收入预算表

单位:万元

收入项目	2013年预算数	2010—2012年决算数				备注
		三年平均数	2010年决算数	2011年决算数	2012年决算数	
一、一般预算拨款						
经费拨款						
纳入预算管理的非税收入拨款						
二、基金预算拨款						
三、财政专户管理的非税收入拨款						
四、经营收入						
五、上级补助收入						
六、附属单位缴款						
七、其他收入						
八、用事业基金弥补收支差额						
九、上年结余						
本年收入合计						

收入预算表的编制说明:

收入项目:

1.一般预算拨款

该项目反映财政部门通过国库直接拨给预算单位的一般预算资金,不包括财政专户管理的非税收入拨款。

(1)经费拨款。反映财政部门通过国库直接拨给预算单位的一般预算资金,不包括非税收入拨款。

(2)纳入预算管理的非税收入拨款。反映纳入预算管理(缴入国库)的行政性收费、罚没收入等资金中安排的拨款。

2.基金预算拨款

该项目反映财政部门通过国库从具有专项用途的政府性基金收入中拨付

的基金预算资金。

3.财政专户管理的非税收入拨款

该项目反映从实行财政专户管理的事业性收费等资金中安排的拨款。

4.经营收入

该项目反映事业单位在专业业务和辅助活动中取得的服务性收入及其在专业业务活动和辅助活动之外开展非独立核算经营活动取得的收入。

5.上级补助收入

该项目反映事业单位从主管部门和上级单位取得的非财政补助收入。

6.附属单位缴款

该项目反映事业单位附属的独立核算单位按有关规定上缴的收入。

7.其他收入

该项目反映未纳入非税收入统一管理,暂由单位直接收取的利息收入、投资收益、捐赠收入等,以及各单位从其他部门取得的财政拨款(从本级财政以外的"同级单位"取得的财政拨款)和非本级财政拨款。

支出项目:

1.基本支出

该项目反映行政事业单位为保障其机构正常运转、完成日常工作任务所需的最基本的支出,包括工资福利支出、一般商品和服务支出、对个人和家庭的补助。

(1)工资福利支出。反映单位开支的在职职工和编制外长期聘用人员的各类劳动报酬,以及为上述人员缴纳的各项社会保险费等。

(2)一般商品和服务支出。反映行政事业单位为保障机构正常运转和完成日常工作任务而发生的带共性的、最基本的日常公用支出。

(3)对个人和家庭的补助。反映政府用于对个人和家庭的补助支出。

2.项目支出

该项目反映行政事业单位在基本支出之外为完成其特定行政任务或事业发展目标所需的经费支出。

(1)专项商品和服务支出。反映行政事业单位在基本支出之外为完成其特定行政任务或事业发展目标所需购买的商品和服务支出。

(2)对企事业单位的补贴。反映政府对各类企业、事业单位及民间非营利组织的补贴支出。

(3)赠与。反映对国内外政府、组织等提供援助、捐赠以及交纳国际组织会费等方面的支出。

（4）债务利息支出。反映单位的债务利息支出

（5）债务还本支出。反映单位归还各类借款本金方面的支出。

（6）其他资本性支出。反映发展与改革部门集中安排的用于购置固定资产、战略性和应急性储备、土地、无形资产以及购建基础设施、大型修缮和财政支持企业更新改造所发生的支出。

（7）其他支出。反映不能划分到上述经济科目的其他支出。

3.经营支出。

该项目反映事业单位在专业业务活动及辅助活动之外开展非独立核算经营活动发生的各项支出

4.对附属单位补助支出。

该项目反映事业单位发生的用非财政预算资金对附属单位的补助支出。

5.上缴上级支出。

该项目反映实行收入上缴办法的事业单位按照规定的定额或比例上缴上级单位的支出。

三、支出预算表

表 3-3　支出预算表

单位：万元

支出功能分类科目					资金来源									
科目编码			科目名称	项目	合计	一般预算拨款			基金预算拨款	财政专户管理的非税收入拨款	经营收入	上级补助收入	附属单位收入	其他收入	用事业基金弥补收支差额	上年结余
类	款	项				小计	经费拨款	纳入预算管理的非税收入拨款								
				一、基本支出											
				（一）工资福利支出											
				1.基本工资											
				2.津贴补贴											

续表

支出功能分类科目					资金来源											
科目编码			科目名称	项目	合计	一般预算拨款			基金预算拨款	财政专户管理的非税收入拨款	经营收入	上级补助收入	附属单位收款	其他收入	用事业基金弥补收支差额	上年结余
类	款	项				小计	经费拨款	纳入预算管理的非税收入拨款								
				3.奖金												
				4.社会保障缴费												
				基本养老保险												
				基本医疗保险												
				残疾人就业保障金												
				其他社会保障费												
				5.绩效工资												
				6.其他工资福利支出												
				(二)一般商品和服务支出												
				1.办公费												
				2.印刷费												
				3.水费												
				4.电费												
				5.邮电费												
				6.物业管理费												
				7.公务用车运行维护费												
				8.其他交通工具运行维护费												

续表

支出功能分类科目						资金来源										
科目编码			科目名称	项目	合计	一般预算拨款			基金预算拨款	财政专户管理的非税收入拨款	经营收入	上级补助收入	附属单位收款	其他收入	用事业基金弥补收支差额	上年结余
类	款	项				小计	经费拨款	纳入预算管理的非税收入拨款								
				9. 差旅费												
				10. 维修(护)费												
				11. 租赁费												
				12. 会议费												
				13. 培训费												
				14. 公务接待费												
				15. 专用材料费												
				16. 工会经费												
				17. 福利费												
				18. 其他商品和服务支出												
				(三)对个人和家庭的补助												
				1. 离休费												
				2. 退休费												
				3. 退职(役)费												
				4. 抚恤金												
				5. 生活补助												
				6. 救济费												
				7. 医疗费												
				8. 助学金												

续表

支出功能分类科目					资金来源										
科目编码			科目名称	项目	合计	一般预算拨款			基金预算拨款	财政专户管理的非税收入拨款	经营收入	上级补助收入	附属单位收款	其他收入	用事业基金弥补收支差额	上年结余
类	款	项				小计	经费拨款	纳入预算管理的非税收入拨款								
				9.奖励金												
				10.住房公积金												
				11.其他对个人和家庭的补助												
				二、项目支出												
				(一)专项商品和服务支出												
				(二)对企事业单位的补贴												
				(三)赠与												
				(四)债务利息支出												
				(五)债务还本支出												
				(六)其他资本性支出												
				(七)其他支出												
				三、经营支出												
				四、对附属单位补助支出												
				五、上缴上级支出												
				六、结余分配												
				七、年末结余												
				合计												

支出预算表的编制说明：

1.基本支出

该项目反映行政事业单位为保障其机构正常运转，完成日常工作任务所需的基本支出。包括工资福利支出、一般商品和服务支出、对个人和家庭的补助。

工资福利支出是反映单位开支的在职职工和编制外长期聘用人员的各类劳动报酬，以及为上述人员缴纳的各项保险费等。它包括以下几方面：

(1)基本工资。反映公务员的职务工资，级别工资；机关工人的岗位工资，技术等级工资；事业单位工作人员的岗位工资，薪级工资；各类学校毕业生试用期(见习期)工资。

(2)津贴补贴。反映国家批准建立的各种津贴补贴。

(3)奖金。反映机关工作人员年终一次性奖金。

(4)社会保障缴费。反映单位为职工缴纳的基本养老、基本医疗、失业、工伤、生育等社会保险费，残疾人就业保障金等。

基本养老保险。单位按上年度在职职工工资总额的一定比例向养老保险经办机构缴纳的养老保险费。

基本医疗保险。单位按上年度在职职工工资总额的一定比例向医疗保险经办机构缴纳的医疗保险费。

残疾人就业保险。单位向残联缴纳的残疾人就业保障金。

其他社会保障费。单位按上年度在职职工工资总额的一定比例向社会保险经办机构缴纳的失业保险、工伤保险、生育保险等社会保险费。

(5)绩效工资。反映事业单位工作人员的绩效工资。

(6)其他工资福利支出。反映上述项目未包括的人员支出，如各种加班工资、病假两个月以上期间的人员工资、编制外长期聘用人员工资等。

一般商品和服务支出是反映行政事业单位为保障机构正常运转和完成日常工作任务而发生的带共性的、最基本的日常公用支出。它包括以下几方面：

(1)办公费。反映单位购买的不符合固定资产确认标准的日常办公用品、书报杂志等支出。

(2)印刷费。反映单位的印刷费支出。

(3)水费。反映单位支付的水费、污水处理费等支出。

(4)电费。反映单位的电费支出。

(5)邮电费。反映单位开支的信函、包裹、货物等物品的邮寄费及电话费、电报费、传真费、网络通信费等。

(6)物业管理费。反映单位开支的办公用房及宿舍的事业管理费,包括综合治理费、绿化、卫生等支出。

(7)公务用车运行维护费。反映公务用车租用费、燃料费、维修费、过桥过路费、保险费、年检费、安全奖励费。

(8)其他交通工具运行维护费。反映除公务用车外的其他各类交通工具(如船舶、飞机)燃料费、维修费、过桥过路费、保险费、年检费、安全奖励费等。

(9)差旅费。反映单位工作人员出差的住宿费、旅费、伙食补助费、杂费,干部及大中专学生调遣费,调干家属旅费补助等。

(10)维修(护)费。反映单位日常开支的固定资产修理费和维护费用,网络信息系统运行和维护费用,以及按规定提取的修购基金。不包括交通工具的维修维护,也不包括大型修缮支出。

(11)租赁费。反映租赁办公用房、宿舍、专用通信网络以及其他设备等方面的费用。

(12)会议费。反映一、二类会议以下的小型会议经费支出,包括会议中按规定开支的房费、伙食补助费以及文件资料的印刷费、会议场地租用费等。

(13)培训费。反映各类培训支出和按标准提取的"职工教育经费"。

(14)公务接待费。反映单位按规定开支各类公务接待费用。

(15)专用材料费。反映单位购买日常专用材料支出。

(16)工会经费。反映单位按规定提取工会经费。

(17)福利费。反映单位按国家规定提取福利费。

(18)其他商品和服务支出。反映上述科目未包括的日常公用支出。

对个人和家庭的补助是反映政府用于对个人和家庭的补助支出。它包括以下几方面:

(1)离休费。反映行政事业单位和军队移交政府安置的离休人员的离休费、护理费、交通费和其他补贴。

(2)推卸费。反映行政事业单位和军队移交政府安置的退休人员的退休费和其他补贴。

(3)退职(役)费。反映行政事业单位退职人员的生活补贴,一次性支付给职工的退职补助等。

(4)抚恤金。反映按规定开支的烈士遗属、牺牲病故人员遗属的一次性和定期抚恤金,伤残人员的抚恤金,离退休人员等其他人员的各项抚恤金。

(5)生活补助。反映按规定开支的优抚对象定期定量生活补助费,行政事业单位职工和遗属、遗属生活补助,因公负伤等住院治疗、住疗养院期间的伙食补助费,长期赡养人员补助费等。

(6)救济费。反映按规定开支的生活救济费,如精减退职老残职工救济费等。

(7)医疗费。反映行政事业单位在职职工、离退休人员的医疗费,军队移交地方安置的离退休人员的医疗费,优抚对象医疗补助等。

(8)助学金。反映各类学校学生助学金、奖学金,青年业余体校人员伙食补助费和生活费补贴等。

(9)奖励金。反映政府各部门的奖励支出。

(10)住房公积金。反映行政事业单位按在职职工工资总额的一定比例为职工缴纳的住房公积金。

(11)其他对个人和家庭的补助。反映为包括在上述科目的单位对个人和家庭的补助支出。

2.项目支出

该项目反映行政事业单位在基本支出之外为完成其特定的行政任务或事业发展目标所需的经费支出。包括以下方面:

(1)专项商品和服务支出。反映行政事业单位在基本支出之外为完成其特定行政任务或事业发展目标所需的购买商品和服务的支出。

(2)对企事业单位的补贴。反映政府对各类企业、事业单位及民间非营利组织的补贴支出。

(3)赠与。反映对国内外政府、组织等提供的援助、捐赠以及交纳国际组织会费等方面的支出。

(4)债务利息支出。反映单位的债务利息支出。

(5)债务还本支出。反映单位归还各类借款本金方面的支出。

(6)其他资本性支出。反映非发展与改革部门集中安排的用于购置固定资产、战略性和应急性储备、土地、无形资产以及构建基础设施、大型修缮和财政支持企业更新改造所发生的支出。

(7)其他支出。反映不能划分到上述经济科目的其他支出。

3.经营支出

该项目反映事业单位在专业业务活动及辅助活动之外开展非独立核算经营活动发生的各项支出。

4. 对附属单位补助支出

该项目反映事业单位发生的用于非财政预算资金对附属单位的补助支出。

5. 上缴上级支出

该项目反映实行收入上缴办法的事业单位按照规定的定额或比例上缴上级单位的支出。

四、项目支出预算明细表

表3-4 项目支出预算明细表

单位:万元

支出功能分类科目				项目名称	经济科目	开始时间	结束时间	是否政府采购	资金来源										
科目编码			科目名称						合计	一般预算拨款			基金预算拨款	财政专户管理的非税收入拨款	经营收入	上级补助收入	附属单位缴款	其他收入	用事业基金弥补收支差额	上年结余
类	款	项								小计	经费拨款	纳入预算管理的非税收入拨款								
				合计																

五、政府采购预算表

表 3-5　政府采购预算表

采购项目	采购品目	采购时间	计量单位	采购数量	资金来源											
					合计	小计	经费拨款	纳入预算管理的非税收入拨款	基金预算拨款	财政专户管理的非税收入拨款	经营收入	上级补助收入	附属单位缴款	其他收入	用事业基金弥补收支差额	上年结余
合　计																

六、经费拨款支出预算表

表 3-6　经费拨款支出预算表

单位:万元

支出功能分类科目				项　　目	金　额	备注
科目编码			科目名称			
类	款	项				
				合　　计		
				一、基本福利支出		
				(一)工资福利支出		
				1.基本工资		
				2.津贴补贴		
				3.奖金		
				4.社会保障缴费		
				5.绩效工资		

续表

支出功能分类科目			项 目	金 额	备 注
科目编码		科目名称			
类	款	项			
			6.其他工资福利支出		
			(二)一般商品和服务支出		
			1.办公费		
			2.印刷费		
			3.水费		
			4.电费		
			5.邮电费		
			6.物业管理费		
			7.公务用车运行维护费		
			8.其他交通工具运行维护费		
			9.差旅费		
			10.维修(护)费		
			11.组费		
			12.会议费		
			13.培训费		
			14.公务接待费		
			15.专用材料费		
			16.工会经费		
			17.福利费		
			18.其他商品和服务支出		
			(三)对个人和家庭补助		
			1.离休费		
			2.退休费		
			3.生活补贴		
			4.其他对个人和家庭的补助		
			二、项目支出(含公共性专项)		新增项目需附有关法律法规政策规定或市委市政府主要领导批示

七、基本情况表

它是反映单位机构、编制、人员、工资、资产等预算基础数据的资料。

表 3-7　基本情况表（简表）

项　目	内　容	备　注
一、单位基本情况		
预算代码、地址、电话、负责人、单位性质、单位规格、内设机构、下属单位数等		
二、人员基本情况		
（一）编制数		
（二）实有人数		
（三）单位长期聘用人员		
（四）单位负担遗属人员		
（五）单位负担的离休干部无固定收入遗孀、配偶人员		月生活补助费　　元
（六）在校学生人数		
三、固定资产情况		
（一）公用房屋情况		
（二）实有机动车船数		公务用车定编　　台
（三）计算机信息系统情况		
（四）主要办公设备情况		
（五）其他主要公用设备情况		
四、××年××月工资福利情况		
（一）在职人员		
（二）离退休人员		
五、其他有关情况		
住房公积金单位缴交比例		

八、非税收入征收计划表

表 3-8　非税收入征收计划表

单位：万元

科目编码				2010 年非税收入分类预算数									2010 年预算数		2007—2009 年征收数			
类	款	项	目	项目名称	合计	行政性收费收入	事业性收费收入	政府性基金收入	专项收入	罚没收入	国有资源（资产）有偿使用收入	国有资本经营收入	其他收入	合计	纳入预算管理	财政专户管理	三年平均数	年征收数	年征收数	年征收数
				合计																

非税收入征收计划表按照"行政性收费收入"、"事业性收费收入"、"政府性基金收入"、"专项收入"、"罚没收入"、"国有资源（资产）有偿使用收入"、"国有资本经营收入"、"其他收入"分类填列。不包括上缴中央、省级财政的收入。

1. 行政性收费收入

它反映行政事业单位根据法律、行政法规、国务院和省级人民政府及其所属财政、计划（物价）部门的规定所收取的各项行政性收费收入（要求填列明细收费项目）。

2. 事业性收费收入

它反映行政事业单位根据法律、行政法规、国务院和省级人民政府及其所属财政、计划（物价）部门的规定所收取的各项事业性收费收入（要求填列明细收费项目）。

3. 政府性基金收入

它反映行政事业单位根据法律、行政法规规定并经国务院或财政部批准，向公民、法人和其他组织征收的政府性基金,以及参照政府性基金管理或纳入基金预算具有特定用途的财政资金(要求填列明细收费项目)。

4.专项收入

它是指排污费收入,水资源费收入,教育费附加收入,矿产资源补偿费收入,探矿权、采矿权使用费及价款收入等(要求填列明细收费项目)。

5.罚没收入

它是指执法机关依法收缴的罚款(罚金)、没收款、赃款、没收物资以及依法追回的赃款、赃物的变价款收入(要求填列明细收费项目)。

6.国有资本经营收入

它反映政府及其部门、机构履行出资人职责的企业(即一级企业)上缴的国有资本收益(要求填列明细收费项目)。

7.国有资源(资产)有偿使用收入

它反映有偿转让国有资源(资产)使用费而取得的收入,如非经营性国有资产收益(要求填列明细收费项目)。

8.其他收入

填列单位其他非税收入。如捐赠收入、主管部门集中收入等(要求填列明细收费项目)。

第四节　预算管理办法与预算执行

一、行政单位预算管理办法

行政单位与事业单位的经济性质全然不同,因此,《行政单位财务规则》中明确规定了行政单位的预算管理办法。

(1)行政单位预算是行政单位根据其职责和工作任务编制的年度财务收支计划。

(2)行政单位预算由收入预算和支出预算组成。按照经费领拨关系和预算管理权限,行政单位预算管理分为下列级次:

①向同级财政部门报领经费,并对下一级预算单位核拨经费的行政单位,为主管预算单位。

②向上一级预算单位报领经费,并对下一级预算单位核拨经费的行政单位,为二级预算单位。

③向同级财政部门或者上一级预算单位报领经费,没有下级拨款单位的行政单位,为基层预算单位。各级预算单位应当按照预算管理级次报领、核拨经费,并按照批准的预算组织实施,定期将预算执行情况向同级财政部门或者上一级预算单位报告。

财政部门对行政单位实行收支统一管理,定额、定期拨款(或国库集中收付),超支不补,结余留用的预算管理办法。

行政单位的各项收入(预算外资金收入和其他收入)支出应当全部纳入单位预算统一管理,统筹安排使用。

二、事业单位预算管理办法

《事业单位财务规则》中明确规定了事业单位的预算管理办法。

(1)事业单位预算是指事业单位根据事业发展计划和任务编制的年度财务收支计划。

(2)事业单位预算由收入预算和支出预算组成。国家对事业单位实行核定收支、定额或者定项补助、超支不补、结余留用的预算管理办法。

定额或者定项补助标准根据事业特点、事业发展计划、事业单位收支状况,以及国家财政政策和财力情况确定。定额或者定项补助可以为零。

少数非财政补助收入大于支出较多的事业单位,可以实行收入上缴办法。具体办法由财政部门会同有关主管部门制定。事业单位参考以前年度预算执行情况,根据预算年度的收入增减因素和措施,测算编制收入预算;根据事业发展需要与财力情况,测算编制支出预算。

(3)事业单位预算应当自求收支平衡,不得编制赤字预算。

三、行政事业单位预算编制程序、执行与调整

(一)预算的编制程序

1.单位上报预算建议数

在充分做好预算编制准备工作的基础上,按照财政部门和上级主管部门布置的具体要求和规定的表格样式,编报单位本年度全部收入、支出建议数,包括申请财政补助建议数。单位预算建议数编制后,要写出较为详细的说明。要在规定时间内及时上报。基层预算单位直接报送主管部门;二级预算单位应将下属单位年度预算建议数与本单位的汇总后上报预算主管部门;主管部门应将所属单位的预算建议数与本单位的汇总后报送同级财政部门;与财政部门有直接经费缴拨关系的单位直接向财政部门报送预算报表。

2. 财政部门下达预算控制数

财政部门在接到经各主管部门报送的行政事业单位预算建议数后,先进行审核;然后结合预算年度财政可供给的财力,将有关预算控制指标(包括财政补助指标)分解下达到各行政主管部门或单位,作为单位编制年度正式预算的依据。

3. 单位编报正式预算草案

根据财政部门和主管部门下达的预算控制数,结合本单位预算年度的收支情况,特别是财政拨款(补助)数额变动情况,本着量入为出、收支平衡的原则,分别轻重缓急,对相关支出项目进行调整,编制正式的单位预算,经主管部门审核汇总后报财政部门。

4. 财政部门正式批复预算

财政部门在收到行政事业单位主管部门(或同财政有直接缴拨经费关系的公共组织)报送的单位预算后,对符合编制要求的,在规定期限内批复下达。单位预算一经批准,即正式成为预算执行的依据,各单位必须认真贯彻执行,不得随意变动。如果确需调整预算,应严格按规定程序进行。各行政主管部门逐级汇报所属单位预算上报财政部门,其年度预算核定和批复事宜,由同级财政部门根据本级人大或政府的审批意见办理。主管部门根据财政部门的批复内容逐级批复,各单位据以执行。

(二)单位预算的审批

1. 政策性审核

单位编制的建议数是否体现了国家的有关方针、政策和财务规章制度,是否符合国家关于编制预算草案的指示精神。

2. 可靠性审核

单位收支项目是否全部纳入单位预算,有无在预算之外另留收支项目;预算所列各项收支数字是否稳妥可靠,预算的编制是否坚持了量入为出、收支平衡的原则。

3. 合理性审核

单位收入来源是否合法、合理,资金分配和各项支出项目的安排是否恰当;预算收支安排是否符合国家预算管理体制的要求。

4. 完整性审核

预算编制的内容是否完整,口径是否与编制要求相一致,资料是否准确,预算编制的文字说明是否符合要求。

5. 技术性审核

预算编制有无技术和数字上的差错。比如,表格、数字填列等方面是否符合要求,表格和项目内容有无错填和遗漏的,总表、明细表、附表之间是否吻合,有无漏填错报等问题。

（三）财政部门审批单位预算的内容

对收入预算应逐项核定收入指标。核定行政单位收入预算时,应明确核定财政预算拨款收入、预算外资金收入和其他收入等项收入指标;核定事业单位收入预算时,应明确核定财政补助收入、事业收入(含从财政专户核拨的预算外资金收入)、经营收入等各项收入指标。

对支出预算要统筹兼顾、全面安排,确保重点支出需要。核定事业单位支出预算时,在核定事业支出、经营支出、自筹基本建设支出等分类支出数额前提下,还应核定基本工资、津贴、奖金、福利费、社保缴费、办公费、维修费、设备购置费等重点项目的支出数额;核定行政单位支出预算时,在核定经常性支出和专项支出数额的前提下,也应按用途核定到目级科目。经批准的自筹基本建设支出,按照有关部门批准的投资规模和单位筹资能力批复

（四）单位预算的调整（追加或追减）

单位预算经财政部门批准后,在执行过程中因特殊情况需要,可以在按照规定的程序报批后,进行预算调整(追加或追减)。

1.财政预算追加的原则

财政预算追加是指在财政年度预算执行过程中,对未列入部门(单位)的年初预算,或因不可预见的因素形成的必要支出,须按一定审批程序增加的各项支出。预算追加应当遵循以下原则:

（1）从严控制原则

预算管理办法规定,部门预算批复后,各部门(单位)应严格执行,非因特殊情况不得提出追加预算的申请。财政部门将根据当年财力情况,从严控制、从严审核,确保年度财政收支平衡。

（2）事前审批原则

预算追加必须先批准后实施,无批准或超出预算的支出,应通过调整支出结构在本部门(单位)自有资金中解决,或在下一年度预算中申报。

（3）民生优先原则

尽可能把新增财力优先用于民生支出及保障市委、市政府确定的重大战略部署需要。严格控制一般性预算支出。

（4）讲求绩效原则

进一步规范部门(单位)支出绩效考评制度,考评结果作为预算安排和支

出追加的重要依据,对违反财经纪律的行为依法严肃查处。

2.财政预算追加的条件

申请预算追加必须符合以下条件:

(1)中央和省出台重大政策需增加的支出;

(2)政府重大决策、重大部署需增加的支出;

(3)发生自然灾害、突发公共事件等不可预见的新增支出;

(4)因机构、人员增加及政策变化新增的支出。

3.财政预算追加的程序

预算追加资金实行部门(单位)申报、财政审核、政府审批制度。

(1)部门(单位)申报,财政受理

申请预算追加资金的部门(单位)要提出规范、完整的申请报告。参照相关报告文本格式。报告主要内容包括:申请预算追加资金的必要性、有关政策依据、所需资金数额、明细项目预算、预计使用效果等详细情况及附件。预算追加资金申请坚持一事一报原则,经本部门(单位)主要领导签字并加盖单位印章后报送相关主管部门审批。凡申请报告格式、申报程序不合规定的,不予受理。

(2)财政审核,整理报批

财政部门本着厉行节约、从严控制一般性支出的原则,认真按照财政资金使用有关规定对所申请事项和资金进行严格核实,并结合年度预算资金安排、单位非税收入往来账户资金结余,以及预备费、当年度新增可用财力和上年专项结转余额等情况审核并提出意见。每年的上半年不受理追加报告,不办理预算追加,原则上9月、11月分两次集中办理,12月份不再办理。

(3)政府审批,财政追加

财政部门受理申请预算追加报告后,对口的业务科室提出初审意见,经财政部门办公会议研究后,报请政府部门审定。预算追加资金的申请报告审批后,由财政部门按照相关管理规定及时办理拨款手续。

(4)注重绩效,提高效益

各部门(单位)要牢固树立过"紧日子"的思想,严格控制一般性支出。要进一步加强对预算追加资金使用情况的监督管理,确保预算追加资金使用规范、合理、高效。

某市预算执行中追加追减审批流程图

申报环节

年度预算执行中,以市委市政府名义办理的事项需追加追减的,由市直相关部门(单位)报市委、市政府批准后,向财政主管业务处室提报申请。

其他符合条件的追加追减项目,由市直相关部门(单位)和区、县(市)财政部门向财政主管业务处室提报申请。

财政主管业务处室承办人对符合规定的申请予以受理,并提出初步意见,经处长召开处务会研究,报主管副局长审批。

额度在 50 万元以下的项目,由各相关业务处室提出审核意见,经财政部门分管领导审定后,报主要领导审批。

额度在 50 万元以上的项目,由各相关业务处室提出审核意见,由市财政部门主要领导主持例会审定后,报市政府审批。

按照审批程序确定的追加预算支出项目,部门(单位)提交用款计划后,市财政部门于 10 个工作日内办理资金拨付手续,2 个工作日内告知申报单位。

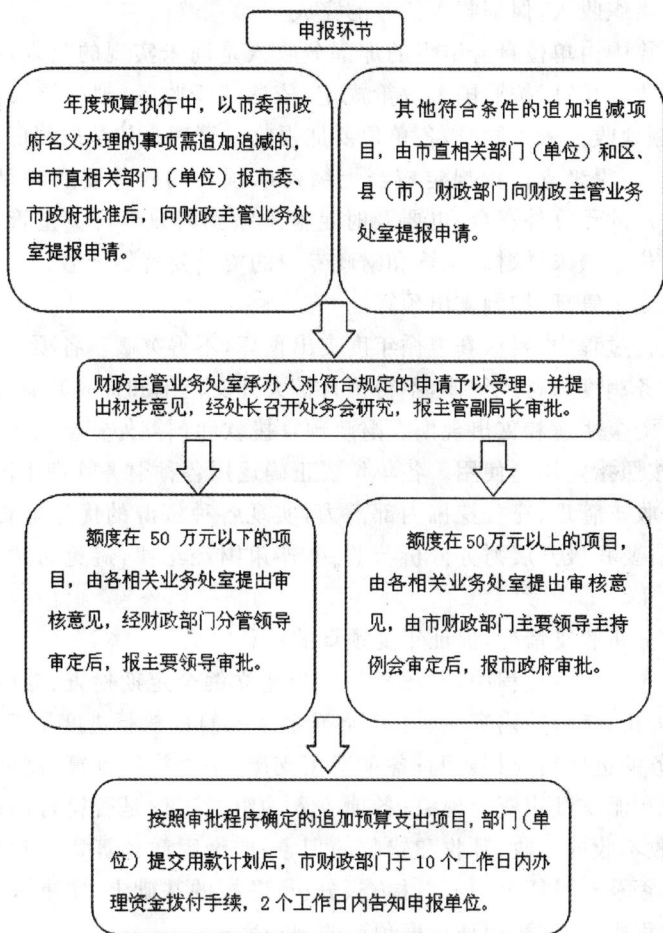

图 3-2　预算执行中追加追减审批流程图

四、单位预算执行的主要任务

1. 合理分解年度预算,落实管理责任

各单位要根据财政部门和主管部门核定的预算,紧紧围绕事业计划和行政任务,及时将收支指标分解到单位内部各有关部门,同时要提出管理的目标、要求和责任。通过对年度预算的合理分解,调动单位内部各部门当家理财的积极性,这是保证完成单位预算的重要条件之一。同时,单位财务部门要加强对单位内部各部门的指导工作,合理控制用款进度,保证预算期间各阶段的资金需要。

2.依法组织收入,保证收入任务的完成

单位预算中由单位自身组织的那部分收入是尚未实现的收入,各单位要根据核定的收入预算,按照国家政策规定,依法组织收入,把应该收的各项收入,及时足额地收上来。同时,各单位要加强收入管理。依法取得的各项收入要及时入账,不得坐支。按规定应当上缴财政预算的收入要及时足额上缴。上缴财政专户的预算外资金,也要及时足额地缴到财政专户。主管部门和财政部门对单位应缴未缴财政预算和财政专户的资金要督促催缴。

3.加强支出管理,控制支出预算

预算执行过程中,要认真遵循年度支出预算,不得突破。各项支出要严格执行国家财务制度和财经纪律,不得擅自扩大开支范围和提高开支标准,也不得随意改变资金用途和支出规模。财政预算拨款和预算外资金收入有指定用途的,应当按照指定用途使用。各单位要正确运用各种财务管理手段,不断强化单位财务收支管理,充分挖掘内部潜力,实现各种资源的优化配置,提高资金使用效益;要积极开展财务分析与监督,严肃财经纪律,避免和防止损失浪费现象的发生。

4.及时分析收支情况,保证年度预算的顺利完成

在单位预算执行过程中,财政部门应当建立健全定期检查、分析、考核制度。检查、分析、考核的内容主要包括各项收支预算的执行进度是否与事业计划、行政任务的进度情况相协调;各项费用支出,是否按照预算、制度执行,有无铺张浪费和滥支乱用资金现象;各项收入的组织工作是否符合国家政策规定,有无应收不收或多收、乱收和错收的现象;应缴财政预算资金和应缴财政专户资金是否及时足额上缴。在检查、分析、考核的基础上,实事求是地总结预算执行过程中的经验,保证年度预算的顺利完成。

思考题

1.单位预算的概念是什么?

2.单位预算的原则是什么?

3.预算编制的准备工作有哪些?

4.什么是定员定额?

5.定额工作的基本程序是什么?

6.什么是基数法?什么是零基法?

7.收入预算总表中收入和支出的项目有哪些?

8.政府采购预算表中的基本项目有哪些？

9.行政单位预算管理办法是什么？

10.事业单位预算管理办法是什么？

11.行政事业单位预算编制的基本程序有哪些？

12.预算的审批包括哪些内容？

13.单位预算执行的主要任务是什么？

阅读材料一

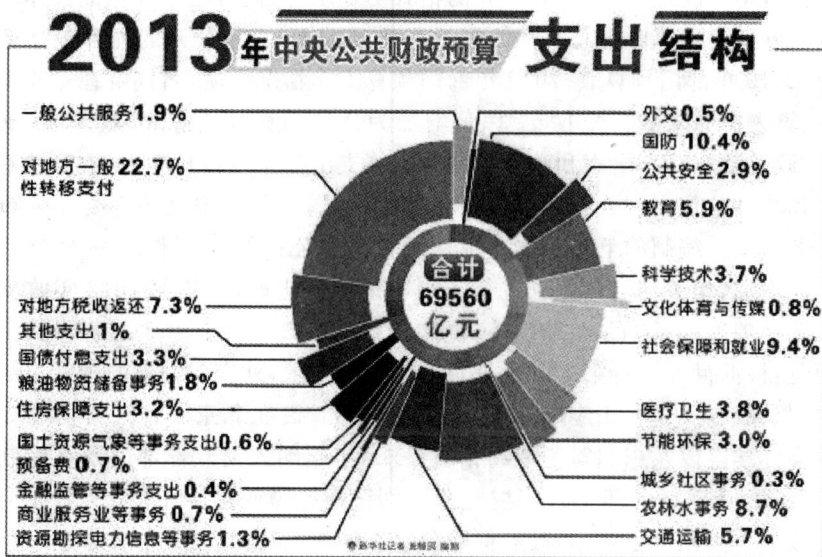

2013 年中央公共财政预算支出结构(图表)

来源:2013年中央公共财政预算支出结构.中国钢铁现货网,2013 年 3 月 7 日.

阅读材料二

92 个中央部委一周之内公开 2012 年部门预算

预算公开"账目"更细更实

今年是中央各部委推进部门预算公开的第三年。在去年公开部门预算收支总表和解释说明的基础上,今年公开的内容包括部门概况、2012 年部门预算表、2012 年部门预算安排情况说明、名词解释等 4 个部分。与往年相比,今年的公开速度更快,格式更统一,内容更具体。中央各部委推进部门预算公开3 年来,公开质量有了哪些提高?预算公开还应怎样改进?怎样解读本次预算公开的账目?预算监督的方向在何方?记者就此进行了调查。

从 4 月 23 日中央部门 2012 年预算公开大幕开启,不到一周的时间,98个中央部门中就有 92 个部门公开了预算,速度之快出人意料。中央部委公开"更上层楼"公开速度快,格式更统一,内容更具体今年是中央各部委推进部门预算公开的第三年。与前两年相比,今年中央部委预算公开不但行动快,在内容上也有不少改进之处:预算公开的格式更加统一,内容也更加详细具体。在去年公开部门预算收支总表和解释说明的基础上,今年公开的内容包括部门概况、2012 年部门预算表、2012 年部门预算安排情况说明、名词解释等 4 个部分,预算表由原来的一张收支总表,增加为公共预算收支总表、收入表、支出表、财政拨款预算支出表和政府性基金预算支出 5 张表格。其中,政府性基金支出预算表是首次在公开的部门预算中"亮相"。同时,中央各部委还公布了纳入部门预算编制的下属单位名单。从各部委公布的预算来看,一些项目支出有所增加,相关部门对此也进行了解释说明。比如,财政部 2012 年收支总预算 393 018.94 万元,比 2011 年增加 132 890.03 万元。财政部解释其主要原因是:根据世界银行第二阶段投票权改革的要求,外交(类)下的国际组织会费、捐款、股金及基金相应增加 70 470.33 万元;设在北京、上海、厦门的 3 家国家会计学院以及中国财税博物馆自 2012 年起纳入财政部部门预算编制范围,相应增加 54196.69 万元。"数"里行间读懂预算变化显示大政方针指向和财政投入重点预算公开,是政府保障公众知情权,自觉接受社会监督的一项重要举措。财政部财政科学研究所副所长刘尚希认为,中央部门预算盘子大、项目多,一下子要全都看明白、算清楚是不可能的。但随着预算公开的进一步推进,从各部门预算的"数"里行间,能够了解和读到的东西也越来越多。比如,在各部委公开的预算项目支出中,住房支出的增加是一个普遍现象,社会上也很关注。与上年相比,财政部、审计署与发改委住房支出增加了近三成,保监会住房支出增长超过了 40%。实际上,无论各部委住房支出增加多少,其主要原因一是规范津贴补贴,住房公积金计算基数提高,二是单位新职工人数多了,符合提租补贴、购房补贴人数增加。"享受提租补贴和购房补贴的一般都是年轻职工,工作年限短积蓄不多,还没有购买住房尚在租房阶段,补贴的数目每人每月也就是几百元。应该说,这样的支出是合情合理的。"刘尚希说。

"除了一些带有普遍性的项目支出变化,我们还能从预算的变化中,看出国家大政方针的指向和财政投入重点。"刘尚希解释说,教育部、卫生部2012年预算支出,较上年增加较多,主要原因是中央财政大幅增加对教育和医疗卫生的投入。预算公开还应"粗中有细"公开一般支出可以粗,"三公"经费支出应该细。对于今年中央部门预算公开的变化,社会公众给予了肯定与好评。但也有一些人表示,中央部门预算公开的力度还不够大,一些项目支出还不够细,"三公"经费等支出在预算中还是找不到影子。对此,刘尚希说,预算公开是不是越详细越好? 这个问题还需要仔细掂量。如果所有预算数据都公布到"目",那98个部门加起来就是厚厚的一大本,内容过于琐碎,公众未必看得清楚,反而政府部门要投入大量精力,增加公开的成本。

"预算公开的目的,就是让社会公众更好对政府部门进行监督。"刘尚希认为,预算公开应当是"粗中有细",一般的项目支出可以粗点儿,而百姓关注的"三公"经费这类的核心支出,应该更细一些。至于为何在公开的预算中见不到"三公"经费的影子,刘尚希解释说,"三公"经费在预算中不是一个特定的支出项目,所以不能直接在预算中看到。需要各部门从各项支出中,把与"三公"支出有关的费用分别"提"出来,再汇总到一起才能得到一个总体的情况。由于"三公"经费是今年的预算数据与上一年的决算数据一起公开,所以要等到6月底左右全国人大批准2011年中央决算后,中央部门的"三公"经费情况才将公开。

刘尚希表示,与社会公众的期待与要求相比,目前预算公开还存在着一定的差距,仍有需要进一步改进和完善的地方。比如,很多信息是按照功能分类,虽然教育支出多少、医疗卫生支出多少都有具体数字,但这些支出中,有多少用于行政经费,有多少用于项目建设,从预算上还看不出来、分不清楚。

监督"关口"向基层前移,2012年将重点监管中央基层事业单位。从此次公开的预算看,纳入中央部门预算的除了各部委外,还包括中央部门下设的二级及以下基层单位。这些基层预算单位分布广、层次多、数量大,全国总共有2万多家。有的中央部门下辖五、六级基层预算单位,有些中央部门的预算90%用于基层单位,管理链条长,支出及资产总量大。财政部日前发出通知,决定自2012年起,开展中央部门驻各地中央基层预算单位综合财政监管工作。2012年监管的重点是中央基层行政单位、参照公务员法管理的中央基层事业单位。"中央部门预算的账目细不细、实不实,很大程度上与中央基层单位的预算编制是否真实准确有关。"财政部监督检查局局长吴奇修说,中央部门的预算是由部门本级与其下辖的各基层单位的预算汇总得来的。如果基层单位在上报预算时就有"水分",那么中央部门的预算就难免失真。而且,这类失真仅靠审核中央部门的"总预算"很难被发现,必须自下而上,从基层预算单位的"源头"抓起。只有"源头"的基础夯实了,中央部门的预算才会更准确,监管也才更有效。吴奇修表示,这是深化财政管理改革的一项重大举措,对于解决财政长期以来"重分配轻管理、重数量轻质量、重预算轻监督"的问题,建立健全预算编制、执行、监督相互制衡、相互协调的财政监督机制,将起到积极的促进作用。

资料来源:李丽辉.92个中央部委一周之内公开2012年部门预算.人民日报.2012年5月8日第11版.

第二篇

行政事业单位财务管理

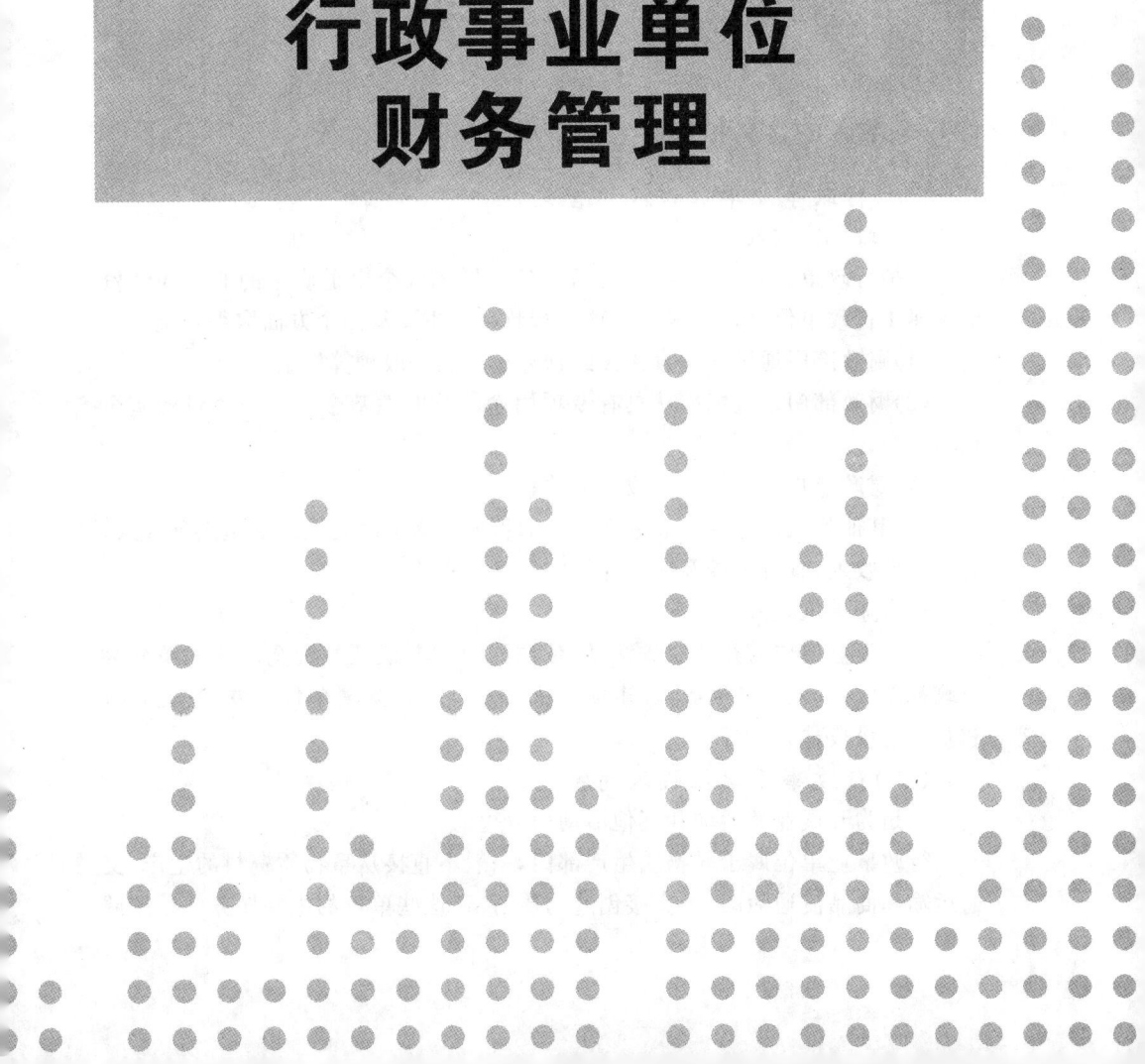

第四章

收入管理

第一节　行政事业单位收入概述

一、收入的含义和特点

（一）行政事业单位收入的含义

1.行政单位收入

是指行政单位开展业务活动，通过各种形式各个渠道确定的非偿还性资金。属于行政单位会计要素的一项。行政单位主要从四个方面取得资金：

（1）财政部门通过国库直接拨给预算单位的一般预算资金；

（2）财政部门通过国库从具有专项用途的政府性基金收入中拨付的基金预算资金；

（3）财政专户管理的非税收入拨款；

（4）其他收入。包括在业务活动中取得的不必上缴财政的零星杂项收入、有偿服务收入、有价证券及银行存款的利息收入等。

2.事业单位收入

是指事业单位为开展业务活动，依法取得的非偿还性资金。按来源分为财政补助收入、上级补助收入、事业收入、经营收入、附属单位缴款、其他收入和基本建设拨款收入等。

（二）行政事业单位收入的特点

1.是为开展业务活动和其他活动而取得的

行政事业单位属于非物质生产部门，一般不直接从事物质资料的生产、交通运输和商品流通活动，不直接创造物质财富，这些单位的主要任务就是按照国家确定的事业发展方针政策和行政管理职责开展业务活动。由于行政事业单位从事的业务活动属于满足社会公共需要的范畴,具有公益性和非营利性的特征,所以行政事业单位开展业务活动所需要的资金,全部或大部分由国家预算进行拨付。

2.是依法取得的

行政事业单位从事业务活动获得的收入,必须符合国家有关法律、法规和规章制度的规定。从财政部门获得的预算资金,必须按照财政预算规定的科目、内容和程序进行申报、审批和领拨。

3.是通过多种渠道、多种方式取得的

行政事业单位的收入来源形式和渠道呈多元化趋势,既有财政预算拨款收入(财政补助收入)、也有上级补助收入、事业收入、投资收益、利息收入、捐赠收入等。

4.是非偿还性资金

行政事业单位取得的各项收入是不需要偿还的,可以按照规定安排用于开展业务活动。行政事业单位取得的需要偿还的资金,包括各种借入款、应付款项和应缴预算资金、应缴财政专户资金等应缴款项,属于负债的范畴,需要偿还债权人和上缴财政,不能作为本单位的收入。

5.具有支配的自主性

在有关国家规定前提下,单位可以自主决定收入的使用(专项款项除外),可以按照规定用于开展业务活动及其他活动。

二、行政事业单位收入来源与管理要求

由于行政事业单位的性质和业务活动范围不同,因此收入来源的内容也不相同。

(一)行政单位收入来源与管理要求

行政单位收入是指行政单位依法取得的非偿还性资金,包括财政拨款收入和其他收入。

1.财政拨款收入

是行政单位按照经费申报关系,由财政部门或上级单位拨付的预算经费,是行政单位从财政预算内取得的财政性资金。

包括一般预算拨款、基金预算拨款、财政专户管理的非税收入拨款。

拨入经费是行政单位最主要的收入来源,是行政单位开展业务活动的最主要的财力保证。

2.其他收入

是指行政单位依法取得的除财政拨款收入以外的各项收入。

主要包括零星杂项收入、银行存款利息收入等。

行政单位依法取得的应当上缴财政的罚没收入、行政事业性收费、政府性基金、国有资产处置和出租出借收入等，不属于行政单位的收入。

行政单位拨入经费的管理要求：

(1)按部门预算和用款计划申请取得拨入经费；

(2)按规定用途申请取得拨入经费；

(3)按规定的财政资金支付方式申请取得拨入经费；

(4)按预算级次申请取得拨入经费；

(5)将拨入经费与其他收入等收入同时纳入预算，实行统一核算管理，统筹安排使用。

(二)事业单位收入来源与管理要求

事业单位收入来源分为财政补助收入、上级补助收入、事业收入、经营收入、附属单位缴款、其他收入和基本建设拨款收入等。事业单位的收入来源主要有如下三部分：

1.财政或上级单位拨入资金

拨入资金是事业单位为了完成国家规定的事业计划，按照批准的经费预算和规定的手续，向财政机关和主管会计单位请领经费的行为。

按所拨入款项的性质和管理要求不同分为：财政补助收入、财政专户返还收入和上级补助收入。

(1)财政补助收入

是指事业单位按核定的预算和经费领报关系从财政部门取得的各类事业经费。

(2)财政专户返还收入

是指核算事业单位收到的从财政专户核拨的预算外资金。

(3)上级补助收入

是指事业单位从主管部门和上级单位取得的非财政补助收入。

拨入资金的依据是经过财政部门或主管单位审核批准后的单位预算。事业单位的季度用款计划是各单位拨入资金的具体执行计划，它是单位在核定的年度预算内，按季根据各月实际需要编制的。

拨入资金的管理，应当坚持按计划、按进度、按支出用途和按预算级次拨款的原则。

拨入专款用于核算事业单位收到财政部门、上级单位或其他单位拨入的有指定用途，并需要单独报账的专项资金。如果拨入的专款不需要单独报账，则不通过本科目核算，而反映到"上级补助收入"科目中。

从专款资金的来源看，有财政机关拨入的由预算安排的专款资金，有上级主管部门拨入的专款资金，也有由业务协作往来单位拨来的专款资金。从专款资金的内容看，一般有科技三项费用专款、大型设备仪器购置费专款、救灾抢险专款、抗震加固专款、专项补助款及其他专款。

专款资金的管理应坚持专款专用、按实列报、单独核算、专项结报的原则。

2.单位自行组织收入款项

收入款项是事业单位在各项业务活动开展过程中自行组织取得的收入，它是事业单位重要的资金来源，是办理各项业务开支的主要财力保证。按单位所组织取得款项的来源和性质的不同，可分为事业收入、经营收入和其他收入。

(1)事业收入

是指事业单位开展专业业务活动及其辅助活动取得的收入。其中，按照国家有关规定应当上缴国库或者财政专户的资金，不计入事业收入；从财政专户核拨给事业单位的资金和经核准不上缴国库或者财政专户的资金，计入事业收入。

(2)经营收入

是指事业单位在专业业务活动及辅助活动之外开展非独立核算经营活动取得的收入。

事业单位取得的投资收益、利息收入、捐赠收入等应当作为其他收入处理。

3.附属单位上缴的资金

附属单位缴款是指事业单位附属的独立核算单位按规定标准或比例缴纳的各项收入。如分成收入、承包利润和管理费等。这是非财政预算资金在上下级单位进行调剂的事项，以解决各种类型事业单位的收支平衡问题，保证各单位各项业务活动正常开展和进行。

事业单位收入管理的要求：

事业单位收入全部纳入单位预算，统一核算，统一管理。事业单位对按照规定上缴国库或者财政专户的资金，应当按照国库集中收缴的有关规定及时足额上缴，不得隐瞒、滞留、截留、挪用和坐支。

(1)收入统管；

(2)正确划分各项收入,依法缴纳各种税费;

(3)充分利用现有条件积极组织收入,提高经费自给率和自我发展能力;

(4)保证收入的合法性与合理性;

(5)正确处理社会效益和经济效益的关系。

第二节　财政拨款收入管理

　　行政单位财政拨款收入和事业单位财政辅助收入,是从财政部门取得的各类行政和事业经费,都属于财政资金(财政预算拨款)。预算拨款是公共部门一项十分重要的资金来源,加强预算拨款资金管理,提高财政资金使用效率,在公共部门收入管理中具有十分重要的意义。

一、财政拨款收入的内容

(一)行政单位财政拨款收入

　　财政拨款是财政部门核拨给行政单位的财政预算资金。包括一般预算拨款、基金预算拨款、财政专户管理的非税收入拨款。财政预算安排用于行政单位的拨款主要有:

　　1.行政管理费

　　行政管理费是指国家财政用于各级人民代表大会、政协、国家各级行政机关、重要党派团体以及社会团体行使职能所需的经费支出。按费用要素分类,行政管理费包括人员经费、公用经费。

　　2.公检法司支出

　　公检法司支出主要用于各级公安机关、检察院、法院、司法行政机关、监狱和劳教机关的各项经费。

　　3.外交外事支出

　　外交外事支出主要包括外交支出、国际组织支出、偿付外国资产支出、地方外事费、对外联络宣传经费及边境联检费等。

　　此外,还有行政事业单位离退休经费等。

(二)事业单位的财政补助收入

　　事业单位的财政补助收入,指事业单位按核定的预算和经费领报关系从财政部门取得的各类事业经费,包括一般预算拨款、基金预算拨款、财政专户管理的非税收入拨款。

财政预算安排用于事业单位的财政补助见表 4-1。

表 4-1　财政预算安排用于事业单位的财政补助收入

财政预算用于财政补助项目	包括一般预算拨款、基金预算拨款、财政专户管理的非税收入拨款
教育事业费	高等学校经费、留学生经费、中等专业学校经费、技工学校经费、职业教育经费、中学经费、小学经费、幼儿教育经费、成人高等教育经费、普通业余教育经费、教师进修及干部培训、特殊教育经费、广播电视教育经费、其他教育事业费
文体广播事业费	文化事业费、出版事业费、文物事业费、体育事业费、档案事业费、地震事业费、海洋事业费、通信事业费、广播电影电视事业费、计划生育事业费、党政群干部训练事业费、其他文体广播事业费
科学事业费	自然科学事业费、科协事业费、社会科学事业费、高技术研究专项经费
农林水利气象等部门的事业费	农垦事业经费、农场事业费、农业事业费、畜牧事业费、农机事业费、林业事业费、水利事业费、水产事业费、气象事业费、乡镇企业事业费、农业资源调查和区划费、土地管理事业费、森林工业事业费、森林警察部队经费、其他农林水利事业费
卫生事业费	卫生单位事业费、中医事业费、公费医疗经费
工业交通等部门的事业费	冶金、有色金属、煤炭、石油、石化、电力、化学、机械、汽车、核工业、航空、航天、电子、兵器、船舶、建材、轻工业、烟草、纺织、医药、地质、建设、环保、铁道、交通、邮电、民航、测绘、技术监督、专利等部门的事业费
流通部门事业费	商业事业费、物资管理事业费、粮食事业费、外贸事业费、供销社事业费
抚恤和社会福利救济费	抚恤事业费、军队移交地方安置的离退休人员经费、社会救济福利事业费、救灾支出、其他民政事业费、残疾人事业费

二、财政性资金银行账户的设立、使用和管理

（以某市行政事业单位财政性资金银行账户管理办法为例）

（1）行政事业单位财政性资金银行账户是指：行政事业单位用于接受、使用、核算由财政部门拨给的财政预算资金、预算外资金和经财政部门同意委托部门或单位代收的罚没收入、行政事业性收费预算外资金收入的银行账户，包括行政事业单位基本存款账户和收入汇缴专用存款账户，不包括行政事业单位经营收入等资金的银行账户。

（2）行政事业单位在申请开立银行账户时，必须在开户申请书上说明资金性质（即是否为财政性资金），以备银行审查，准确开立账户。

（3）基本存款账户是指办理和核算财政部门核拨的预算经费、预算外拨款、本单位的经费支出以及经财政部门核准的往来款项等有关业务的账户。收入汇缴专用存款账户是指办理和核算经财政部门同意委托部门或单位代收的罚没收入、行政事业性收费（含政府性基金，下同）和预算外资金收入的账户。

（4）各级行政事业单位应按国家有关规定，经同级财政部门批准，并凭人民银行颁发的"开户许可证"，在银行开设一个基本存款账户。

（5）各级行政事业单位收取或取得的罚没收入、行政事业性收费和预算外资金收入，应由征收机构全部直接上缴同级国库或财政部门设立的预算外资金财政专户。

对罚没收入和行政事业性收费实行收缴分离的行政事业单位，收取或取得的收入，由代收银行缴入同级国库或财政部门设立的预算外资金财政专户。

（6）行政机关原则上不得开设收入汇缴专用存款账户，确有必要开设账户的，可由财政部门在银行开设一个收入汇缴专用存款账户，供行政机关核算本部门罚没收入、行政事业性收费和预算外资金收入上解款项，单位不得直接支用，并按财政部门规定时间足额上缴同级国库或财政专户。

（7）事业单位经财政部门批准，可在银行开设一个收入汇缴专用存款账户，供事业单位核算本单位罚没收入、事业性收费，单位不得直接支用，应按财政部门规定时间足额上缴同级国库或财政专户。

（8）行政事业单位开设、变更或撤销基本存款账户和收入汇缴专用存款账户，应向同级财政部门提出申请，并经财政部门审核同意后，持财政部门批准文件和人民银行颁发的"开户许可证"，到开户银行办理相关手续。

（9）行政事业单位下属独立核算单位开设、变更或撤销基本存款账户和收入汇缴专用存款账户，应向其上级主管部门提出申请，经审核同意后，报同级财政部门批准，并持财政部门批准文件和人民银行颁发的"开户许可证"，到开户银行办理相关手续。行政事业单位下属非独立核算部门一律不得开设基本存款账户和收入汇缴专用存款账户。

（10）各级财政部门和各行政事业单位开设的银行账户，包括经批准开设的基本存款账户和收入汇缴专用存款账户，均应在国有或国有控股银行开设。

（11）行政事业单位按规定开设的基本存款账户和收入汇缴专用存款账户，必须由本单位财务部门统一开设和管理。

（12）开户银行要依据财政部门批准文件和人民银行颁发的"开户许可证"

以及有关规定,对开户单位进行认真审核,符合条件的应按规定程序给予办理开户、变更或撤销。未经财政部门审核同意或未取得"开户许可证"的,银行不得为其开设基本存款账户和收入汇缴专用存款账户。

(13)各级财政部门负责对本级行政事业单位财政性资金银行账户的开设和使用情况进行监督和检查;被查单位必须如实提供有关情况;需要开户银行协助检查时,在符合法律、行政法规规定的条件下,开户银行应如实提供有关情况,不得隐瞒。

(14)行政事业单位违反规定开设和使用财政性资金银行账户的,应作以下处理:

①由财政部门责令有关单位纠正错误,并可暂时停止对相关单位拨款,直至错误被纠正。

②由金融机构按有关规定撤销有关单位多开的违规账户。

③由人民银行按《金融违法行为处罚办法》和《违反银行结算制度处罚规定》对单位及金融机构进行处罚。

④由财政部门、监察部门对有关单位给予通报批评,并按照规定对违纪单位给予经济处罚。

⑤追究直接责任人和单位负责人的党纪、政纪责任。构成犯罪的,依法追究其刑事责任。

三、编制用款计划

实行财政集中支付改革后,分月用款计划是办理财政性资金支付的依据,预算单位应根据批准的部门预算和规定,在下达的用款计划范围内,根据用款需求支用资金,编制分月用款计划,包括"预算单位基本支出分月用款计划"和"预算单位项目支出分月用款计划"。

1.分月用款计划的编制原则

分月用款计划按季或按月编制。预算单位的基本支出(人员经费、公用经费等)按照年度均衡性原则进行编制,项目支出(物品、服务采购和工程采购等)按照项目实施进度进行编制。

2.分月用款计划的报送要求

基层预算单位填报基层预算单位分月用款计划表,一级预算单位填报一级预算单位分月用款计划表,并附基层单位的基层预算单位分月用款计划表。预算单位的分月用款计划由基层预算单位逐级汇总上报,由一级预算单位报财政业务部门。分月用款计划不能由上级代报,更不能越级上报。

3.调整分月用款计划

分月用款计划一经下达,一般不做调整,因特殊情况确需调整的,预算单位应当提前提出申请,由一级预算单位审核同意后报财政国库部门审批。在年度预算执行过程中发生的预算追加、追减调整变化,预算单位可根据变动的预算数调整分月用款计划报财政部门。

4.分月用款计划下达

财政国库部门将审定的分月用款计划批复表下达一级预算单位,同时抄送财政分管业务部门。一级预算单位将收到的分月用款计划下达下级单位。

5.分月用款计划执行

分月用款计划下达后,财政直接支付。由单位根据支付需求,向财政支付机构填报支付申请,审核无误后,由财政国库支付机构直接将资金拨付供应商或用款人;授权支付由单位根据支付需求,在授权支付额度范围内自行签发支付指令,将资金支付给供应商或用款人。

表 4-2　预算单位 1—5 月基本支出分月用款计划表

预算单位组织机构代码:　　　　　　　　　　　　　　　　　第　页共　页

预算单位名称:　　　　　　　　上报计划编号:　　　　　　　　单位:元

科目编码			科目名称	项目编码	项目名称	合计		1 月		2 月		3 月		4 月		5 月	
类	款	项				小计	直接支付	授权支付	直接支付	授权支付	直接支付	授权支付	直接支付	授权支付	直接支付	授权支付	直接支付
合　计																	

审核人:　　　　　　经办人:　　　　　　联系电话:　　　　　　申请日期:

表 4-3　预算单位 6—12 月基本支出分月用款计划表

预算单位组织机构代码：　　　　　　　　　　　　　　　　第　页共　页

预算单位名称：　　　　　　　上报计划编号：　　　　　　　单位:元

科目编码			科目名称	项目编码	项目名称	合计		6月		7月		8月		9月		10月		11月		12月	
类	款	项				小计		直接支付	授权支付	直接支付	授权支付	直接支付	授权支付	直接支付	授权支付	直接支付	授权支付	直接支付	授权支付	直接支付	授权支付
合计																				

审核人：　　　　　经办人：　　　　　联系电话：　　　　　申请日期：

表 4-4　预算单位项目支出分月用款计划表

（第　　月份）

预算单位国标码：　　　　　　　　　　　　　　　　　　　　　第　页共　页

预算单位［盖章］　　　　　　　　　　　　　　　　　　　　　单位：元

科目编码			科目名称〔项目〕	本期用款计划额度						备注
				合计	财政直接支付				财政授权支付	
类	款	项			小计	工程采购	工资支出	物品服务采购		
合　计										

申请单位：　单位负责人：　财务负责人：　经办人：　联系电话：　申请日期：年月日

表 4-5　预算单位项目支出季度用款计划表

（第　　季度）

预算单位国标码：　　　　　　　　　　　　　　　　　　　　　第　页共　页

预算单位［盖章］　　　　　　　　　　　　　　　　　　　　　单位：元

科目编码			科目名称〔项目〕	本期用款计划额度						备注
				合计	财政直接支付				财政授权支付	
类	款	项			小计	工程采购	工资支出	物品服务采购		
合　计										

申请单位：　单位负责人：　财务负责人：　经办人：　联系电话：　申请日期：年月日

四、领拨经费的依据与管理

领拨经费是指行政单位为了完成国家规定的行政任务,按照批准的经费预算和规定的手续,向财政部门和主管会计单位请领预算经费,并向所属会计单位转拨预算经费的行为。

(一)领拨经费的依据

1.行政单位根据上级主管部门或财政部门核定的单位预算领拨经费

行政单位根据年度工作计划和收支增减因素,提出收支概算,逐级汇总后报送财政部门;财政部门参照行政单位提出的收支概算,审核分配预算指标;行政单位根据分配的单位预算指标正式编制年度预算,逐级汇总后报送财政部门;财政部门最后正式批复行政单位预算,它是行政单位向上级主管部门或财政部门领拨经费的基本依据。

2.行政单位根据上级主管部门或财政部门核定的季度(分月)用款计划,申请领拨经费

为了保证预算资金的合理使用和及时拨付,应根据批准核定的单位预算,在季度开始前编制季度(分月)用款计划,并按"款"、"项"反映每个季度(分月)用款的情况。它是行政单位向上级主管部门或财政部门申请领拨经费的重要依据。

(二)领拨经费的管理

1.按预算管理级次领拨经费

财政预算资金必须按照国家规定的预算级次(即主管预算单位、一级预算单位和基层预算单位)逐级领拨经费。不能对没有经费领报关系的单位进行垂直拨款,同级次单位之间不能发生横向经费领拨关系。如果需要,应经过财政部门批准办理经费划转手续。

2.按用款计划领拨经费

经过财政部门或上级主管单位批准核定的单位预算和季度(分月)用款计划,是核拨经费的依据。预算经费是按照用款计划进行经费的拨付,不办理无预算、超计划的经费拨款。因为工作任务和业务活动有变动,需要增加拨款,应编制追加预算,报财政部门或上级主管单位审核批准后,方能增加拨款。

3.按用款进度领拨经费

领拨经费既要保证计划内所需预算经费的及时供应,又要防止资金积压。所以,拨付预算经费时,还应结合行政单位各项计划执行情况、行政任务完成情况、用款进度和资金结余等情况,进行经费的拨付,以便发挥预算资金的最

大效能。

　　4.按用款的支出用途领拨经费

　　单位预算是经财政部门或上级主管部门批准核定的,其支出用途也是不能随意改变的。预算经费是按计划中的支出用途进行经费拨付的。预算经费中"款"与"款"之间,未经财政部门批准不得混用。如有特殊情况,需事先报财政部门审核批准。

五、领拨经费的方式

　　财政部门或上级主管部门,对所属行政单位领拨经费实行划拨资金方式。它是由财政部门,根据用款单位的申请,按月开出预算拨款凭证,通知国库将财政存款划转到申请单位在银行的存款账户,再由主管单位按规定用途办理转拨或支用。月末由用款单位编报预算支出报表。

　　（一）传统的经费拨款方式

　　中央和地方各级财政部门对主管部门和各行政事业单位的经费拨款,一律采用划拨资金的方式。

　　划拨资金是财政部门根据主管部门的申请,按核定的年度预算和单位季度分月用款计划,填制"预算拨款凭证",通过国库办理库款支拨手续,将预算资金直接转入用款的主管部门在银行开立的"经费存款户",然后由主管部门开出银行结算凭证,通过开户行从其经费存款中,将预算资金转拨到所属用款单位的"经费大款户"的一种预算拨款方法。划拨资金拨款,一般每月一次或分次拨付。采用这种拨款方法,既不增加银行的工作量,对财政来说也比较灵活。划拨资金的具体程序如下:

　　第一,由一级预算单位根据核定的年度预算,在每季季末填制下一季度的"预算拨款申请书"、"季度分月用款计划表",送交财政部门。

　　第二,财政部门内的主管业务部门审查复核后,填写核定金额,送交财政总预算会计。

　　第三,财政总预算会计审查复核后,结合部门预算和财政资金调度情况,按月填制"预算拨款凭证",将预算资金从国库存款户直接划入一级预算单位在银行设立的预算经费存款户。

　　（二）国库集中收付的拨入经费方式

　　目前我国财政体制重大改革之一的国库集中收付制度的试行,意味着公共组织各单位所有的财政性资金都要纳入国库单一账户体系管理,支出通过单一账户体系直接支付给商品、劳务供应商或用款单位。

国库集中收付制度从根本上解决了过去财政资金支付层层拨付,财政收入层层汇缴,资金流经环节多的问题,有效地提高了财政资金收缴和拨付的透明度,有利于从根本上解决以往资金管理中的截流、挤占和挪用等问题,提高了资金收缴、拨付的效率及规范程度。

1.财政直接支付

是国库集中支付的一种方式,是指预算单位按照部门预算和用款计划确定的资金用途,提出支付申请,经财政国库执行机构审核后开出支付令,送代理银行,通过国库单一账户体系中的财政零余额账户或预算外资金支付专户,直接将财政性资金支付到收款人或收款单位账户。财政直接支付类型包括工资支出、政府采购和其他支出。

2.财政授权支付

财政授权支付是国库集中支付的另一种方式,是指预算单位按照部门预算和用款计划确定资金用途,根据财政部门授权,自行开具支付令送代理银行,通过国库单一账户体系中的单位零余额账户或特设专户,将财政性资金支付到收款人或用款单位账户,财政授权支付的支出范围是指除财政直接支付支出以外的全部支出。

财政授权支付可以办理提现、转账、汇兑、同城特约委托收款、资金退回、科目更正;也可以向本单位按照账户管理规定保留的相应账户划拨工会经费、住房公积金、提租补贴以及经财政部批准的特殊款项等。

六、财政资金支付程序

(一)财政直接支付程序

(1)一级预算单位汇总,填制"财政直接支付申请书"上报财政部门国库支付中心。

(2)财政国库支付中心审核确认后,开具"财政直接支付汇总清算额度通知单"和"财政直接支付凭证"分别送人民银行、预算外专户的开户行和代理银行。

(3)代理银行根据"财政直接支付凭证"及时将资金直接支付到收款人或用款单位,然后开具"财政直接支付入账通知书",送一级预算单位和基层预算单位。

(4)一级预算单位及基层预算单位根据"财政直接支付入账通知书"作为收到和付出款项的凭证。

(5)代理银行依据财政国库支付中心的支付指令,将当日实际支付的资金,按一级预算单位、预算科目汇总,分资金性质填制划款申请凭证并附实际支付清单,分别与国库单一账户、预算外专户进行清算。

(6)人民银行和预算外专户开户行在"财政直接支付汇总清算额度通知单"确定的数额内,根据代理银行每日按实际发生的财政性资金支付金额填制的划款申请与代理银行进行资金清算。

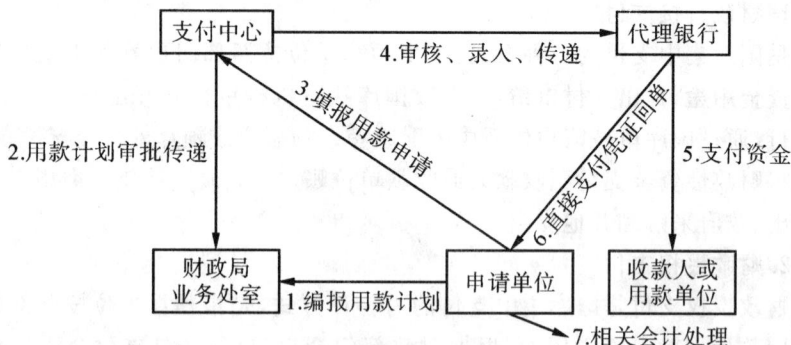

图 4-1 财政直接支付流程图

(二)财政授权支付程序

1. 申请和下达用款额度

预算单位按照规定时间和程序编报分月用款计划,申请财政授权支付用款额度。财政部门批准后,分别向中国人民银行和代理银行总行签发"财政授权支付汇总清算额度通知单"和"财政授权支付额度通知书"。前者用以通知中国人民银行据以办理汇总清算业务;后者通知代理银行总行逐级下达财政授权支付额度。代理银行总行要在 1 个工作日内将额度通知有关分支机构,各分支机构在 1 个工作日内通知预算单位。预算单位收到代理银行分支机构转来的"财政授权支付额度到账通知书",即可办理财政授权支付业务。

2. 预算单位办理支付业务

预算单位凭据"财政授权支付额度到账通知书"确定的额度,自行签发财政授权支付指令,通知代理银行办理资金支付业务。财政授权支付指令的内容,主要是包含预算管理类型、预算科目和支出类型信息的 8 位连续代码。

3. 代理银行办理支付

代理银行收到预算单位提交的支付指令后,审核支付指令的金额是否在财政部下达的相应预算科目财政授权支付用款额度范围内,以及支付指令信息是否齐全完整。审核无误后,按照有关规定办理现金支付或转账、信汇、电汇等资金支付和汇划业务。

4.预算单位账务处理

预算单位账务处理包括两方面内容,一是收到代理银行转来的《财政授权支付额度到账通知书》后,借记"零余额账户用款额度",贷记"财政补助收入(或拨入经费)——财政授权支付";二是通知代理银行付款后,根据代理银行加盖转讫章的"进账单"(第三联)及其他凭证,借记相关支出科目,贷记"零余额账户用款额度"。

5.代理银行清算资金

代理银行根据已办理支付的资金,在营业日终了前的规定时间内,填写"财政授权支付申请划款凭证",向中国人民银行提出清算申请。中国人民银行审核无误后,按规定程序,在规定时间里将资金划往代理银行在中国人民银行的存款准备金账户。对于预算单位退回的资金,代理银行及时向中国人民银行提出退款申请,中国人民银行营业管理部按规定办理国库单一账户的资金清算工作。

6.中国人民银行办理清算业务

中国人民银行国库局收到代理银行提交的"财政授权支付申请划款凭证"后,审核凭证基本要素是否齐全、准确、规范,以及申请划款金额是否超出"财政授权支付汇总清算额度通知单"的累计额度和国库单一账户库存余额。审核无误后,通知营业管理部办理资金清算业务。

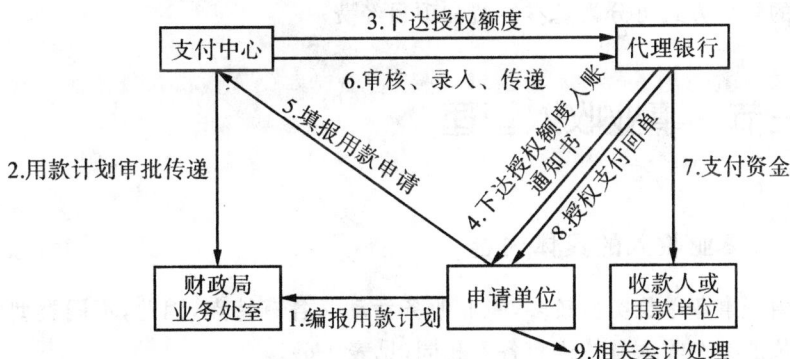

图 4-2 财政授权支付流程图

七、拨入经费的管理

1.按计划、预算领拨经费

基层单位按预算申请经费或主管部门和财政部门向基层单位拨付经费,

都应按计划进行。基层单位在核定的年度预算范围以内,每季度开始前编制年度分月用款计划,经主管部门或财政部门核定后,作为领拨经费的依据。不能办理无预算、无计划或超预算、超计划的领拨款。

2.按进度领拨经费

财政部门或主管部门,根据基层单位上报的季度用款计划,结合各单位的工作和会计报表反映出的资金、库存材料的使用与结存情况,按月拨款。基层单位对拨入的经费既要保证计划内所需资金的合理使用,又要防止因库存材料结存过多,暂付款额度过大而积压预算资金。如果出现类似情况,应采取积极措施,减少预算资金的积压,提高资金使用的效益。

3.按用途领拨经费

拨入经费应按预算规定的用途使用,未经同级财政部门批准,不得擅自改变用途。

4.按预算级次领拨经费

基层单位必须按照规定的预算级次逐级领款。各主管部门不能向没有经费领拨关系的单位拨款。同级主管部门之间也不能发生经费领拨关系。单位隶属关系如有改变,应在办理划转预算关系的同时,办理已领经费的划转手续,结清领拨经费账目。为了便于管理和核算,应对拨入经费进行分类,按支付方式,拨入经费可分为财政直接支付的经费和财政授权支付的经费两类,按经费的管理方式可分为基本经费和项目经费。

第三节　事业收入管理

一、事业收入的具体内容

由于事业单位类型较多,专业业务活动又各有特点,因此,不同类型的事业单位的事业收入具体内容各不相同(见表 4-6)。

表 4-6　事业单位事业收入的具体项目

文化事业单位的事业收入	1.演出收入;2.演出分成收入;3.技术服务收入;4.委托代培收入;5.复印复制收入;6.无形资产转让收入;7.外借人员劳务收入;8.合作分成收入
科学事业单位的事业收入	1.科研收入;2.技术收入;3.学术活动收入;4.科普活动收入;5.试制产品收入

续表

中小学校的事业收入	1.非义务教育阶段学生缴纳的杂费;2.非义务教育阶段学生缴纳的学费;3.借读学生缴纳的借读费;4.住宿学生缴纳的住宿费;5.按照有关规定向学生收取的其他费用
广播电视事业单位的事业收入	1.广告收入;2.节目交换收入;3.合作合拍收入;4.节目传输收入;5.门票收入;6.技术服务收入;7.无形资产转让收入
体育事业单位的事业收入	1.竞技体育比赛收入;2.门票收入;3.出售广播电视转播权收入;4.广告赞助收入;5.体育技术服务收入;6.体育相关业务收入;7.无形资产转让收入
文物事业单位的事业收入	1.门票收入;2.展览收入;3.文物勘探发掘收入;4.文物维修设计收入;5.文物修复复制收入;6.文物咨询鉴定收入;7.影视拍摄收入;8.文物导游收入;9.无形资产转让收入
计划生育事业单位的事业收入	1.技术服务收入;2.病残儿鉴定收入;3.代培进修收入;4.宣传品制作收入;5.无形资产转让收入

二、事业收入管理的基本要求

对事业收入的管理,我们应从以下几方面入手。

1.充分利用现有条件积极组织收入

在社会主义市场经济条件下,各项事业要获得较快发展,除政府部门给予支持外,有条件的要按照市场经济的客观要求,充分利用人才、技术、设备等条件,拓宽服务范围,开展各项组织收入活动,不断扩大财源,增强自我发展能力。

2.正确处理社会效益和经济效益的关系

事业单位开展业务及其他活动的领域是精神生产领域。因此,在这个领域内开展组织收入活动,必须将社会效益放在首位,必须有利于社会的发展,有利于丰富人民的物质文化生活,有利于社会主义精神文明建设。同时,事业单位组织收入活动要按照市场经济规律办事,要讲经济效益。所以,事业单位要把社会效益与经济效益统一起来,不能为追求经济效益而忽视社会效益。

3.保证收入的合理性与合法性

在收入管理中,要特别强调收入的合理性与合法性,将事业单位组织收入活动纳入正确轨道。所谓合法性,就是要求依法办事。比如对各项事业性收费,国家都有明确的收费政策和管理制度,事业单位必须严格遵守。制定和调整收费项目和收费标准,必须按照规定程序经有关部门批准,非经批准不得自立章程乱收费。所谓合理性,就是要从实际出发,取之得当,用之合理。

4.收入管理中应注意几个问题

(1)对财政补助收入要严格按照国家规定的事业经费科目、内容、程序进行

对按规定应上缴预算的收入要及时上缴,应上缴财政专户的收入要及时上缴财政专户,不能直接作为事业收入处理。对经营、服务性收入,要依法缴纳各项税费。

(2)注意划清几个界限

根据拨款的用途,划清基建投资与事业经费的界限。根据资金的性质,划清财政补助收入与上级补助收入的界限。财政预算资金的补助属于财政补助收入;非财政资金的补助属于上级补助收入。

根据收入活动的不同,划清事业收入与经营收入的界限。开展专业业务活动及辅助活动所取得的收入属于事业收入;开展非独立核算经营活动取得的收入属于经营收入。

根据附属单位的独立性,划清经营收入与附属单位缴款的界限。如果附属单位属于非独立核算单位,其开展经营活动所取得的所有收入都属本单位的经营收入;如果附属单位属于独立核算单位,只将其上缴的收入列入本单位附属单位缴款收入。

第四节　经营收入和其他各项收入管理

一、经营收入的管理

(一)经营收入的概念和特征

经营收入是指事业单位在专业业务活动及其辅助活动之外,开展非独立核算经营活动取得的收入。具体是指事业单位的各种非独立核算的附属单位,根据市场需要,以生产、销售产品、调拨销售产品、来料加工服务等方式所取得的收入。其特征是:

1.经营收入是开展经营活动所取得的收入,而不是专业业务活动及辅助活动取得的收入

例如,科研单位对社会开展咨询服务活动取得的收入,属于经营活动取得的收入;而科研单位为有关单位提供科研服务取得的收入,只能作为事业收入,不能作为经营收入处理。又如,某社会团体对社会开展服务活动,将闲置的固定资产出租、出借,这种活动不属于单位专业业务活动及其辅助活动的范

围,而属于经营活动的范围。其取得的收入,应当界定为经营收入。但诸如学校向学生收取学费和杂费,则属于专业业务活动及其辅助活动的范围,取得的收入,应当界定为事业收入,不能作为经营收入处理。

2.经营收入是非独立核算单位开展经营活动所取得的收入,而不是独立核算单位开展经营活动所取得的收入

事业单位所属的实行独立核算的单位上缴的纯收入应作为"附属单位上缴收入"处理,不列作经营收入。独立核算单位是指对其经营活动的过程及结果,独立完整地进行会计核算的单位。比如学校的校办企业,要单独设置财会机构或配备财会人员,单独设置账目,单独计算盈亏,其开展的经营活动属于独立核算的经营活动,其单位属于独立核算单位。校办企业将纯收入的一部分上缴学校,学校收到后应当作为附属单位上缴收入,而不能作为经营收入处理。事业单位从上级单位领取一定数额物资、款项从事业务活动,不独立计算盈亏。把日常发生的经济业务资料报由上级进行会计核算,称之为非独立核算。学校的食堂宿舍等后勤单位,不单独设置财会机构,不单独计算盈亏,如果其对社会开展了有关服务活动,活动则属于非独立核算的经营活动,其对社会服务取得的收入及支出,报由学校集中进行会计核算,这部分收入和支出,应当作为经营收入和经营支出处理。

（二）经营收入的内容

1.产品（商品）销售收入

即单位通过销售定型、批量产品（不包括试制产品）和经销商品取得的收入。该种收入一般存在于科学研究事业单位,医院销售药品的收入应纳入事业收入中的药品收入。

2.经营服务收入

即单位对外提供餐饮、住宿和交通运输等经营服务活动取得的收入。

3.工程承包收入

即单位承包建筑、安装、维修等工程取得的收入。

4.租赁收入

即单位出租、出借暂时闲置的仪器设备、房屋、场地等取得的收入。

5.其他经营收入

即除上述收入以外的经营收入。

（三）经营收入管理的基本要求

1.正确处理主营业务与附营业务的关系

事业单位履行职责主要是通过开展主营业务,也就是根据本单位专业特

点开展专业业务活动而完成的,其经营活动则属于附营业务,是为主营业务服务的,目的在于为主营业务的健康发展创造良好的经济基础。因此,事业单位在人力、物力、财力等资源的安排上,首先应当保证开展专业业务活动的需要,不应影响正常事业计划的完成。在这个前提下,可以合理配置和有效利用单位所拥有的各种资源,按照规定开展经营活动,增加单位的收入。

2.按规定的审批程序履行报批手续

在事业单位的经营活动中,将非经营性资产转为经营性资产,要经主管部门审查核实,并由同级国有资产管理部门批准;一次转为经营性资产的价值量数额巨大的,还须报财政部门批准。

3.经营收入要纳入事业单位预算管理

为了全面反映经营收入状况,对经营活动全过程实行有效的财务管理,按有关规定,单位的经营收入要全部纳入单位预算统一核算、统一管理。事业单位要严格遵守国家规定,加强对经营收入的管理,杜绝私分瞒报收入现象。

4.要领取营业执照核准经营范围

根据国家有关规定,事业单位从事经营活动,由该单位申请登记,经登记主管机关核准,领取营业执照,在核准登记的经营范围内依法从事经营活动。

5.划清经营收入和事业收入的界限

事业收入与经营收入属于两种不同性质的收入,要划清两者的界限。两类活动原则上应分别核算,以正确反映事业单位的业务活动和经营活动的经济成果。

二、上级补助收入管理

上级补助收入是指事业单位从主管部门和上级单位取得的非财政补助收入,用于补助正常业务资金的不足。具体讲,就是事业单位的主管部门或上级用财政补助收入之外的收入,如事业单位主管部门或上级单位把自身组织的收入和集中下级单位的收入拨给事业单位,用于补助事业单位的日常业务。若是指定用于专项用途并须单独报账的,则称为拨入的事业经费,即拨入专款,不能作为上级补助收入。在某些行业的会计制度中,上级补助收入与财政补助收入合并称为业务补助。

对上级补助收入应当按照主管部门或上级单位的要求进行管理,上级补助资金有些是有专门用途的资金,应按规定方向和用途安排使用,不能擅自挪作他用。同时,要划清上级补助收入和财政补助收入的界限,上级主管部门应加强对事业单位补助收入的监督,促使单位严格收入管理,统筹安排各项资金,使财政补助收入和上级补助收入的安排使用符合财政政策的要求以及事业发展的需要。

三、附属单位上缴收入的管理

附属单位上缴收入是指事业单位附属独立核算单位按有关规定上缴的收入,包括附属的事业单位上缴的收入和附属的企业上缴的利润等。可用于弥补自身的开支,还可采用对附属单位补助支出的形式,用于弥补收入情况不佳的附属事业单位或附属企业的开支。

附属单位是指与该事业单位(或称主体单位)间除资金联系之外还存在其他联系的事业单位或企业。一般而言,附属事业单位与主体事业单位之间存在预算上的拨付关系及行政上的隶属关系;附属企业通常在历史上曾经是主体事业单位的一个组成部分,从事专业业务及其辅助业务,后因种种原因,从原事业单位中独立出来,成为管理上和财务上独立核算的法人实体。但它仍旧在许多方面与原事业单位存在联系。这些联系一般包括:主体事业单位有权任免其管理人员的职务;修改或通过其预算;支持、否决或修改其决策。依据这些联系判断一个单位是否为其附属单位,尤其是否为其附属企业。如一个企业只与该事业单位存在资金上的联系,则一般认为该企业只是事业单位的投资单位,而非附属单位。

随着从事社会服务性业务的附属单位市场化程度的加深,事业单位与这些附属单位的联系也越来越市场化,在这种情况下,有时很难区分一个被投资单位是否为附属单位,因此,很难区分一笔收入是属于附属单位缴款还是投资收益。在这种情况下,事业单位可根据判断进行区分,一旦设定其性质,在以后各年的会计核算上应尽量保持一致。

非财政补助收入超出其正常支出较多的事业单位的上级单位可会同同级财政部门,根据该事业单位的具体情况,确定对这些事业单位实行收入上缴的办法。收入上缴主要有两种形式,一是定额上缴,即在核定预算时,确定一个上缴的绝对数额;另一是按比例上缴,即根据收支情况,确定按收入的一定比例上缴。对于上级单位而言,这些附属事业单位上缴的收入即为附属单位缴款。应注意的是,附属单位返还事业单位在其事业支出中垫支的工资、水电费、房租、住房公积金和福利费等各种费用,应当冲减相应支出,不能作为附属单位缴款处理。

四、其他收入的管理

其他收入是指事业单位取得的除财政补助收入、上级补助收入、拨入专款、事业收入、经费收入、附属单位缴款以外的各项收入。其他收入包括投资收益、利息收入、捐赠收入、固定资产租赁收入、收取的违约金等各种杂项收入。

1. 投资收益

指事业单位向除附属单位以外的其他单位投资而取得的收益。但不包括附属单位上缴的收入。投资收益通常包括两部分，一是投资期间分得的利息或红利；二是出售或收回投资时形成的买卖差价或收回价值与最初投资价值的差额，该差异为正数时，即为收益；为负数时，即为损失。

2. 利息收入

指事业单位因在银行存款或与其他单位或企业的资金往来而取得的利息收入。它不包括事业单位在各种债券投资上的利息收入，如国库券利息收入，金融债券的利息收入等，这些利息收入应列为事业单位的投资收益。

3. 捐赠收入

指事业单位以外的单位或个人（包括内部职工）无偿赠送给事业单位的未限定用途的财物，包括实物或现金。限定用途的捐赠财物应在拨入专款中单独反映。

4. 固定资产租赁收入

指事业单位将闲置的固定资产出租给其他单位或团体使用而取得的租金收入。

5. 收取的违约金

指依据有关合同或契约，事业单位对违反合同或契约条款的单位、企业或个人收取的罚金。

由于其他收入来源种类多，事业单位应合理核算，认真监督检查收到的各项其他收入，应按照每项收入的相关规定，分别进行管理。

思考题

1. 什么是行政单位收入？什么是事业单位收入？
2. 行政事业单位收入的特点是什么？
3. 行政单位的收入来源有哪些？事业单位的收入来源有哪些？
4. 对行政事业单位收入有哪些管理要求？

5.什么是行政单位财政拨款收入？什么是事业单位财政辅助收入？

6.财政预算安排用于事业单位的财政补助主要有哪些具体项目？

7.预算单位如何编制用款计划？

8.预算单位如何领拨经费？

10.国库集中收付的拨入经费方式有哪些？

11.什么是财政直接支付？什么是财政授权支付？

12.事业单位事业收入的具体项目有哪些？

13.事业收入管理的基本要求有哪些？

阅读材料

行政事业单位资产 12 万亿　账外收入要进预算

12 万亿,比六年前整整增长一倍!

本报获悉,截至 2010 年年底,全国 78.7 万户行政事业单位总资产为 119 741 亿元。按照每年 10％左右的增长,目前这一资产规模已达 12 万亿。

中央和地方财政部门从 2007 年起对全国行政事业单位资产进行了最大规模的摸底清查,并建立了动态数据库,真正掌握行政事业单位的家底。但这些国有资产增值收益却一直未得到较好的规范,行政事业单位进行着各种资产处置和出租出借房屋设备等活动,因此每年这些资产有不少的增值收益。

根据国家审计署的审计公告,这部分收入一直以来没有足额纳入国库,留在各个机关事业单位内部,成为发放各种津贴、补贴和小金库的重要来源。

近日,财政部发布了 2013 年中央部门预算编制通知,要求将行政单位国有资产处置收入、出租出借收入以及事业单位国有资产处置收入纳入预算管理。

财政部财政科学研究所国有资产研究室主任文宗瑜表示,随着财政部门对行政事业单位资产情况掌握程度的提高,对其收入管理也将更规范,纳入预算管理,将遏制行政事业单位利用国有资产取得的收益发放福利等扰乱收入分配秩序的现象。

爆发式增长

2005 年年底,全国行政事业单位国有资产规模还是 6 万亿,六年后整整翻了一番,达到 12 万亿。财政部教科文司官员曾在接受记者采访时解释,"随着经济的增长和公共财政政策的需要,行政事业资产越来越庞大;另一方面,通过全国性的摸底清查,使账外资产纳入进来"。

北京市财政局绩效评价处处长丁霞说,过去房屋、土地、计算机和捐赠资产等,基础工作做得不好,没有入账,而清查"见物就登",各省出现大量盘盈。北京市 7 000 多个行政事业单位的资产已达 3 000 多亿元。

行政事业单位资产包括固定资产、流动资产、对外投资—有价证券、无形资产和其他资产。文宗瑜对本报解释说,固定资产包括房屋、设备等,有的计提折旧,有的没有提;而流动资产通常年初较高,年底变少,"因为财政拨款都在流动资产中";此外,对外投资一般指购买国债等债券资产,无形资产通常较小,而其他资产包括土地、房屋等。

每个部门因其职能特点不同,资产构成也有很大区别。文宗瑜举例称,卫生部以及下属医院设备等资产额度较大,同样教育、气象、国土资源、地震等部门该类资产占比较大。

目前国资委管理的国有企业收益情况在国有资本预算中体现,而中央部门和部分地方部门所属的企业资产和收益情况,均在行政事业单位资产表和公共预算中体现。"比如清华同方的资产在中国会计年鉴行政事业单位资产情况表中可以找到。"文宗瑜表示。

截至 2010 年年底,固定资产在各类资产中规模最大,达 58 229 亿元。

据了解,在完成全国的摸底清查后,财政部和地方财政部门邀请审计机构对清查结果进行了审计,并建立了行政事业单位资产动态数据库,与资产监管系统、国库集中收付系统、预算管理结合起来比较和分析,以避免重复购置、账外资产、重复浪费等现象。

财政部希望通过这一数据库,可以随时或者一个年度看清资产、负债状况,包括哪个部门最近资产突然增长或突然减少,原因是什么。

账外收入

摸清了资产,还需对资产产生的收入进行规范。据了解,行政事业单位国有资产通过出售、出租、出借等活动产生了大量的收益,而这部分收益多年来被各单位自收自支,并未列入预算。本报对 2006 年以来国家审计署公告的分析显示,很多部委都存在未将房屋出租收入、资产处置收入等多项收入纳入预算,坐收坐支的现象。

其中,国家发改委自 2008 年以来,经济体制与管理研究所未经批准对外出租部分房屋和场地,至 2009 年年底收到租金共 117 万元。截至 2010 年年底,科技部房屋租金收入 103.95 万元未及时上缴中央财政。截至 2010 年年底,国家民委本级和 5 家所属单位将部分收入在往来款科目核算,造成少计收入 21 亿元。其中:拆迁补偿款 2 200 万元;房租和演出等收入 2 500 万元;土地补偿费 16 800 万元和存款利息 273.85 万元。

少报、瞒报资产收入,租金收入不列入预算或只列入部分预算,资产收入不按规定及时上缴财政,对外投资不按规定上缴资产占用费,资产收益不按规定实行"收支两条线"管理等现象,在中央和地方行政事业单位中普遍存在。

数据显示,北京市 2007 年市级行政单位资产出租出借收入上缴率只有 61%。山东省 2008 年度行政单位国有资产出租出借收入上缴率只有 52.01%,行政单位国有资产处置收入上缴率只有 64.47%。

而在基层县市行政事业部门,坐收坐支现象也非常普遍。湖北省远安县在总结该县行政事业单位国有资产收益管理时指出,该县国有资产收益主要为房屋处置和出租收入,而部分单位房产租赁收入不缴入财政专户,直接坐收坐支,或用于单位的福利费开支,或直接冲抵单位的招待费或其他费用等。

日前,温州市财政局正在调查市级行政事业单位资产管理和使用情况,包括土地房屋、对外投资和对外担保情况,进而掌握其收益状况。

截至 2010 年年底,全国行政事业单位收入合计 95 494 亿元,其中 71 623 亿元为财政拨款,用于行政事业单位各项支出。此外,能够统计到的行政事业单位预算外收入达 5 000 亿元。据本报根据国家审计署对中央部门国有资产出租出售未上缴的收入进行统计,从 2006 年到 2011 年,共有超过 41 亿的收入未按规定上缴并纳入预算。

纳入预算

未上缴的收入正在被逐一挖出。

2012 年前五个月税收收入增幅下滑,非税收入却大幅增长,1—5 月全国非税收入增幅达到 41%,远高于同期税收收入增幅。财政部在分析中解释,"一些地区加强国有资源(资产)有偿使用收入征管,相应增加收入"。

安徽省淮南市一季度非税收入增势强劲,较上年同期增长 230.4%,同期税收收入增幅却为−8.6%。该市的解释是,贡献最大的是"国字头"收入——国有资本收益和国有资产有偿使用收入。

安徽省淮南市新建的市级机关办公大楼即将完工,市政府及部分市直单位年内将迁往新址办公,现市政府大楼及附属建筑物等资产予以处置,获得收入 3.97 亿元。这使得国有资产有偿使用收入增长了 1 101%。

目前财政部要求各部门在前一年度做好新增固定资产、设备的预算,资产处置和出租出借都需得到财政部门的审核和备案。审计署则建议组建行政事业资产收益征管办公室,明确资产收益征管办公室职能。

财政部在 2013 年中央部门预算编制通知中明确要求,将行政单位国有资产处置收入、出租出借收入以及事业单位国有资产处置收入纳入预算管理。文宗瑜认为,地方也会按照中央的方法去操作,这是全国行政事业单位国有资产管理的方向。

但通知并未要求事业单位将国有资产出租出借收入纳入预算,对此文宗瑜表示,事业单位情况复杂,有些事业单位非财政全额拨款,需要依赖事业收入维持运转,而大部分事业单位下属众多企业、上市公司,"以目前的情况纳入预算不太现实"。

一些地方政府为了减少改革阻力,出台了稳健的改革方案。江西省省直行政单位经营性资产整合运作改革实行"三个不变"的原则,即:维持原单位既得利益不变;维持原单位管理体制不变;职工工资、福利维持原单位待遇不变。

湖北省省直单位资产收益虽然执行"收支两条线"和纳入预算管理,但资产收入的所有权、使用权不变,主要用于本单位按标准发放津贴、本单位事业发展支出和固定资产更新改造。省财政部门只管专户、使用、复核和监督,不用于平衡财政预算。

资料来源:席斯,常溪.行政事业单位资产 12 万亿 账外收入要进预算.中国网络电视台,2012 年 7 月 7 日.

第五章

支出管理

第一节　行政事业单位支出分类与管理要求

一、行政事业单位支出的含义

公共组织的支出是公共组织为完成国家规定的行政或公共事业任务,进行工作和开展业务活动所必需的费用开支。公共组织的支出属于公共支出,一旦政府在以多少数量、以什么质量向社会提供公共产品或服务方面作出了决策,公共支出实际上就是执行这些决策所必须付出的成本。

1. 行政单位支出

指行政单位为保障机构正常运转和完成工作任务所发生的资金耗费和损失,包括基本支出和项目支出。

(1)基本支出

是指行政单位为保障机构正常运转和完成日常工作任务发生的支出,包括人员支出和公用支出。

(2)项目支出

是指行政单位为完成特定的工作任务,在基本支出之外发生的支出。

2. 事业单位支出

指事业单位开展业务及其他活动发生的资金耗费和损失。事业单位的支出或者费用包括事业支出、对附属单位补助支出、上缴上级支出、经营支出和其他支出等。

(1)事业支出

是指事业单位开展专业业务活动及其辅助活动发生的基本支出和项目支出。

（2）对附属单位补助支出

是指事业单位用财政补助收入之外的收入对附属单位补助发生的支出。

（3）上缴上级支出

是指事业单位按照财政部门和主管部门的规定上缴上级单位的支出。

（4）经营支出

是指事业单位在专业业务活动及其辅助活动之外开展非独立核算经营活动发生的支出。

（5）其他支出

是指事业支出、对附属单位补助支出、上缴上级支出和经营支出以外的各项支出，包括利息支出、捐赠支出等。

二、支出的分类

行政事业单位支出范围很广，项目繁多，为了便于对各项支出的研究分析，认识它们之间的区别与联系，有针对性地加强支出管理和监督，不断提高资金使用效益，应对行政事业单位支出进行科学的分类。

行政事业单位支出分类的方法主要有以下三种：

（一）按性质分类

1. 按单位性质分类

行政单位支出可以分为：

（1）行政管理费支出

用于各级人民代表大会、政协、国家各级行政机关、重要党派团体以及社会团体行使职能所需的经费。

（2）公检法司支出

用于各级公安机关、检察院、法院、司法行政机关、监狱和劳教机关的各项经费。

（3）外交外事支出

用于外交支出、国际组织支出、偿付外国资产支出、地方外事费、对外联络宣传经费及边境联检费等。此外，还有行政事业单位离退休经费支出等。

事业单位支出可以分为：

（1）教育事业支出；

（2）文体广播事业支出；

（3）科学事业支出；

（4）农林水利气象事业支出；

(5)卫生事业支出；

(6)工业交通事业支出；

(7)流通事业支出；

(8)抚恤和社会福利救济事业支出,等等。

2.按支出的性质分类

行政单位支出分为经常性支出、专项支出和自筹基本建设支出。

事业单位支出分为事业支出、经营支出、对附属单位补助支出、上缴上级支出和自筹基本建设支出。

(二)按预算科目分类

1.按政府收支分类科目的要求分类

行政事业单位支出分为:工资福利支出、商品和服务支出、对个人和家庭的补助、基本建设支出、其他资本性支出、其他支出。

2.按部门预算的要求分类

行政事业单位支出分为:基本支出、项目支出、经营支出、对附属单位补助支出、上缴上级支出。

(三)按支出用途分类

公共组织支出可以分为人员支出(人员经费)和公用支出(公用经费)。

行政单位人员支出:基本工资、岗位津贴、补贴、奖金、职工福利费、社会保障缴费、对个人和家庭的补助支出等。

事业单位人员支出:基本工资、绩效工资、津贴、补贴、职工福利费、社会保障缴费、对个人和家庭的补助支出等。

行政事业单位公用支出:公务费、业务费、设备购置费、修缮费、其他费用等。

三、行政事业单位支出管理的原则

行政事业单位的支出,既要保证事业发展的需要,又要遵守各项财政财务制度,精打细算,厉行节约,使各项支出发挥最大的效果。行政事业单位在进行支出的核算与管理时,一般应遵循以下原则:

1.分清轻重缓急,合理分配各项支出的比例

行政事业单位的支出各种各样,有维持性的,也有发展性的,有行政性的,也有业务性的。对于各种经常性支出项目,要根据历史开支的规律性合理安排其支出数额,对于各种重点项目、急需项目,则要在照顾一般的条件下优先安排。只有科学地分配有关支出,才能用有限的资金,保证事业单位的任务顺利完成。

2.分清各种支出的界限，按资金渠道办理支出

行政事业单位的各种资金，都有规定的使用范围，应当严格遵守。例如把基建支出、专项资金支出和基本业务支出混合起来使用，是违反国家财经纪律的，也不利于事业单位业务的发展。

3.严格控制社会集团购买力，节约各种费用支出

社会集团购买力是指行政事业单位和企业在市场上购买公共消费性商品的资金数额。社会集团购买力的任意扩大，意味着行政管理费用的增加，因此，国家对各单位下达的社会集团购买力的控制指标，不得突破。

行政事业单位的财会人员，应认真执行有关规定，把好关，加强监督。对一切共用消费品，能不买的，尽量不买。对购买专控商品没有准购证的，要拒绝支付和报销。

4.要划清开支界限，应由职工自理的费用，不能用公款开支

行政事业单位的职工由于执行公务需要可给予必要的津贴和补助，但个人生活、学习等有关费用应自行负担，不能用公款开支。例如，职工住房，应按规定收取房租；职工宿舍水电费，应由职工自己负担；职工个人订阅报纸、刊物的费用，应该自理；职工因私使用公车必须按规定标准交费。行政事业单位的会计部门在办理费用支出时，应认真执行有关规定。

四、国家对支出管理的规定(行政单位财务规则、事业单位会计准则)

(1)行政单位应当将各项支出全部纳入单位预算。各项支出由单位财务部门按照批准的预算和有关规定审核办理。

(2)行政单位的支出应当严格遵循国家规定的开支范围及标准，建立健全支出管理制度，对节约潜力大、管理薄弱的支出进行重点管理和控制。

(3)行政单位从财政部门或者上级预算单位取得的项目资金，应当按照批准的项目和用途使用，专款专用、单独核算，并按照规定向同级财政部门或者上级预算单位报告资金使用情况，接受财政部门和上级预算单位的检查监督。项目完成后，行政单位应当向同级财政部门或者上级预算单位报送项目支出决算和使用效果的书面报告。

(4)行政单位应当严格执行国库集中支付制度和政府采购制度等规定。

(5)行政单位应当加强支出的绩效管理，提高资金的使用效益。

(6)行政单位应当依法加强各类票据管理，确保票据来源合法、内容真实、使用正确，不得使用虚假票据。

(7)事业单位开展非独立核算经营活动的,应当正确归集开展经营活动发生的各项费用数;无法直接归集的,应当按照规定的标准或比例合理分摊。事业单位的经营支出与经营收入应当配比。

(8)事业单位的支出一般应当在实际支付时予以确认,并按照实际支付金额进行计量。采用权责发生制确认的支出或者费用,应当在其发生时予以确认,并按照实际发生额进行计量。

第二节 行政事业单位具体经费项目管理

由于行政事业单位性质不同,其支出管理的要求也各异,但是,行政事业单位在具体的支出项目,如人员支出、公用支出、专项支出等项目上的管理要求基本一致。

一、人员经费管理

(一)人员经费的内容

人员经费是指公共组织用于职工个人方面的费用开支。我国行政事业单位分别实行不同的工资制度,行政单位实行职务级别工资制,事业单位实行岗位绩效工资制。

行政单位人员支出:基本工资、岗位津贴、补贴、奖金、职工福利费、社会保障缴费、对个人和家庭的补助支出等。

事业单位人员支出:基本工资、绩效工资、津贴、补贴、职工福利费、社会保障缴费、对个人和家庭的补助支出等。

(二)人员经费的管理

人员经费的管理具体包括以下几方面的工作:

1. 工资管理(基本工资、补助工资、其他工资)

行政事业单位职工的工资性支出在行政事业单位支出中占有较大比重,包括:基本工资、补助工资、其他工资。

(1)基本工资

这是国家支付给公共组织工作人员劳动报酬的主要形式,是指按照国家统一规定的工资标准支付给公共组织工作人员的基本劳动报酬。

(2)补助工资

它是工资的补充和延伸,是基本工资之外按国家规定开支的津贴、补助。

(3)其他工资

是在基本工资、补助工资外,发给在职人员的属于国家规定工资总额组成范围内的各种津贴、补贴、奖金等。

加强工资性支出管理是做好行政事业单位支出管理的一项重要内容,主要应做好如下工作:

(1)严格执行国家规定的人员编制,不能超编;

(2)加强工资基金的管理;

(3)严格执行国家有关工资、津贴、补贴等个人待遇的规定。

2.职工福利费管理

职工福利费是用于增进职工物质福利,帮助职工家属解决生老病死等方面的困难支付的费用等。包括:工会经费、福利费、独生子女父母奖励费、职工死亡丧葬费、遗属生活困难补助费。行政事业单位根据国家统一规定按工资总额一定比例提取的福利费。

(1)工会经费

是指工会依法取得并开展正常活动所需的费用。按《中华人民共和国工会法》,工会经费的主要来源是工会会员缴纳的会费和按每月全部职工工资总额的2%向工会拨交的经费这两项,其中2%的工会经费是经费的最主要来源。

(2)福利费

是单位按国家规定提取的用于职工福利的费用。为解决工作人员生活困难,按家属生活、子女、家属医疗补助费等项目开支。福利费的开支范围,国家是有明文规定的,主要应用于职工生活困难补助、职工医药费、职工工伤赴外地就医路费以及企业福利部门的各项开支等。福利部门主要包括:医务室、托儿所、幼儿园。

(3)独生子女父母奖励费

国家发给独生子女父母的几种经费,一种是独生子女保健费,各省不一样。还有一种叫农村计划生育家庭奖励扶助政策,是针对农村的,必须父母双方均为农村户口,但具体补助的金额由于各省条件不同,也不完全一样。

(4)职工死亡丧葬费

是指行政事业单位职工死亡后,根据有关规定,经领导批准发给其家属的丧葬费用。

(5)遗属生活困难补助费

是指按照有关规定对行政事业单位职工身故后的遗属发放生活困难补

助。遗属生活困难补助费标准,以能维持当地一般群众生活水平为原则,具体标准由各省规定。

职工福利费管理要求:

职工福利开支,应当按照有关制度规定的开支范围、提取比例和标准开支使用。对职工进行福利补助,必须把思想教育与物质帮助结合起来。生活上的困难一般应由职工自行想办法通过私人渠道解决,或通过单位互助会借款解决。依靠个人力量确定无法解决的才给予适当补助。对于违反计划生育而造成的生活困难者不给补助。同时,对工作人员的困难补助应注意防止偏宽的现象。

3.社会保障费管理

社会保障费是单位按国家规定为职工交纳的社会养老保险、社会医疗保险、失业保险、工伤保险、生育保险等社会保险费。社会保险与商业保险的共同特点是都以保障人身生老病死伤残的风险为目的,不同点在于社会保险具有强制性,而商业保险具有营利性。

(1)社会养老保险

截至 2009 年 12 月 31 日,国家机关工作人员、事业单位工作人员的基本养老保险,单位缴纳部分按照其实际月工资的 34%按月缴纳,个人缴纳部分按照其实际月工资的 1%按月缴纳。

(2)社会医疗保险

基本医疗保险是为保障城镇职工的基本医疗需求,合理利用卫生资源,完善社会保障体系,由政府制定,用人单位和职工双方共同负担的一种社会保险。企业按职工工资总额的 6%缴纳;职工按上一年月平均工资的 2%缴纳。

(3)失业保险

是指国家通过立法强制实行的,由社会集中建立基金,对因失业而暂时中断生活来源的劳动者提供物质帮助以保障其基本生活的一种社会保险制度。失业保险金支付标准是根据失业人员累计缴费年限和年龄来确定的,在相同缴费年限下,失业保险金支付标准伴随申领人年龄的增长而增加,也就是说:失业保险更关注年龄大的失业人员。失业保险金支付标准由市劳动保障部门公布。

(4)工伤保险

是指劳动者在工作中或在规定的特殊情况下,遭受意外伤害或患职业病导致暂时或永久丧失劳动能力以及死亡时,劳动者或其遗属从国家和社会获得物质帮助的一种社会保险制度。其包含以下两层含义：工伤发生时劳动者本人可获得物质帮助；劳动者因工伤死亡时其遗属可获得物质帮助。

（5）生育保险

是通过国家立法规定，在劳动者因生育子女而导致劳动力暂时中断时，由国家和社会及时给予物质帮助的一项社会保险制度。我国生育保险待遇主要包括两项。一是生育津贴，用于保障女职工产假期间的基本生活需要；二是生育医疗待遇，用于保障女职工怀孕、分娩期间以及职工实施节育手术时的基本医疗保健需要。

社会保障支出是社会公共需要的重要组成部分。其管理要求为：

（1）坚持社会统筹和个人账户相结合，完善职工基本养老保险制度；

（2）进一步推进医疗保险制度改革；

（3）继续做好城市居民最低生活保障的落实工作，全面实施农村居民最低生活保障制度；

（4）完善社会救助制度；

（5）加快建立农村养老保险、医疗保险和最低生活保障制度；

（6）进一步增强社会保险费征缴力度。

4. 对个人和家庭的补助管理

对个人和家庭的补助是政府用于对个人和家庭补助方面的支出，包括：离休费、退休费、退职（役）费、抚恤金、生活补助、救济费、医疗费、助学金、奖励金、生产补贴、住房公积金、提租补贴、购房补贴、离退休人员提租补贴、离退休人员购房补贴、其他对个人和家庭的补助支出。

单位对个人和家庭补助项目的管理，重点是把好发放期限关，据实编制到月，杜绝超期冒领等现象。对不同性质的项目应按不同的规定严格执行，不得擅自扩大发放范围和比例、提高发放标准。

公共组织在助学金管理方面应注意的事项如下：

（1）助学金的发放比例；

（2）助学金的用途；

（3）助学金的发放原则。

二、公用经费管理

公用经费是指行政事业单位为了完成公共事业计划和工作任务，用于单位公共事务方面的费用开支。行政事业单位公用经费包括：公务费、业务费、设备购置费、修缮费、其他费用等。

（一）公务费及其管理

1.公务费

公务费是指公共组织用于日常管理等公务方面的费用支出。公务费包括：办公费，邮电费，水电费，公用取暖费，工作人员差旅费，调干旅费，调干家属旅费补助，驻外机构人员出国回国旅费，器具设备车船保养修理费，机动车船燃料费，保险费和养路费，牧区办公用马、用车费，会议费，场地车船租赁费等。对公务费中的一些支出较大的项目，应实行重点管理。

（1）办公费

办公费是指单位耗用的文具、印刷、邮电、办公用品及报纸杂志等办公费用。办公费的核算内容包括：部门用文具、纸张印刷品（包括各种章程、制度、报表、票据、账簿等的印刷费和购置费）、报纸杂志费、图书资料费、邮电通信费（包括邮票、邮费、电报、电话费、市话初装费，以及调度通信话路以外的话路租金等），以及银行结算单据工本费等。

（2）会议费

是指召开会议的单位，按照规定标准开支的各项费用。主要包括：住宿费、餐饮费、交通费、会务费（会议场地租金、会议设施租赁费用、会场布置费用等）、其他支持费用（广告及印刷、礼仪、秘书服务、运输与仓储、娱乐保健、媒介、公共关系等）。

（3）差旅费

是指出差期间因办理公务而产生的交通费、住宿费和公杂费等各项费用。不同单位或部门对差旅费的具体开支范围的规定可能会有所不同。根据一个单位或部门的具体规章制度，规定限额内的差旅费可以按照一定的程序凭据报销。

（4）公务接待费

是单位按规定开支的各类公务接待（含外宾接待）费用。包括餐饮、接待、住宿、景区门票等费用。

（5）公务用车运行维护费

是单位公务用车租用费、燃料费、维修费、过桥过路费、保险费、年检年审费、安全奖励费等支出。

2.公务费的管理要求

（1）加强对会议费的管理；

（2）加强对电话费的管理；

（3）加强对汽车燃料、修理费的管理；

(4)加强对业务招待费的管理。

(二)设备购置费及其管理

1.设备购置费

是指行政事业单位用于购置不够基本建设投资额度但按照固定资产管理的各种设备的费用支出。设备购置费包括一般设备购置费、专业设备购置费、图书购置费和交通工具购置费。

(1)一般设备购置费

是指行政事业单位用于购置在 2 万元以下、300 元以上的办公用家具、器具、车辆等设备的购置费。

(2)专业设备购置费

是指行政事业单位专业用的器械、设备、仪器等的购置费。如学校的教学设备、科研单位的科研仪器设备等。

(3)图书购置费

是指行政事业单位的一般用书、专业图书、杂志的购置费。

(4)交通工具购置费

指行政事业单位购置汽车、摩托车、船舶等一般交通工具的支出。

2.设备购置费的管理

行政事业单位购置的设备是单位开展业务工作的必要条件,加强设备购置费的管理,主要应做好以下几个方面工作:

(1)充分论证,确定项目,编制购置计划(预算)。各单位在购置设备之前,应结合实际需要,认真进行可行性研究;编制统购计划,计划单要有被购置设备的名称、规格、数量、单价、总金额等。严格审批手续。避免盲目购进。

(2)实行政府采购制度,执行社会集团购买力管理规定。

(3)认真把好验收关,确保设备质量。

(4)划清设备购置费与基本建设投资额中的设备购置界限,不得互相挤占、互相流用。

(三)修缮费及其管理

1.修缮费

修缮费是指行政事业单位用于固定资产维修、养护的费用支出。还包括由上级主管部门规定,按有关收入的一定比例提取,列入修缮开支的修购基金。包括:房屋修缮费、公共设施修缮费和零星土建费。

(1)房屋修缮费

行政事业单位用于房屋、建筑物及其附属设备的修缮费用,包括人工费、材料费等开支。

（2）公共设施修缮费

包括城建部门、房屋管理部门经营的由国家预算拨款的房屋、建筑物、公共设施的维修养护费，文物部门的古建筑、革命纪念建筑物的维修费。

（3）零星土建费

指按国家有关规定，不够基本建设投资额度，单价工程造价不超过5万元的零星土建工程的费用开支。

2.修缮费的管理

（1）要严格划分一般修缮、大型修缮与基本建设项目的资金界限和审批权限；

（2）要节约使用修缮费；

（3）要认真审核和完善支出手续。

（四）业务费及其管理

1.业务费

业务费是指行政事业单位开展专业工作所需的消耗费用开支和购置低值易耗品所发生的费用开支。包括：

（1）防治防疫用的消耗性医药卫生材料费；

（2）为进行科学实验购置的工具器具等低值易耗品、化学试剂、材料以及专业资料印刷、科学考察研究费用；

（3）各级各类学校的教学实验费、生产实习费、资料讲义费、招生经费、毕业生调遣费、教材编审费、业务资料印刷费等；

（4）差旅费、国外生活费补贴和外宾差旅费、招待费；

（5）财政、税务、统计、财务部门的账簿、表册、票证、规章制度、资料、材料的印刷费等。

2.业务费的管理

业务费是行政事业单位完成工作任务和事业计划的重要条件，行政事业单位应重点予以保证。由于大多数业务费用开支项目国家没有制定具体的开支标准，在执行中容易出现支出随意性等问题，因此，行政事业单位应根据本单位的实际情况和业务特点，制定各项业务费定额和相应的管理制度，合理使用资金。同时，要加强对业务费使用的监督检查，发现问题，及时纠正。

（五）其他费用的管理

其他费用是指上述费用以外的费用开支。包括：外籍专家经费，出国实习人员生活费，来我国实习人员生活费，职工教育经费，各种医疗减免费，抚恤费,救济费和烈军属、复员军人安置费,民政部门休养、收养人员生活费,服装费,民政部门收容人员给养费,行政赔偿费和诉讼费,来访费和其他杂费等。

行政事业单位在办理其他费用支出时,要按照国家有关规定执行,不符合国家规定的开支,不得办理支出。

第三节　行政单位支出管理

行政单位应当按照政策性、效益性、量入为出和专款专用的原则使用和管理各项支出。

一、经常性支出管理

经常性支出,是指政府组织为维持正常运转和完成日常工作任务发生的资金消耗,包括人员经费支出和公用经费支出。通常也称为正常经费支出。它是行政单位的基本消耗,没有经常性支出做保障,行政单位就无法正常运转。经常性支出应当采取主管行政领导一支笔审批,在主管部门归口统一管理。单位根据上级批准的预算,对各业务部门的经费支出,实行指标控制。各种支出要有合法凭证,并按经费的管理权限报有关领导批准后,由财务部门审核报销。

管理要求:

(1)按照预算办理支出,强化预算约束力;

(2)严格执行国家规定的开支范围及开支标准;

(3)按限定的资金用途,正确区分经常性支出和专项支出;

(4)合理安排经常性支出的各项比例,保证资金有效使用;

(5)建立、健全各项支出的管理制度和手续;

(6)严格执行经费支付方式。

二、专项支出管理

专项资金是指财政部门或上级单位拨给行政单位,用于完成专项工作或工程,并需要单独报账结算的资金。也就是说,专项资金有三个特点:一是来源于财政或上级单位以及单位自筹部分;二是用于特定事项;三是需要单独核算。

(一)专项支出的内容

行政单位专项支出包括:

(1)专项会议支出;

(2)专项设备购置费;

(3)专项修缮费;

(4)专项业务费等。

事业单位专项支出包括:

(1)科技三项费用(新产品试制费、中间试验费、重大科研项目补助费);

(2)支援农业生产支出;

(3)事业单位大型设备购置费;

(4)大型修缮费;

(5)文物收购及保护费;

(6)大宗业务费;

(7)专业图书购置费;

(8)人防工程专款;

(9)抗震加固专款;

(10)特大自然灾害救济费等。

(二)专项支出的管理

加强行政事业单位专项资金管理,发挥资金的使用效益,是行政事业单位财务管理工作中的一项重要工作。尽管行政事业单位专项经费的具体内容不同,但性质相同,都是在正常经费之外的专用开支,所以行政事业单位专项经费管理的原则与要求基本相同。

(1)完善专项资金管理制度

充分认识到专项资金管理的科学化、规范化是提高发展能力的重要保障,确保管好、用好专项资金。

(2)细化预算编制,拓宽专项资金管理方法

增强预算本身的透明度,就是要细化预算,使预算支出落实到每一个项目和每项支出的每一款。

(3)坚持专款专用原则

使用专项资金的部门和单位,要对专项资金实行单独核算、专款专用,按规定应设立专户的还必须在银行开设专户;严格按规定的用途和标准使用和管理专项资金,自觉接受有关部门的监督检查。

(4)实施专项资金绩效评价,促进专项资金规范核算

通过建立财政专项资金绩效评价分析制度,对提高预算编制科学性和合理性,优化资金结构,规范会计核算,强化监督管理都将起到积极的作用。

三、自筹基本建设支出管理

自筹基本建设支出,是指经政府组织批准用财政预算拨款以外的资金安排的基本建设支出。行政单位不得用财政预算内资金安排基建支出;用财政拨款收入以外的资金安排基本建设时,必须报经财政部门批准,核定的自筹基本建设资金纳入基本建设财务管理。

第四节　事业单位支出管理

事业单位的支出包括事业支出、经营支出、对附属单位补助支出和上缴上级支出四个部分,后两项支出属调剂性支出,不是单位开展业务及其他活动的开支。因此,单位支出管理的重点是事业支出和经营支出。

一、事业支出管理

事业支出,是指事业单位开展专业业务活动及其辅助活动发生的支出,事业支出是事业单位支出的主体,其管理是事业单位财务管理的重点。

1.量入为出,统筹安排各项事业支出

事业单位的事业支出应当根据财政补助收入、上级补助收入、事业收入和其他收入等情况统筹安排。

2.正确界定事业支出的范围,如实反映事业发展规模和支出水平

划清事业支出与经营支出的界限,凡是直接用于经营活动的费用,应当直接在经营支出中反映;已在事业支出中统一垫支的各项费用,应如数归还;对实在难以划清的费用,应当按照规定比例合理分摊,在经营支出中列支,冲减事业支出。

3.加强经济核算制度,提高资金使用效益

树立成本费用意识和投入产出意识,并根据自身业务特点,建立经济核算制度;区别不同性质的支出,实施不同的核算办法。

4.按照专款专用原则,加强支出管理

按要求专款专用,定期向财政部门或者主管部门报送专项资金使用情况,项目完成后,要报送专项资金支出决算和使用效果的书面报告,接受财政部门或主管部门的检查、验收。

二、经营支出管理

经营支出,是指事业单位在专业业务活动及其辅助活动之外开展非独立核算经营活动发生的支出。越来越多的事业单位,在完成专业业务活动及其辅助活动之外开展一些非独立核算的经营活动,如从事一些简单的产品生产、商品购销及有偿服务活动等。按照财务规定,事业单位非独立核算的经营活动所发生的全部支出,都应当纳入经营支出核算与管理;事业单位在经营活动中应正确归集实际发生的各项费用,无法归集的,应按规定的比例分摊;实行内部成本核算管理,使经营支出与经营收入相配比,成本费用项目与有关经营支出相衔接。

三、自筹基本建设支出管理

自筹基本建设支出,是指事业单位用财政补助收入以外的资金安排基本建设发生的支出。财政补助收入不能用于安排自筹基本建设。在安排自筹基本建设支出时,事业单位要统筹考虑单位各项收入情况,根据需要与可能安排自筹基本建设。

四、对附属单位补助支出和上缴上级支出管理

对附属单位的补助支出,是事业单位用财政补助收入以外的收入对附属单位补助发生的支出。附属单位一般是指事业单位所属独立核算的单位,如高等院校附属的中学、小学,科学院附属研究所等。事业单位转拨财政部门拨入的各类事业费,不能列入对附属单位的补助支出中。对属于补助性质支出的,应当按规定的标准和资金渠道列支,并用于规定的受补助单位。

上缴上级支出,是指实行收入上缴办法的事业单位按照规定的定额或者比例上缴上级单位的支出。一般只有少数事业单位因占有较多国有资产,或得到国家特殊政策,以及收支归集配比不清等原因,取得较多收入,这类事业单位可以实行收入上缴办法,由此而发生的支出,反映在该单位的上缴上级支出中。对属于上缴性质的支出,应按核定的定额或收入的一定比例上缴给上级单位。

第五节　事业单位成本管理

随着政府收支分类改革的展开,绩效预算的不断深化,事业单位成本核算势在必行。

一、事业单位成本核算的含义

事业单位成本核算是指事业单位在生产产品和提供服务活动的过程中所消耗的有形劳动和无形劳动的价值总和。事业单位是在保证社会效益的前提下来提高经济效益的。

加强事业单位成本核算的意义:

1.加强管理,节约成本

事业单位在市场竞争中必须不断进行资源配置,加强管理,从而节约成本,提高效率。

2.事业单位改革的需要

目前对事业单位进行分类改革,财政拨款主要集中在公用事业,而其他事业单位财政拨款已大大减少,大部分事业单位必须注重成本。

3.有利于推动事业单位改革

促进合理定编定员,分流富余人员,减轻政府的财政负担,促成人事制度改革,促进事业单位向着高效、精简、服务方向发展。

4.有利于考核事业计划的执行情况

当前政府和主管部门对事业单位的考核是通过目标责任制来完成的,而目标责任书的制定主要依据成本核算。

5.有利于促进社会效益和经济效益的提高

事业单位一般有社会效益和经济效益,要达到两个效益的有机统一,必须通过成本核算来完成。

6.为国家制定收费项目提供参考标准

事业单位的自主选择权和灵活的定价权大大增强,可通过各项成本核算真实地反映成本的多少,为国家宏观指导价的制定提供参考依据。

二、事业单位成本核算的一般程序、分类和内容

（一）事业单位成本核算的一般程序

（1）对事业单位的各项成本费用进行审核，确定成本费用是否应该开支；应支出的成本费用科目的归属。

（2）按权责发生制原则属于本月成本费用计入本月。按会计有关原则该分摊的分摊，该预提的预提。

（3）对成本费用进行分配和归集。通过成本费用的分配和归集，准确计算出各种产品和服务的成本费用。

（二）事业单位成本核算的分类

1.按性质分为固定成本、变动成本、半变动成本

固定成本的特点在一定范围内是固定不变的，随着生产产品和服务量的增加，则单位成本减少，如折旧费、广告费、宣传费、培训费等；

变动成本的单位成本是固定不变的，随着产品和服务量的增加成本增加，如业务人员工资、水电费、维修费、劳务费等；

半变动成本的变化一般与产品及服务量的增减没有严格的比例，如电话通信费等。

2.按可控性分为可控成本和不可控成本

可控成本是在本部门范围内是可以控制的如工资、专用材料支出、招待费等；

不可控成本是本部门无法控制的，如折旧费等。

3.按业务项目支出的费用分为直接成本和间接成本

直接成本可直接进入成本核算如业务人员工资、水电费、维修费等；

间接成本通过分配进入成本核算，如管理费用等。

4.按经济用途分为制造成本和非制造成本

制造成本是在产品制造和服务过程中发生的，包括直接材料、直接工资、制造费用等；非制造成本是指销售与行政管理方面发生的费用如广告费、保险费等。

（三）事业单位成本核算的内容

（1）人员支出包括基本工资、津贴、福利费用、社会保险费等；

（2）日常公用支出包括办公费、专用材料支出、水电费、差旅费、电话通信费、维修费、宣传费、培训费、期刊资料费、劳务费、交通费、租赁费、广告费、招待费等；

（3）对个人和家庭的补助支出包括离退休费、就业补助费、住房公积金、医疗补助、生活补助等；

（4）固定资产购建和大修理包括建筑物购置费、基础设施建设、大修理、折旧、办公设备购置费等；

（5）税费包括营业税、增值税、所得税等。

三、事业单位成本核算的方法

（一）全成本核算法

具体方法如下：

（1）严格降低各项成本并进行归集，如人员支出、差旅费、水电费、办公费、期刊资料费、劳务费、电话通信费、税费、招待费等均可按实际发生的原则确认；

（2）固定资产折旧可采用年限平均法、工作量法、加速折旧法；

（3）存货购进可采用先进先出法、后进先出法、加权平均法、移动平均法等；

（4）材料销售可采用一次摊销、五五摊销、分次摊销、平均摊销等；

（5）大修理、广告费、租赁费、宣传费、培训费、利息等可采取预提和待摊费；

（6）产品成本和在产品成本可用计划成本法、约当产量法、标准成本法、定额法；

（7）投资的收益按期确认；

（8）其他应收款、应收账款等均可按余额百分比法、账龄分析法、赊销百分比法和个别认定法计提坏账准备等。

（二）目标成本管理法

具体方法如下：

（1）根据预算确定收入。收入标准不得超过国家相关部门的最高指导价。

（2）把所有的支出项目分为直接成本和间接成本，直接成本直接计入成本，间接成本通过分配计入成本。支出项目金额不得超过最高限额，否则超出的由自己解决。

（3）对收支进行决算，进行总结分析。

（4）考核目标的完成情况和审核其执行情况。目标的考核是促使按目标执行并最大节约，审核的主要目的是促进成本的精益求精。

四、事业单位成本核算管理

事业单位引入成本核算，是深化事业单位财务改革的关键措施，要做好这项工作，必须结合执行《事业单位财务规则》、《事业单位会计准则》、《事业单位会计制度》,切实做好工作。

1.健全各项制度

加强事业单位的财务基础管理,建立科学而又严格的财务管理制度,如定额管理制度、财产物资登记盘存制度、单位内部计划价格制度、建立健全原始记录等。

2.加强管理者的成本核算意识

树立正确的成本核算意识观,不断地学习和参加培训来提高成本核算的意识、方法。

3.固定资产成本核算

结合事业单位实际和吸取企业相关经验及参照相关法规制定出一个可行的固定资产成本核算方法。

4.存货及材料采购成本核算

对存货及材料采购成本进行成本核算,建立正确的补偿机制和良性运行模式。

5.销售成本核算

每个月都必须做好销售成本的核算,做到实事求是。

6.无形资产成本的摊销和修理费用的摊销

购入无形资产应从购入当月按使用年限进行摊销计入成本;修理费用可采取计提或在两次大修理期间摊销。

7.加大监督检查力度

财政、审计、监督等部门要为事业单位财务管理新机制的建立,做好指导、监督和促进工作。

思考题

1.什么是行政单位支出? 什么是事业单位支出?

2.行政事业单位支出管理的原则是什么?

3.国家对行政事业单位的支出有哪些具体规定?

4.人员经费有哪些项目? 如何加强对人员经费的管理?

5.公用经费有哪些项目? 如何加强对公用经费的管理?

6.设备购置费的管理应加强哪几方面的工作?

7.如何加强经常性支出的管理?

8.什么是事业支出? 如何加强事业支出管理?

9.事业单位成本核算的一般程序是什么？

10.事业单位成本核算的方法有哪些？

阅读材料一

大型国企和财政拨款的事业单位也应公开三公经费

全国三公经费一年知多少

截至2011年8月8日,超过国务院最后期限的一个月后,中央部门中,有94家公布了"三公经费"。外交部、国务侨务办公室、国务院港澳事务办公室等3部门仍未公布。

在已公开的"三公"费用中,有50个单位今年"三公经费"预算高于去年决算,国家信访局今年预算比去年决算增加68%,出国费预算是去年决算的4.4倍;12个中央部门去年"三公"决算超过1亿元。

最先公开和最后公开的都是最受关注的。全国人大代表、湖北省统计局副局长叶青表示,有些中央部门一直在拖着看形势,结果错失时机,成为舆论焦点。

"外交部驻外使馆众多,外交礼仪要求用高档汽车,估计外交部的'三公'会是一个天文数字。"叶青说。

除了国家安全局等几个涉及国家安全的部门的数据可以不公开之外,剩下的部门不可以例外。叶青说,国务院要求公开,不按时公开已是违令。

中央部门预算五六月份已经通过,到8月份才公开。"预算执行已经完成了一半,钱也花了一半,监督来得太慢。"天津财经大学教授李炜光说,第一次公开,技术上肯定有不懂的地方,不能要求太高。

李炜光说,美国等国家是在预算编制过程中就公开,执行过程也是公开的。

从2010年开始,中央部门的预算公开大幕徐徐拉开,因此,2010年也被称为中央部门预算公开元年。

今年国务院又前行一步,不但要求中央部门公布部门预算和决算,还要公布"三公经费"。

全国的"三公经费"到底有多少

2006年,国家行政学院竹立家教授曾在《学习时报》发表《政府管理改革的几个切入点》一文,该文明确指出:政府部门每年的公车消费、公款吃喝、公费出国三项支出高达 9 000 亿元之巨。

竹立家说，资料显示，2004 年，我国至少有公车 400 万辆，公车消费财政资源 4 085 亿元，大约占全国财政收入的 13％。与公车消费相联系，各种资料显示，全国一年的公款吃喝在 2 000 亿元以上，二者相加总数高达 6 000 亿元。

2000 年《中国统计年鉴》显示，1999 年的国家财政支出中，仅干部公费出国一项消耗的财政费用就达 3 000 亿元，2000 年以后，出国学习、培训、考察之风愈演愈烈，公费出国有增无减。

竹立家认为三公相加，数字高达 9 000 亿元。

这个数据出来后，各界纷纷引用。北京大学教授王锡锌在央视《新闻 1＋1》节目引用这个数据后，此数据更为人熟知。

但财政部称这一数字"严重失实"，"三公"实际支出为 1201 亿元。

竹立家接受中国青年报记者采访时说，虽然近年来政府连续有大动作，包括公车改革、取消驻京办等。但随着政府机构的扩大，经济的发展，如今全国的"三公经费"只会比他原来估计的高。

比如公车购置款，根据媒体的公开报道，2007 年是 500 亿元，2008 年是 600 亿元，2009 年是 900 亿元，呈连年上升趋势。

竹立家说，很多公务出差都是没有必要的，现在网络这么发达，完全可以在家学习。沿海各省市去英、美、新加坡考察的干部络绎不绝，新加坡理工学院已经把培训中国官员当成一个产业来做。

竹立家称，中国社会科学院财贸所今年发表的白皮书透露，2010 年中国的预算内收入大约是 8.3 万亿元，中国的宏观税负水平大约是 14.2 万亿元。换句话说，去年我们的公共收入大约有 14.2 万亿元，这 14.2 万亿元里面，除了预算的 8.3 万亿元以外，剩下的近 6 万亿元基本上在预算之外循环。

6 万亿元中有多少用在"三公"上？这个数字连人大都无法知道，更别提公众了。

"财政部的数据跟竹立家的数据不一样很正常"，李炜光说，因为差不多一小半的"三公经费"不在预算内，而预算外循环的"三公经费"连人大都很难监督。花了多少钱基本是笔"糊涂账"。

如何监督庞大的"三公经费"

"监督是重要的。"竹立家说，不能只通过政府部门自身监督，必须引入第三方监督。一是全国人大常委会的监督，各个部门"三公经费"的预算、决算，必须通过人大常委会审批，必须在以后的制度安排过程中让人大做一个财政预算，特别是在"三公经费"方面，应有一个主要的监督机构。二是每年坚决公开"三公经费"的一些预算注资,进行社会舆论监督、媒体监督和公众监督。

上海财经大学教授蒋洪称,《预算法》并没有明确规定社会公众、各级人民代表大会获得政府预算信息的权利,也没有规定政府行政部门提供相关信息的责任和义务,更没有固定必须公开的财政信息的范围、具体程度以及公开的时间和方式。

李炜光称,已经运行了17年的《预算法》必须修改,从法律上规定预算的透明度,保证人大和公众监督的权力。规定财政信息公开的范围、时间和方式。

他认为,国家应该规定,中央部门"三公经费"的人头费是多少。否则没有了标准,就无从比较,宣传意义大于实际意义。

"大型国企和财政拨款的事业单位也应公开'三公经费'。"中国人民大学经济学院教授李义平提出,中石化天价酒等事件说明,央企的"三公经费"如果不受监督,也会滋生腐败。央企是全国人民的企业,它的花费应该受到公众的监督。

资料来源:王超.大型国企和财政拨款的事业单位也应公开三公经费.中国青年报,2011年8月10日.

阅读材料二

《党政机关国内公务接待管理规定》
2013-12-09

第一条 为了规范党政机关国内公务接待管理,厉行勤俭节约,反对铺张浪费,加强党风廉政建设,根据《党政机关厉行节约反对浪费条例》规定,制定本规定。

第二条 本规定适用于各级党的机关、人大机关、行政机关、政协机关、审判机关、检察机关,以及工会、共青团、妇联等人民团体和参照公务员法管理事业单位的国内公务接待行为。

本规定所称国内公务,是指出席会议、考察调研、执行任务、学习交流、检查指导、请示汇报工作等公务活动。

第三条 国内公务接待应当坚持有利公务、务实节俭、严格标准、简化礼仪、高效透明、尊重少数民族风俗习惯的原则。

第四条 各级党政机关公务接待管理部门应当结合当地实际,完善国内公务接待管理制度,制定国内公务接待标准。

县级以上党政机关公务接待管理部门负责管理本级党政机关国内公务接待工作,指导下级党政机关国内公务接待工作。

乡镇党委、政府应当加强国内公务接待管理,严格执行有关管理规定和开支标准。

第五条　各级党政机关应当加强公务外出计划管理,科学安排和严格控制外出的时间、内容、路线、频率、人员数量,禁止异地部门间没有特别需要的一般性学习交流、考察调研,禁止重复性考察,禁止以各种名义和方式变相旅游,禁止违反规定到风景名胜区举办会议和活动。

公务外出确需接待的,派出单位应当向接待单位发出公函,告知内容、行程和人员。

第六条　接待单位应当严格控制国内公务接待范围,不得用公款报销或者支付应由个人负担的费用。

国家工作人员不得要求将休假、探亲、旅游等活动纳入国内公务接待范围。

第七条　接待单位应当根据规定的接待范围,严格接待审批控制,对能够合并的公务接待统筹安排。无公函的公务活动和来访人员一律不予接待。

公务活动结束后,接待单位应当如实填写接待清单,并由相关负责人审签。接待清单包括接待对象的单位、姓名、职务和公务活动项目、时间、场所、费用等内容。

第八条　国内公务接待不得在机场、车站、码头和辖区边界组织迎送活动,不得跨地区迎送,不得张贴悬挂标语横幅,不得安排群众迎送,不得铺设迎宾地毯;地区、部门主要负责人不得参加迎送。严格控制陪同人数,不得层层多人陪同。

接待单位安排的活动场所、活动项目和活动方式,应当有利于公务活动开展。安排外出考察调研的,应当深入基层、深入群众,不得走过场、搞形式主义。

第九条　接待住宿应当严格执行差旅、会议管理的有关规定,在定点饭店或者机关内部接待场所安排,执行协议价格。出差人员住宿费应当回本单位凭据报销,与会人员住宿费按会议费管理有关规定执行。

住宿用房以标准间为主,接待省部级干部可以安排普通套间。接待单位不得超标准安排接待住房,不得额外配发洗漱用品。

第十条　接待对象应当按照规定标准自行用餐。确因工作需要,接待单位可以安排工作餐一次,并严格控制陪餐人数。接待对象在 10 人以内的,陪餐人数不得超过 3 人;超过 10 人的,不得超过接待对象人数的三分之一。

工作餐应当供应家常菜,不得提供鱼翅、燕窝等高档菜肴和用野生保护动物制作的菜肴,不得提供香烟和高档酒水,不得使用私人会所、高消费餐饮场所。

第十一条 国内公务接待的出行活动应当安排集中乘车,合理使用车型,严格控制随行车辆。

接待单位应当严格按照有关规定使用警车,不得违反规定实行交通管控。确因安全需要安排警卫的,应当按照规定的警卫界限、警卫规格执行,合理安排警力,尽可能缩小警戒范围,不得清场闭馆。

第十二条 各级党政机关应当加强对国内公务接待经费的预算管理,合理限定接待费预算总额。公务接待费用应当全部纳入预算管理,单独列示。

禁止在接待费中列支应当由接待对象承担的差旅、会议、培训等费用,禁止以举办会议、培训为名列支、转移、隐匿接待费开支;禁止向下级单位及其他单位、企业、个人转嫁接待费用,禁止在非税收入中坐支接待费用;禁止借公务接待名义列支其他支出。

第十三条 县级以上地方党委、政府应当根据当地经济发展水平、市场价格等实际情况,按照当地会议用餐标准制定本级国内公务接待工作餐开支标准,并定期进行调整。接待住宿应当按照差旅费管理有关规定,执行接待对象在当地的差旅住宿费标准。接待开支标准应当报上一级党政机关公务接待管理部门、财政部门备案。

第十四条 接待费报销凭证应当包括财务票据、派出单位公函和接待清单。

接待费资金支付应当严格按照国库集中支付制度和公务卡管理有关规定执行。具备条件的地方应当采用银行转账或者公务卡方式结算,不得以现金方式支付。

第十五条 机关内部接待场所应当建立健全服务经营机制,推行企业化管理,推进劳动、用工和分配制度与市场接轨,建立市场化的接待费结算机制,降低服务经营成本,提高资产使用效率,逐步实现自负盈亏、自我发展。

各级党政机关不得以任何名义新建、改建、扩建内部接待场所,不得对机关内部接待场所进行超标准装修或者装饰、超标准配置家具和电器。推进机关内部接待场所集中统一管理和利用,建立资源共享机制。

第十六条 接待单位不得超标准接待,不得组织旅游和与公务活动无关的参观,不得组织到营业性娱乐、健身场所活动,不得安排专场文艺演出,不得以任何名义赠送礼金、有价证券、纪念品和土特产品等。

第十七条 县级以上党政机关公务接待管理部门应当会同有关部门加强对本级党政机关各部门和下级党政机关国内公务接待工作的监督检查。监督检查的主要内容包括：

（一）国内公务接待规章制度制定情况；

（二）国内公务接待标准执行情况；

（三）国内公务接待经费管理使用情况；

（四）国内公务接待信息公开情况；

（五）机关内部接待场所管理使用情况。

党政机关各部门应当定期汇总本部门国内公务接待情况，报同级党政机关公务接待管理部门、财政部门、纪检监察机关备案。

第十八条 财政部门应当对党政机关国内公务接待经费开支和使用情况进行监督检查。审计部门应当对党政机关国内公务接待经费进行审计，并加强对机关内部接待场所的审计监督。

第十九条 县级以上党政机关公务接待管理部门应当会同财政部门按年度组织公开本级国内公务接待制度规定、标准、经费支出、接待场所、接待项目等有关情况，接受社会监督。

第二十条 各级党政机关应当将国内公务接待工作纳入问责范围。纪检监察机关应当加强对国内公务接待违规违纪行为的查处，严肃追究接待单位相关负责人、直接责任人的党纪责任、行政责任并进行通报，涉嫌犯罪的移送司法机关依法追究刑事责任。

第二十一条 积极推进国内公务接待服务社会化改革，有效利用社会资源为国内公务接待提供住宿、用餐、用车等服务。推行接待用车定点服务制度。

第二十二条 地方各级党委、政府应当依照本规定制定本地区国内公务接待管理办法。

第二十三条 地方各级政府因招商引资等工作需要，接待除国家工作人员以外的其他因公来访人员，应当参照本规定实行单独管理，明确标准，控制经费总额，注重实际效益，加强审批管理，强化审计监督，杜绝奢侈浪费。严禁扩大接待范围、增加接待项目，严禁以招商引资为名变相安排公务接待。

第二十四条 国有企业、国有金融企业和不参照公务员法管理的事业单位参照本规定执行。

第二十五条 本规定由国家机关事务管理局会同有关部门负责解释。

第二十六条 本规定自发布之日起施行。2006 年 10 月 20 日中共中央办公厅、国务院办公厅印发的《党政机关国内公务接待管理规定》同时废止。

第六章

资产管理

第一节 资产的含义和分类

一、资产的含义与特征

资产是指行政事业单位控制、占有和使用的能以货币计量的经济资源,包括各种财产、债权等。该资源预期会给行政事业单位带来服务功能或者经济效益。

资产具有以下特征:

1. 资产必须是一种经济资源

作为资产的经济资源必须具有使用价值,具有为行政事业单位开展业务工作提供或者创造物质条件的某种经济权利或经济潜能。只有具备这种条件的经济资源才可能作为资产存在和确认。否则,如果这种经济资源已经消耗殆尽,丧失了使用价值,这种经济资源就不能作为资产来存在和确认了。

2. 资产必须能够用货币来计量

行政事业单位为开展工作和业务活动而拥有的各项经济资源,如房屋、仪器、设备、材料、燃料等,其实物形态是各不相同的,采用的计量方式也是多种多样的。以各种实物形态存在的资产价值,可以通过货币计量获得统一的表现。因此,一种经济资源如果不能用货币来计量,行政事业单位就难以确认和计量其价值,这种不能确认和计量的经济资源也就不能被确认为资产。

3. 资产必须为行政事业单位所控制、占有和使用

行政事业单位占有或使用的资产基本是国家通过不同方式拨入形成的,属于国家所有。因此,行政事业单位对本单位的资产并没有所有权,只有控制

权、占有权和使用权。

4.资产包括各种财产、债权和其他权利

资产所包含的内容十分广泛。其中,有的资产是以实物形态存在的,如固定资产、存货等;有的资产则不是以实物形态存在的,如无形资产等。凡是有助于单位开展工作和业务活动,能够为单位创造社会效益和经济效益,单位有占有权或使用权,并能够用货币来计量的经济资源,无论其存在形式如何,都应当作为单位的资产予以确认。

二、资产的分类

为了便于加强对资产的管理,需要根据行政事业单位资产的性质和特点进行科学的分类。

行政单位的资产包括流动资产、固定资产、在建工程、无形资产等;事业单位的资产按照流动性,分为流动资产和非流动资产。

行政事业单位资产的具体分类如下:

(一)行政单位资产分类

行政单位的国有资产包括:

(1)行政单位用国家财政性资金形成的资产;

(2)国家调拨给行政单位的资产;

(3)行政单位按照国家规定组织收入形成的资产;

(4)接受捐赠的资产;

(5)其他经法律确认为国家所有的资产。

具体资产分类如表 6-1。

表 6-1 行政单位资产分类表

资产分类	具体项目
流动资产	现金、银行存款、零余额账户用款额度、应收及暂付款项、存货材料、燃料、包装物和低值易耗品等
固定资产	房屋及建筑物;通用设备;专用设备;文物和陈列品;图书、档案;家具、用具、装具及动植物
无形资产	著作权、土地使用权等
在建工程	

(二)事业单位资产分类

事业单位的国有资产包括:

(1)国家拨给事业单位的资产；

(2)事业单位按照国家规定运用国有资产组织收入形成的资产；

(3)接受捐赠的资产；

(4)其他经法律确认为国家所有的资产。

具体资产分类如下表：

表6-2 事业单位资产分类表

资产分类	具体项目
流动资产	货币资金(现金、银行存款、零余额账户用款额度)、短期投资、应收及预付款项(财政应返还额度、应收票据、应收账款、其他应收款等应收款项和预付账款)、存货(材料、燃料、包装物和低值易耗品)等
固定资产	房屋和建筑物、专用设备、一般设备、文物和陈列品、图书、其他固定资产
无形资产	专利权、商标权、著作权、土地使用权、非专利技术
长期投资	
在建工程	

三、资产管理原则

加强行政事业单位资产管理是国有资产管理的重要组成部分，必须扎实基础，规范操作，依法管理，从而保证国有资产的安全完整，并使之保值增值。

应着重把握以下三个原则：

(一)资产管理要求规范化

1. 要强化国有资产保值增值

要把国有资产的保值增值指标列入单位主要领导的任期目标，并作为干部离任审计的一项重要内容。以强化各机关部门领导的管理意识，使他们切实承担起资产使用者、管理者的责任。

2. 要进一步加强制度建设

政府有关部门要着力研究和完善操作性强的具体管理制度，如产权登记制度、定期清查盘点制度、资产增减动态管理制度以及统计报告制度等。此外，各使用单位还必须建立相应的资产保管领用制度，把责任落到具体岗位具体人。这样，以制度来约束行为，以规章来防治腐败。

3. 要加强基础工作

一方面各类资产不仅要有总账，还要设立明细账，对其分布和使用状况还必须设置相关台账,做到账实相符,确保资产的真实性。另一方面,各类资产都必须理清产权关系,并及时办理相关权证手续,确保资产的合法性。

(二)资产使用力求效率化

资产管理不仅要求资产损失的最小化,同时,要追求其使用效率的最大化。

(1)能出让的资产尽量出让,其收益全额回归财政,变死钱为活钱;

(2)能出租的资产尽量出租,并采用竞租的方式,尽力提高资产收益率;

(3)坚决杜绝除本单位之外的任何无偿性资产使用方式,对已脱钩改制企事业单位使用本单位资产的,一律按规定收取资产使用费。

以上租金收入和使用费收入实行财政收支两条线管理,严禁坐收坐支。

(三)资产处置必须合法化

资产处置(一般指公房出售,也包括土地使用权出让和其他专用设备变卖等)是资产管理中的重要环节,必须按照"公开、公平、公正"的原则,严格程序,依法操作。

1.呈报批准

行政事业单位的任何资产处置,必须事先报请有权部门(财政或国资部门)审批,未经批准,不得实施资产处置行为。

2.资产评估

经批准同意处置的资产,必须委托有评估资质的社会中介机构实施资产评估,以合理确定其资产价值。

3.公开拍卖

根据资产评估价值,必须委托有拍卖资质的社会中介机构实施公开拍卖,以实现其资产价值。

4.实行收支两条线管理

对资产拍卖收益,必须列入财政资本金预算管理,取得的拍卖资金全额进入财政专户,以后再根据需要下拨使用。

第二节 固定资产管理

一、固定资产的含义和分类

(一)固定资产的含义

固定资产是指使用期限超过一年,单位价值在 1 000 元以上(其中:专用设备单位价值在 1 500 元以上),并且在使用过程中基本保持原有物质形态的资产。

行政事业单位固定资产应具备以下条件:

1.使用期限在一年以上,单位价值在规定标准以上

与流动资产中的一次性消耗的材料和一年内转变为现金的其他流动资产项目不同,国家规定固定资产的使用期限超过一年,单位价值在 1 000 元以上(其中:专用设备单位价值在 1 500 元以上)。单位价值虽未达到规定标准,但是耐用时间在一年以上的大批同类物资,也作为固定资产管理。

2.在使用过程中要基本保持原有物质形态

固定资产在使用过程中要基本保持原有物质形态,其价值在多次的使用中,随着固定资产的磨损程度而逐步地或者多次地消耗、转移或者实现。这与流动资产在使用中不断改变原有物质形态,价值一次性消耗、转移或者是实现是完全不同的。

一般应同时具备以上条件才能作为固定资产进行管理和核算。

(二)固定资产的分类

固定资产是单位开展业务工作的重要物质条件,其种类繁多,规格不一,为了加强固定资产管理,正确进行固定资产核算,必须对其进行合理的分类。

固定资产一般分为六类:房屋及建筑物;通用设备;专用设备;文物和陈列品;图书、档案;家具、用具、装具及动植物。

1.房屋和建筑物

房屋和建筑物,是指产权属于本单位的所有房屋和建筑物,包括办公室(楼)、会堂、宿舍、食堂、车库、仓库、油库、档案馆、活动室、锅炉房、烟囱、水塔、水井、围墙等及其附属的水、电、煤气、取暖、卫生等设施。

2.通用设备

通用设备,是指常用的办公与事务方面的设备,如办公桌、椅、凳、橱、架、沙发、取暖和降温设备、会议室设备、家具用具等。一般设备属于通用设备,被服装具、饮具炊具、装饰品等也列为一般设备类之内。运输设备,是指后勤部门使用的各种交通运输工具,包括轿车、吉普、摩托车、面包车、客车、轮船、运输汽车、三轮卡车、人力拖车、板车、自行车和小轮车等。

3.专用设备

专用设备,是指属于单位所有专门用于某项工作的设备。包括:文体活动设备,录音录像设备、放映摄像设备、打字电传设备、电话电报通信设备、舞台与灯光设备、档案馆的专用设备,以及办公现代化微电脑设备等。凡是有专用于某一项工作的工具器械等,均应列为专用设备。

4.文物和陈列品

文物和陈列品,是指博物馆、展览馆等文化事业单位的各种文物和陈列品。例如,古玩、字画、纪念物品等。

5.图书和档案

图书,是指专业图书馆、文化馆的图书和单位的业务书籍。单位内部的图书资料室、档案馆所有的各种图书,包括政治、业务、文艺等书籍,均属国家财产。档案,是指档案管理机构保管的档案及单位统一管理的档案。

6.其他固定资产

其他固定资产,是指以上各类未包括的固定资产。

二、固定资产的日常管理

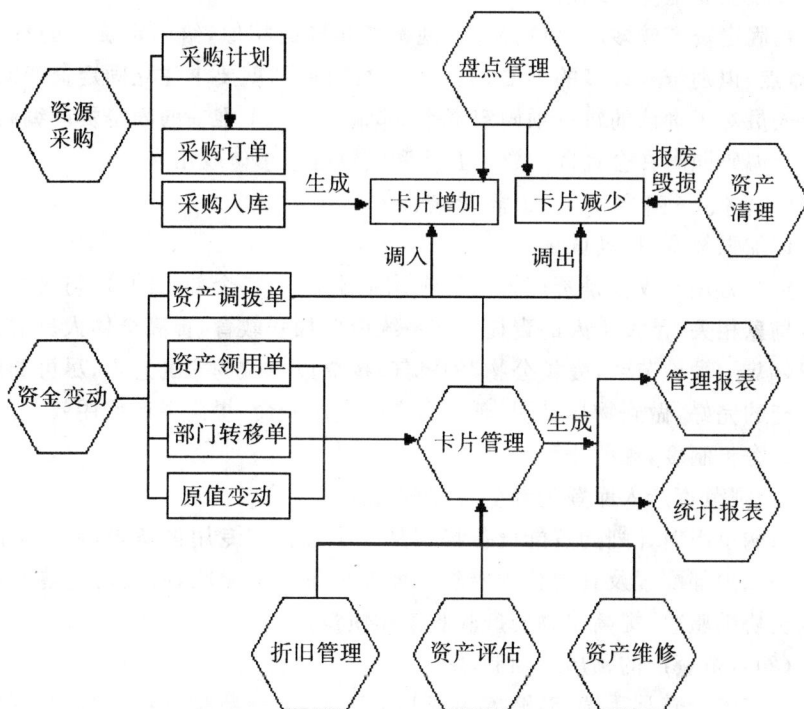

图6-1 固定资产日常管理流程图

(一)固定资产日常管理的基础工作

1.验收合格

登记入账的固定资产,财务上要求必须调试验收合格,只有达到可以使用状态的固定资产才能发挥生产效能。对于没有安装完成的固定设备,在财务的处理上也有相应的规定,那就是记入"在建工程"项目,作为正式固定资产的一个过渡称谓。

2.登记品名、规格

要对固定资产进行有效管理,固定资产必须有固定的名称,名称必须符合行业标准,简明、通俗易记、准确无误。固定资产除名称以外,还应该有明确的规格,否则随着同类设备的增加,很可能增加识别的难度。一方面财务会计在建立固定资产台账的时候必须登记固定资产名称、规格;另一方面,对于使用部门的固定资产,必须在醒目的位置上张贴固定资产标识,标签上注明与会计账务上相同的名称及规格。

3.设立固定资产编码

在固定资产较多的单位,品名、规格的相同或相似,给固定资产的日常管理、盘点、识别带来许多的不便。要解决这个问题,就要求建立固定资产编码,会计人员对于确认的每一项固定资产,都编制出一个唯一的固定资产编码,将这一个编码同时在会计固定资产台账和实物标签中体现出来。

(二)做好固定资产日常管理工作

1.加强教育,提高认识

资产管理不仅仅是资产管理员或其他哪个人、哪个部门的事,与每个公务人员息息相关,是每个人的责任。在系统内要加强教育,提高全体人员的责任意识,倡导"勤俭节约,爱护公物"的风气,树立以单位为家的意识,尽可能地保护资产的完好,做到物尽其用,延长资产的使用寿命,提高资产使用效率。

2.完善制度,规范流程

(1)规范资产入库登记制度,严把数量、质量关

采购小组对计划购置的设备特别是电子设备和专用设备等,在设备的规格、型号、内部配置及其他技术要求方面要做细致的验收,必要时聘请专业技术人员协助验收,提高实物资产验收工作质量。

(2)规范资产的领用交回制度

完善资产转移手续,新购置的资产出库时,要将数量、质量和规格等内容让资产使用单位和使用人进行确认。内部调拨的资产以及资产暂时不需要或不能用交回时,在资产转移前,要按照出库单的相关内容进行先查验后移交,资产移交的双方在数量、质量和规格等方面进行确认。资产内部调拨以调拨单的形式,资产交回以入库单的形式详细记录资产转移手续。

（3）规范资产保管清查制度

资产的保管工作必须在单位提供专门场所和指定专人负责的前提下进行，除了对保管的资产要数量清、质量清、规格清、存放有序以外，还要建立资产保管的规范统计、资产的维修登记和报废鉴定工作。要保证每年对实物资产进行清查盘点，在基层单位负责人调整时，应履行资产盘点和移交手续，始终保持卡片信息与实物资产的统一。在资产的定期盘点中，资产管理员要认真撰写现有资产的存量、结构和使用状况的报告，对闲置的资产以及利用率不高的资产要提出合理调配计划，使单位领导对资产管理情况有比较全面的了解，充分发挥资产的使用效率。

（4）完善资产维护保养制度

资产的维护保养主要是资产使用单位或资产使用人的职责，各单位的资产管理办法和实施细则往往只做了条款式的规定，而使用单位对资产要维护保养什么，有哪些要求等不够清楚。资产管理员应按资产的类型、技术要求、操作规程等在工作要点、流程等方面对资产的维护保养做出明确规定，特别是对车辆和电子设备、电器设备等贵重、精密的资产要加强定期的维护与保养。资产管理员要制定资产维修计划，检查并改善资产的使用状况，减少资产的非正常损耗，延长国有资产的使用寿命。

3.及时建档，完善资料

加强固定资产档案资料的日常积累，建立并完善固定资产档案，使资产管理的基础性工作更加规范化。财务部门要在资产入账时，严把审核关，保证资产的购置、验收入库及出库等手续齐全，并对相关凭证和资料进行日常积累和整理，与行政部门协调配合，随时掌握资产的存量结构和使用状况，为资产信息统计上报、资产处置及资产的动态管理等做好基础性工作。

4.全程监督，实施奖惩

资产管理员要按照工作职权和管理制度的要求，对资产进行全程监控。资产管理员要参与资产购建和流转的每一个环节，对验收入库的资产要进行详细的登记和信息录入，做到数量清、质量清、规格清，并掌握资产管理的整体情况。同时，要将资产的日常监管、常规使用与维护保养等工作作为每个单位及个人年度考核的内容之一，对责任心不强，管理不善，造成不当损失的按规定进行处理；对工作做得好的，应给予表彰，并在评先评优等方面给予优先考虑，激发其工作热情和责任心，从而不断提高资产管理水平。

三、固定资产购建的管理

固定资产增加的来源主要有购入的固定资产、基建完工验收的固定资产、自制的固定资产、调入的固定资产和接受捐赠的固定资产等。

（一）购入的固定资产管理

按照实际支付的买价和调拨价及运杂费、安装费和交纳的有关税费等计价。行政事业单位应当根据工作需要和财力，认真研究、科学论证，编制年度固定资产采购计划，经单位领导审批，主管部门同意，报财政部门批准后，列入当年预算，并在批准的范围内购置。单位购置贵重精密固定资产，应当事先进行可行性论证，提出各种不同方案，择优选用。如果购买属于控制范围的商品，必须按照有关控制社会集团购买力的规定办理，执行政府采购制度。

对于购入的固定资产，应由单位资产管理部门组织验收；对于购置的专业设备、贵重精密设备（仪器）等，应当会同有关专业技术人员参加验收。经验收合格后，资产管理部门要填制"固定资产验收单"，办理固定资产入库手续；财务部门要填制记账凭单，计入固定资产总账。

购入的固定资产报批程序（以某科研机构固定资产购置申报程序为例）：

用科研经费申购的固定资产应为该项目预算中所列仪器设备，且不超过其经费预算中的设备费。

（1）申购单价在 5 万元以内的固定资产，申购人填写"科研项目经费购置固定资产审批表"，经项目负责人、所在部门负责人签字同意后，由科技管理部门和财务管理部门共同审批；

（2）申购单价在 5 万元（含）至 20 万元的固定资产，除履行本条第一款审批程序外，还须经分管科研的领导审批；

（3）申购单价价值 20 万元（含）以上的固定资产，除履行本条第一、二款审批程序外，还须经所长或经所长授权的所领导审批。

使用研究所公用经费申购固定资产，由申请部门填写"公用经费购置固定资产审批表"，按以下程序审批：

（1）申购办公用固定资产的，由申购部门向固定资产管理部门提出申请，由固定资产管理部门调研审核后，经所长办公会批准后执行；

（2）申购科研仪器设备的，由申请部门向科技主管部门提交购置申请，经所共用仪器设备购置委员会审议通过后报所长办公会批准后执行。

（二）基建投资建设完工验收的固定资产管理

基本建设项目竣工交付使用时，施工单位应当按照规定办理基本建设竣工决算，并编造完工清册，逐项注明完工财产的数量和价值。同时，按照规定将有关技术文件交给建设单位。行政事业单位由单位资产管理部门组织验收。经验收合格的项目，应填制"基本建设工程完工项目验收单"，登记固定资产账簿、卡片，财务部门办理与购入的固定资产相同的入账手续。

（三）自制的固定资产、无偿调入的固定资产、接受捐赠的固定资产的管理

均应当按照规定，进行计价、验收，并登记入账。

四、固定资产处置的管理

（一）行政事业单位固定资产处置的概念及范围

行政事业单位固定资产处置，是指固定资产的无偿转让、出售、置换、报损、报废等。范围包括：闲置资产；因技术原因并经科学论证，确需报废、淘汰的资产；因单位分立、撤销、合并、改制、隶属关系改变等原因发生的产权或者使用权转移的资产；盘亏、呆账及非正常损失的资产；已超过使用年限无法使用的资产；根据国家政策规定需要处置的资产。

（二）行政事业单位固定资产处置的程序

行政事业单位处置国有资产应当严格履行审批手续，未经批准不得处置。行政事业单位固定资产的处置应当遵循公开、公正、公平的原则，处置的数量较多或者价值较高的，还应通过拍卖等市场竞价的方式公开处置。报有关部门审批时，还应根据不同情况提交有关文件、证件及资料。

1. 行政单位固定资产处置程序

行政单位固定资产处置应当由行政单位资产管理部门会同财务部门、技术部门审核鉴定，提出意见，按审批权限报送审批。

2. 事业单位固定资产处置程序

事业单位固定资产价值或者批量价值在规定限额以上的处置，先经主管部门审核，然后再报同级财政部门审批；规定限额以下的固定资产的处置，只需报主管部门审批，主管部门将审批结果定期报同级财政部门备案。"规定限额"要根据各级政府规定而定，一般指原值在1万元以上（含1万元）或年度内总额在5万元以上的固定资产。

（三）行政事业单位固定资产处置收入的会计核算方法

行政事业单位固定资产处置的变价收入和残值收入属于国家所有，按照

政府非税收入管理的规定,应及时全额上缴财政非税收入专户,实行"收支两条线"管理,严禁坐支和挪作他用。行政单位通过"应缴预算款"核算,事业单位通过"应缴财政专户款"核算。

五、固定资产折旧

(一)固定资产折旧的概念

固定资产折旧是指一定时期内为弥补固定资产损耗,按照规定的固定资产折旧率提取的固定资产折旧,或按国民经济核算统一规定的折旧率虚拟计算的固定资产折旧。它反映了固定资产在当期生产中的转移价值。

各类企业和企业化管理的事业单位的固定资产折旧是指实际计提的折旧费。

不计提折旧的政府机关、非企业化管理的事业单位和居民住房的固定资产折旧是按照统一规定的折旧率和固定资产原值计算的虚拟折旧。

(二)计提折旧的固定资产范围

计提折旧的固定资产

(1)房屋建筑物;

(2)在用的机器设备、食品仪表、运输车辆、工具器具;

(3)季节性停用及修理停用的设备;

(4)以经营租赁方式租出的固定资产和以融资租赁方式租入的固定资产。

不计提折旧的固定资产

(1)已提足折旧仍继续适用的固定资产;

(2)以前年度已经估价单独入账的土地;

(3)提前报废的固定资产;

(4)以经营租赁方式租入的固定资产和以融资租赁方式租出的固定资产。

(三)影响固定资产折旧的因素

1.固定资产原价

是指固定资产的成本。已达到预定可使用状态,但尚未办理竣工决算的固定资产,应当按照估计价值确定其成本,并计提折旧;待办理竣工决算手续后,再按实际成本调整原来的暂估价值,但不需要调整原已计提的折旧额。

2.预计净残值

是指假定固定资产预计使用寿命已满并处于使用寿命终了时,企业从该项资产处置中获得的扣除预计处置费用后的金额。

3.固定资产减值准备

是指固定资产已计提的固定资产减值准备累计金额。

4.固定资产的使用寿命

是指使用固定资产的预计期间或者该固定资产所能生产产品或提供劳务的数量。确定固定资产使用寿命时,应当考虑下列因素:

(1)该资产的预计生产能力或实物产量;

(2)该资产的有形损耗,如设备使用中发生磨损、房屋建筑物受到自然侵蚀等;

(3)该资产的无形损耗,如因新技术的出现而使现有的资产技术水平相对陈旧,市场需求变化使产品过时等;

(4)法律或类似规定对该项资产使用的限制。

(四)固定资产折旧方法

1.平均年限法

平均年限法又称为直线法,是将固定资产的折旧均衡地分摊到各期的一种方法。采用这种方法计算的每期折旧额均是等额的。计算公式如下:

$$年折旧率=\frac{1-预计净残值率}{预计使用年限}\times100\%$$

$$月折旧率=\frac{年折旧率}{12}$$

$$月折旧额=固定资产原价\times月折旧率$$

上述计算的折旧率是按个别固定资产单独计算的,称为个别折旧率,即某项固定资产在一定期间的折旧额与该固定资产原价的比率。通常按分类折旧来计算折旧率,计算公式如下:

$$某类固定资产年折旧额=\frac{某类固定资产原值-预计残值+清理费用}{该类固定资产的使用年限}$$

$$某类固定资产月折旧额=\frac{某类固定资产年折旧额}{12}$$

$$某类固定资产年折旧率=\frac{该类固定资产年折旧额}{该类固定资产原价}\times100\%$$

采用分类折旧率计算固定资产折旧,计算方法简单,但准确性不如个别折旧率。

采用平均年限法计算固定资产折旧虽然简单,但也存在一些局限性。例如,固定资产在不同使用年限提供的经济效益不同,平均年限法没有考虑这一事实。又如,固定资产在不同使用年限发生的维修费用也不一样,平均年限法也没有考虑这一因素。

因此,只有当固定资产各期的负荷程度相同,各期应分摊相同的折旧费时,采用平均年限法计算折旧才是合理的。

2. 工作量法

工作量法是根据实际工作量计提折旧额的一种方法。这种方法可以弥补平均年限法只重使用时间,不考虑使用强度的缺点,计算公式为:

$$每一工作量折旧额 = \frac{固定资产原价 \times (1-残值率)}{预计总工作量}$$

$$\frac{某项固定资产}{月\ 折\ 旧\ 额} = \frac{该项固定资产}{当月工作量} \times \frac{单位工作量}{折\ 旧\ 额}$$

3. 加速折旧法

加速折旧法也称为快速折旧法或递减折旧法,其特点是在固定资产有效使用年限的前期多提折旧,后期少提折旧,从而相对加快折旧的速度,以使固定资产成本在有效使用年限中加快得到补偿。

常用的加速折旧法有两种:

(1)双倍余额递减法

双倍余额递减法是在不考虑固定资产残值的情况下,根据每一期期初固定资产账面净值和双倍直线法折旧额计算固定资产折旧的一种方法。计算公式如下:

$$年折旧率 = \frac{2}{预计折旧年限} \times 100\%$$

$$月折旧率 = \frac{年折旧率}{12}$$

$$月折旧额 = 固定资产账面净值 \times 月折旧率$$

这种方法没有考虑固定资产的残值收入,因此不能使固定资产的账面折余价值降低到它的预计残值收入以下,即实行双倍余额递减法计提折旧的固定资产,应当在其固定资产折旧年限到期的最后两年,将固定资产净值扣除预计净残值后的余额平均摊销。

例如:某企业一固定资产的原价为 10 000 元,预计使用年限为 5 年,预计净残值 200 元,按双倍余额递减法计算折旧,每年的折旧额为:

双倍余额年折旧率 = 2/5 × 100% = 40%

第一年应提的折旧额 = 10 000 × 40% = 4 000(元)

第二年应提的折旧额 = (10 000 - 4 000) × 40% = 2 400(元)

第三年应提的折旧额 = (6 000 - 2 400) × 40% = 1 440(元)

从第四年起改按平均年限法(直线法)计提折旧。

$$第四年、第五年的年折旧额=\frac{10\,000-4\,000-2\,400-1\,440-200}{2}$$
$$=980(元)$$

(2)年数总和法

年数总和法也称为合计年限法,是将固定资产的原值减去净残值后的净额乘以一个逐年递减的分数计算每年的折旧额,这个分数的分子代表固定资产尚可使用的年数,分母代表使用年数的逐年数字总和。计算公式为:

$$年折旧率=\frac{尚可使用年限}{预计使用寿命的年数总和}\times100\%$$

$$或:年折旧率=\frac{预计使用年限-已使用年限}{预计使用年限\times\frac{预计使用年限+1}{2}}\times100\%$$

$$月折旧率=\frac{年折旧率}{12}$$

$$月折旧额=(固定资产原值-预计净残值)\times月折旧率$$

第三节 流动资产管理

一、流动资产的概念与特点

行政单位的流动资产是指可以在一年内变现或者耗用的资产,包括现金、银行存款、零余额账户用款额度、应收及暂付款项、存货等。

事业单位的流动资产包括货币资金、短期投资、应收及预付款项、存货等。

流动资产与固定资产是相对的概念,其主要特点是:

1.流动资产不断改变占用形态

行政事业单位的流动资产在使用过程中经常从一种形态转变成另一种形态。行政事业单位取得的资金,一般都以现金的形式存在,为了保证行政事业单位业务活动的正常进行,必须用现金购买相关的办公用品等,这时货币形态的流动资产就转变为实物形态的流动资产。

2.流动资产周转时间较短

流动资产在行政事业单位开展各项业务活动时不断被使用或者消耗,占用在流动资产上的资金,周转一次所需时间较短。各项流动资产保持其原有形态的时间是短暂的,通常是在一年以内,具有流动性强、安全性大的特点。

3.流动资产价值一次性消耗或转移

流动资产的单位价值较低、使用期限较短,决定了其价值一次性被消耗或转移。

二、现金管理

现金是指行政事业单位的库存现金,主要是用于单位的日常零星开支。现金是流动资产中流动性最强的一种资产,决定了行政事业单位必须严格遵守国家关于现金管理的有关规定,加强和健全现金管理制度,确保现金安全。

(一)现金使用范围的管理

按照国家现金管理制度规定,行政事业单位可以在下列范围内使用现金:

(1)职工工资、津贴;

(2)个人劳务报酬;

(3)根据国家规定颁发给个人的科学技术、文化、艺术、体育等各种奖金;

(4)各种劳保、福利费用以及国家规定的对个人的其他支出;

(5)向个人收购农副产品和其他物质的价款;

(6)出差人员必须随身携带的差旅费;

(7)结算起点以下的零星开支;

(8)中国人民银行确定需要支付现金的其他开支。

(二)库存现金限额的管理

库存现金限额是指国家规定由开户银行给各单位核定一个保留现金的最高额度。核定单位库存限额的原则是,既要保证日常零星现金支付的合理需要,又要尽量减少现金的使用。开户单位由于经济业务发展需要增加或减少库存现金限额,应按必要手续向开户银行提出申请。

凡在银行开户的独立核算单位都要核定库存现金限额;独立核算的附属单位,由于没有在银行开户,但需要保留现金,也要核定库存现金限额,其限额可包括在其上级单位库存限额内;商业企业的零售门市部需要保留找零备用金,其限额可根据业务经营需要核定,但不包括在单位库存现金限额之内。

库存现金限额的计算方式一般是:

$$\frac{库存}{现金} = \frac{前一个月的平均}{每天支付的数额}\left(\begin{array}{c}不含每月平均\\工\ 资\ 数\ 额\end{array}\right) \times \frac{限定}{天数}$$

库存现金限额的核定管理是为了保证现金的安全,规范现金管理,同时又能保证开户单位的现金正常使用,按照《现金管理暂行条例》及实施细则规定,库存现金限额由开户银行和开户单位根据具体情况商定,凡在银行开户的单位,银行根据实际需要核定 3～5 天的日常零星开支数额作为该单位的库存现金限额。

库存现金限额每年核定一次,经核定的库存现金限额,开户单位必须严格遵守。其核定的具体程序为:

(1)开户单位与开户银行协商核定库存现金限额。

$$库存现金限额 = 每日零星支出额 \times 核定天数 \quad 每日零星支出额$$

$$= \frac{月(或季)平均现金支出额 \left(\begin{matrix} 不包括定期性的大额现金支 \\ 出和不定期的大额现金支出 \end{matrix} \right)}{月(或季)平均天数}$$

(2)开户单位填制"库存现金限额申请批准书"。

(3)开户单位将申请批准书报送单位主管部门,经主管部门签署意见,再报开户银行审查批准,开户单位凭开户银行批准的限额数作为库存现金限额。

库存现金限额经银行核定批准后,开户单位应当严格遵守,每日现金的结存数不得超过核定的限额。如库存现金不足限额时,可向银行提取现金,不得在未经开户银行准许的情况下坐支现金;库存现金限额一般每年核定一次,单位因生产和业务发展、变化需要增加或减少库存限额时,可向开户银行提出申请,经批准后,方可进行调整,单位不得擅自超出核定限额增加库存现金。

(三)现金的日常管理要求

1.实行收支两条线,不准"坐支"现金

所谓"坐支"现金是指企业事业单位和机关、团体、部队从本单位的现金收入中直接用于现金支出。各单位现金收入应于当日送存银行,如当日确有困难,由开户单位确定送存时间,如遇特殊情况需要坐支现金,应该在现金日记账上如实反映坐支情况,并同时报告开户银行,便于银行对坐支金额进行监督和管理。

2.企业送存现金和提取现金,必须注明送存现金的来源和支取的用途,且不得私设"小金库"

按照《现金管理暂行条例》及其实施细则规定,企业事业单位和机关、团体、部队的现金管理应遵循"八不准"即:

(1)不准用不符合财务制度的凭证顶替库存现金;

(2)不准单位之间互相借用现金；

(3)不准谎报用途套取现金；

(4)不准利用银行账户代其他单位和个人存入或支取现金；

(5)不准将单位收入的现金以个人名义存入储蓄；

(6)不准保留账外公款；

(7)不准发生变相货币；

(8)不准以任何票券代替人民币在市场上流通。

(四)建立健全现金管理制度

1.钱账分管制度

即管钱的不管账,管账的不管钱原则。配备专职出纳员,负责办理现金收、付和现金保管业务,非出纳人员不得经管现金收、付和现金保管业务。

2.严格遵守《现金管理暂行条例》及其实施细则的规定

3.现金必须及时交库

各业务部门收入的现金,应于当天送交财务部门,不得挪用、挤占和公款私存银行。

4.坚持日清日结

出纳员办理现金出纳业务,必须做到按日清理、按日结账,结出库存现金账面余额,并与库存现金实地盘点数核对相符。

5.坚持现金盘点制度

出纳自身盘点,应由领导以及有关业务人员定期抽查盘点,重点检查账款是否相符,有无白条抵库、有无私借公款、有无挪用公款、有无账外资金等违纪行为。

6.规定库存现金限额

实际库存现金超过库存限额时,出纳员应将超过部分及时送存银行,如实际库存现金低于库存限额,应及时补提现金。

三、银行存款管理

银行存款是指行政事业单位存放在银行或者非银行金融机构的货币资金。加强银行存款管理,必须按如下要求:

(1)各类货币资金,应按照资金性质或业务需要,开设银行账户进行结算。财务部门应设置银行存款分户账,逐日记录收、支、结存情况,每月与银行对账单核对,编制未达账款调节表,保持账账相符。

(2)财务部门收到各业务部门的各种银行收入的结算票据,填写进账单及时送存银行,在银行确认收妥后,有关经办的业务部门方可办理业务的结算手续。在款未收妥之前,不可办理钱物交易的结算手续。

(3)各类银行存款的支票预留印鉴和密码,由财务负责人和出纳人员分别掌握,不得向其他部门或个人借用、泄漏。因借用泄密而造成的经济损失应由财务部查明原因,追究借用、泄密者的赔偿责任。

(4)使用现金支票,不论对外支付款项或补充库存,均需由财务负责人或其指定人签发。

(5)使用转账支票,应由经办部门或经办人员持借据和结算凭证(包括购货发票、账单、收据等)经财务负责人和总经理(总裁)签字同意后,由出纳开出转账支票,凡不能预先取得结算凭证,需要借用空白支票填写借据并经财务负责人和总经理(总裁)签字同意后,由经办人员在出纳员处办理借(领)用款手续,并在支票有关栏目填写签发日期、用途和限额,方可借出。借出的转账支票如发生丢失现象,经办人员应及时向财务部门报告,并向银行办理挂失手续。由于支票丢失造成的经济损失,应由丢失人赔偿,特殊情况可由财务部门根据具体情况提出处理意见,经总经理或上级批准后处理。

(6)需采用银行汇票、商业汇票、银行本票、汇兑、委托收款、信用证、托收承付等结算形式办理收、付款项者,同领用转账支票程序。

(7)对于业务经办人员借领的空白支票和财务部门办理的各种汇票,经办人员必须在规定期限内负责办理有关入库审批和报销手续,月终前必须将支票存根并把未使用的支票交回财务部门。未按规定及时清理者,财务部门有权拒绝对其办理支票再借领手续。

(8)严格执行银行结算规定。任何人不得出租或出借银行存款账户;不准签发空头支票和远期支票;不得弄虚作假套取现金和银行信用卡。否则,由此造成的罚款等损失应由责任人赔偿。

四、应收及预付款项管理

应收及预付款项是指事业单位在开展业务活动中形成的各项债权,包括财政应返还额度、应收票据、应收账款、其他应收款等应收款项和预付账款。

(一)应收票据

应收票据是指单位持有的、尚未到期兑现的商业票据。商业票据是一种载有一定付款日期、付款地点、付款金额和付款人的无条件支付的流通证券。

商业票据可以按不同的标准进行分类:

(1)票据按能否立即兑付,分为即期票据和远期票据。即期票据见票即付,远期票据则需到指定的付款日期到期时才兑付。

（2）票据按是否附息,分为附息票据和无息票据。附息票据到期时除需支付票据面额外,需按票面规定的利率支付利息,无息票据到期时只需支付票据面额。

（二）应收账款

应收账款是指单位因销售商品、提供劳务等经营活动,应向购货单位或接受劳务单位收取的款项,主要包括因销售商品或提供劳务等应向有关债务人收取的价款及代购货单位垫付的包装费、运杂费等。

（三）其他应收款

其他应收款是应收款项的另一重要组成部分,是除应收票据、应收账款和预付账款以外的各种应收暂付款项。其他应收款通常包括暂付款,是指在商品交易业务以外发生的各种应收、暂付款项。

（四）预付账款

预付账款是因购货和接受劳务,按照合同规定预付给供应单位的款项,主要是预付货款。

行政事业单位必须重视和加强应收款项和预付款项的管理,建立一个良好的应收及预付款项的内部控制制度,主要应注意以下几个问题:

1. 职责分工制度

例如,记账人员、开具销货发票人员不应兼任出纳员;票据保管人员不得经办会计记录;各级人员都应有严密的办事手续制度。

2. 严格的审批制度

例如,各种赊销预付、接受顾客票据或票据的贴现换新,都应按规定的程序批准。

3. 健全的凭证保管、记录和审核制度

客户的借款凭证必须妥善地审查保管,做好明细记录并及时登记入账,凭证的收入和支出必须经过审查。

4. 及时的货款对账、清算和催收制度

对应收及预付账款应及时进行排队分析,针对逾期账款采取不同措施,努力促使账款的及时足额清算和回收。对经办人员建立责任制度,加强各项账款的催收工作。

5. 严格的审查和管理制度

对预付账款的协议、合同应严格审查,对销货退回和折让、票据贴现和坏账转销应加强审核和管理。

（五）财政应返还额度

财政应返还额度，是指实行国库集中支付的行政事业单位年终应收财政返还的资金额度。可采用"财政直接支付"、"财政授权支付"核算。

实行财政直接支付的，处理年终结余资金账务时，借方登记单位本年度财政直接支付预算指标数与财政直接支付实际支出数的差额，贷方登记下年度实际支出的冲减数。

实行财政授权支付的，处理年终结余资金账务时，借方登记单位零余额账户注销额度数，贷方登记下年度恢复额度数。

五、零余额账户用款额度管理

为了适应财政国库管理制度改革资金核算的需要，规范财政国库集中支付改革后预算单位会计核算工作，财政部在 2001 年颁发的《财政国库管理制度改革试点会计核算暂行办法》（以下简称《暂行办法》）中，增设了"零余额账户用款额度"科目用于核算预算单位在授权支付额度内办理的授权支付业务。

1. 财政部零余额账户

财政部零余额账户用于财政直接支付。该账户每日发生的支付，于当日营业终了前与国库单一账户清算；营业中单笔支付额 5 000 万（含 5 000 万）元人民币以上的，应及时与国库单一账户清算。财政部零余额账户在国库会计中使用。

2. 预算单位零余额账户

预算单位零余额账户用于财政授权支出。该账户每日发生的支付，于当日营业终了前由代理银行在财政部批准的用款额度内与国库单一账户清算；营业中单笔支付额 5 000 万（含 5 000 万）元人民币以上的，应及时与国库单一账户清算。财政授权的转账业务一律通过预算单位零余额账户办理。预算单位零余额账户在行政单位会计和事业单位会计中使用。

3. 预算单位零余额账户在行政事业单位会计中的账务处理

（1）行政事业单位应设置"零余额账户用款额度"科目

收到"授权支付到账通知书"后，根据通知书所列数额，借记"零余额账户用款额度"科目，贷记"拨入经费"科目或"财政补助收入"科目。行政事业单位购买物品、服务等支用额度时，借记"经费支出"或"事业支出"、"材料"等科目，贷记"零余额账户用款额度"科目；属于购入固定资产的，同时，应借记"固定资产"科目，贷记"固定基金"科目。行政事业单位从零余额账户提取现金时，借记"现金"科目，贷记"零余额账户用款额度"科目。

（2）年度终了,零余额用款额度必须清零

行政事业单位依据代理银行提供的对账单注销额度时,借记"财政应返还额度——财政授权支付"科目,贷记"零余额账户用款额度"科目;如果单位本年度财政授权支付预算指标数大于零余额账户用款额度下达数,根据两者的差额,借记"财政应返还额度——财政授权支付"科目,贷记"拨入经费"或"财政补助收入"科目。

六、存货的管理

存货是指行政事业单位在开展业务活动及其他活动时为耗用而储存的资产,包括材料、燃料、包装物和低值易耗品等。

(一)事业单位存货管理

"存货"是国际上通用的一个名称,也是我国企业财务制度上使用的一个概念。存货是流动资产的重要组成部分。现实中存货的价值往往要占事业单位流动资产价值相当大的比重,加强对存货的管理是事业单位财务管理的重要内容之一。

1.理顺关系,建立科学的管理体制

目前大部分事业单位对存货管理普遍实行的是分类归口管理模式,这一方法有它的优点,但也有弊端。因此,对存货管理应实行"统一领导、统一计划、统一采购"的制度,成立以主管领导为首,各分管领导及职能部门、财务部门、监督部门参加的存货管理机构,负责存货统一管理的监督检查。在管理机构的统一领导及管理下,由财务部门、职能部门、保管人、使用部门、使用人等分工负责,形成既有分工负责,又有统一管理的管理体系。

2.事业单位要建立健全存货的管理制度

从购买、验收、入库、保管、领用到转让、对外投资、盘点,都要有严格的审批制度。对一些价值较高的存货、贵重存货要专人负责并建立岗位责任制。对存货的转让、对外投资、盘点,要按照有关规定严格把关,确保存货的安全、完整。同时,还要提高存货的使用效益,科学确定存货的库存量,避免闲置、重复采购和浪费的现象。

3.加强事业单位存货的财务核算及管理

单位的财务部门要对存货的采购、入库、领用等情况,及时进行核算、入账;对对外投资、转让要严格把关,根据真实的情况登记入账;对盘盈盘亏的存货要查明原因,及时处理;对事业性与经营性存货要分别核算。另外,在财务制度和会计制度中应明确规定存货的计价方法,包括存货增加的计价及存货减少的计价方法,确保核算口径一致。

4.建立定额管理制度

为使事业单位的存货保持在一个合理的水平上,事业单位应当实行存货的定额管理,建立存货的储备定额,减少单位存货的库存费用。

$$材料储备资金定额＝材料每日平均耗用量×计划单价×储备日数$$

$$材料平均每日耗用量＝\frac{计划期材料耗用总量}{计划期日数}$$

$$储备日数＝供应间隔日数×系数＋在途日数＋整理准备日数＋保险日数$$

(二)行政单位存货管理

行政单位和事业单位的业务性质及特点不同,在存货的核算及管理内容上也有不同之处。行政单位的库存材料是指大宗购入仓库并陆续消耗的行政用材料。如备用的修理用材料、取暖材料和大宗办公用品等。购入数量不大或随买随用的办公用品可按购入数量直接列支,不做库存材料核算。

行政单位库存材料核算方式既要符合预算管理的需要,又要加强对材料物资的购买、领用和结存的核算,同时使行政单位各项业务的会计核算原则趋于一致。同时还应加强日常对材料物资的管理。

(1)应根据单位所购用的材料品名、规格建立明细账,对库存材料的入库、出库确定一种合理的计价方法,统一核算。

(2)应定期对材料进行实地盘点,对领用、借用的材料及时出账和清收,做到账实相符。

(3)对已经报废的材料,应及时向单位领导汇报,并报有关部门审批,及时进行核销。

第四节 无形资产管理

一、无形资产的概念与特征

行政单位无形资产是指不具有实物形态而能为使用者提供某种权利的资产,包括著作权、土地使用权等。

事业单位无形资产是指持有的没有实物形态可辨认的非货币性资产,包括专利权、商标权、著作权、土地使用权、非专利技术等。

无形资产在使用和形成过程中,具有不同于有形资产的特征:

1. 非实体性

一方面无形资产没有人们感官可感触的物质形态,只能从观念上感觉它。它或者表现为人们心目中的一种形象,或者以特许权形式表现为社会关系范畴;另一方面,它在使用过程中没有有形损耗,报废时也无残值。

2. 垄断性

无形资产的垄断性表现在以下几个方面:有些无形资产在法律制度的保护下,禁止非持有人无偿取得,排斥他人的非法竞争,如专利权、商标权等;有些无形资产的独占权虽不受法律保护,但只要能确保不泄露,实际上也能独占,如专有技术、秘诀等;还有些无形资产不能与单位整体分离,除非整个单位产权转让,否则别人无法获得,如商业信誉。

3. 不确定性

无形资产的有效期受技术进步和市场变化的影响很难准确确定。

4. 共享性

是指无形资产有偿转让后,可以由几个主体同时共有,而固定资产和流动资产不可能同时在两个或两个以上的单位中使用,例如,商标权受让企业可以使用,同时出让企业也可以使用。

5. 高效性

无形资产能给企业事业单位远远高于其成本的经济效益。单位无形资产越丰富,则其获利能力越强,反之,无形资产短缺,获利能力就弱,市场竞争力也就越差。

二、无形资产的内容

1. 专利权

根据我国的专利法规定,专利权分为发明专利和实用新型及外观设计专利两种,自申请日起计算,发明专利权的期限为 20 年,实用新型及外观设计专利权的期限为 10 年。发明者在取得专利权后,在有效期限内将享有专利的独占权。

2. 非专利技术

非专利技术没有法律上的有效年限,只有经济上的有效年限。

3. 商标权

商标是用来辨认特定商品和劳务的标记,代表着企业的一种信誉,从而具有相应的经济价值。根据我国商标法规定,注册商标的有效期限为 10 年,期满可依法延长。

4.著作权

著作权又称版权,指作者对其创作的文学、科学和艺术作品依法享有的某些特殊权利。著作权包括两方面的权利,即精神权利(人身权利)和经济权利(财产权利)。前者指作品署名、发表作品、确认作者身份、保护作品的完整性、修改已经发表的作品等权利,包括发表权、署名权、修改权和保护作品完整权;后者指以出版、表演、广播、展览、录制唱片、摄制影片等方式使用作品以及因授权他人使用作品而获得经济利益的权利。

5.土地使用权

土地使用权是单位按照法律规定所取得的在一定时期对国有土地进行开发、利用和经营的权利。

6.商誉

商誉是指能在未来为企业经营带来超额利润的潜在经济价值,或一家企业预期的获利能力超过可辨认资产正常获利能力(如社会平均投资回报率)的资本化价值。商誉是单位整体价值的组成部分。

7.特许权

特许权,又称特许经营权、专营权,是指企业在某一地区经营或销售某种特定商品的权利或是一家企业接受另一家企业使用其商标、商号、秘密技术等的权利。

三、无形资产的管理

无形资产管理的内容广泛而又丰富,从无形资产要素角度讲,无形资产管理包括厂商名称管理、专利权管理、商标权管理、技术(经营)秘密管理、域名管理等;从无形资产形成的角度讲,包括无形资产开发设计阶段管理、申请权益阶段管理、权益维护管理、应用管理等。

实施无形资产管理应该从三方面入手:

1.设置无形资产管理部门,配备专门的无形资产管理人员

一般来讲,应该设置专门的无形资产管理部门,配备专门的无形资产管理人员对单位的无形资产进行综合、全面、系统的管理。无形资产管理部门的主要职能包括:对所有无形资产的开发、引进、投资进行总的控制;协调企业内部其他各有关的职能部门的关系;协调与企业外部国家有关专业管理机关的关系;协调企业与其他企业的关系;维护企业无形资产资源安全完整;考核无形资产的投入产出状况和经济效益情况。

2.设计专门的无形资产管理制度

包括无形资产开发方面的管理制度,无形资产权益(权益取得、维护、保护)方面的管理制度,无形资产对外许可、转让、合作管理制度,无形资产档案管理制度,无形资产奖惩管理制度,无形资产投入产出考核制度,无形资产融资管理制度,无形资产评估管理制度,无形资产监控制度,无形资产审计管理制度,无形资产国际权益管理制度,无形资产投资管理制度,涉及技术开发管理、市场营销、工商管理、财务管理(含会计核算)、对外经济技术合作、情报信息管理、质量管理等若干领域。

3.使用专门的无形资产管理工具

可以采用现代无形资产信息系统,将无形资产的管理、监控与经营业绩的考核结合起来,为各类企事业单位无形资产管理提供一个科学的模式。

思考题

1.行政单位资产有哪几类? 事业单位资产有哪几类?

2.固定资产日常管理的基础工作是什么?

3.怎样才能做好固定资产的日常管理工作?

4.行政事业单位固定资产处置的含义是什么?

5.如何做好固定资产的处置管理工作?

6.什么是固定资产折旧? 固定资产折旧方法有哪些?

7.行政事业单位的流动资产是指什么?

8.如何建立健全现金管理制度?

9.什么是应收及预付款项?

10.无形资产的内容包含哪些? 如何加强无形资产的管理?

阅读材料一

财政部决定实施行政事业单位资产管理信息系统

为全面加强行政事业单位国有资产管理,推进行政事业单位资产管理信息化工作,实现对资产的动态监管,近日,财政部在有关中央部门和省份试点的基础上,下发了《关于正式实施行政事业单位资产管理信息系统有关问题的通知》,决定正式实施行政事业单位资产管理信息系统(以下简称资产管理信息系统)。

《通知》指出,资产管理信息系统是"金财工程"的重要组成部分。该系统的正式实施,是实现资产管理动态化、预算编制精细化的重要举措,是编制年度新增资产配置预算的重要支撑,有利于提高工作效率、降低管理成本、实现资产管理与预算管理的有机结合,有利于进一步创新行政事业单位国有资产监管手段。

财政部将成立资产管理信息系统实施支持小组,对系统实施的有关问题提供技术咨询。根据资产管理信息系统的应用情况和业务发展需要,统一组织升级工作。对不能满足需要的其他个性化需求,允许在资产管理信息系统基础上进行个性化扩充,但不得改变资产管理信息系统业务、技术基本框架。系统开发公司将对省级财政部门本级、中央一级预算单位本级的实施安装和两年维护提供免费服务。其他实施工作,采用市场运作的原则,提供实施服务的机构由中央部门和省级财政部门自主选定。

资产管理信息系统部署在财政专网,支持在线和离线两种数据上报方式。资产管理信息系统分为"财政及主管部门版"和"行政事业单位版"两部分。原则要求中央部门和财政部门统一使用资产管理信息系统"财政及主管部门版"。没有应用其他资产管理信息系统的行政事业单位,建议使用资产管理信息系统"行政事业单位版";对已有其他资产管理信息系统的部门、地区、行政事业单位,应按照财政部公开的系统数据接口规范,做好自身系统与资产管理信息系统的对接和数据转换工作。

资产管理信息系统实施工作涉及部门、单位多,工作难度大。《通知》要求,中央部门、省级财政部门要加强领导,统一组织,认真做好对所属行政事业单位的培训和指导,为系统有效应用提供保障。中央部门要按照国务院确定的中央行政事业单位国有资产管理职责分工,切实抓好本部门所属行政事业单位资产管理信息化工作,并于 2009 年 12 月 31 日前,完成本部门的系统实施和培训工作,2010 年 3 月底完成数据上报。省级财政部门负责统一组织本地区资产管理信息系统的实施工作,并于 2009 年 12 月 31 日前,完成省本级的系统实施和培训,同时向财政部上报本省的实施计划,2010 年 6 月底前完成数据上报。中央部门上报数据要细化到资产卡片级,省级财政部门上报汇总数据。要严格数据审核,确保上报数据的真实、准确、完整。

资料来源:财政部决定实施行政事业单位资产管理信息系统.china.com.cn,2009 年9 月 14 日.

阅读材料二

×××市行政事业单位资产管理处办事指南

1. 行政事业单位产权登记
2. 行政事业单位产权登记年检
3. 行政事业单位国有资产处置
4. 国有非经营性资产转经营性资产
5. 国有资产评估备案
6. 财政支出绩效评价

一、行政事业单位产权登记

1. 期限

行政事业单位产权登记分为设立产权登记、变动产权登记、撤销产权登记。市直行政事业单位凡经主管部门或审批机关批准发生以上产权变更事项后 30 日内,办理有关产权登记手续。

2. 程序

(1)携带有关文件、证件及资料,向市财政局申领或换领《国有资产产权登记证》,并填写有关栏目;

(2)报主管部门审查并签署意见;

(3)报市财政部门办理审定手续;

(4)市财政部门对审查合格的行政事业单位,办理有关《国有资产产权登记证》事宜,并依据审定的设立情况予以核发,依据审定的变动情况予以换发,依据审定的撤销情况予以收回,依据年度检查情况签署产权登记检查意见。

二、行政事业单位产权登记年检

1. 期限

市财政部门按年度对市直行政事业单位进行产权登记年度检查,一般在年度终了后四个月内办理完毕。

2. 检查内容

(1)按规定办理产权登记情况;

(2)国有资产的占有使用情况;

(3)从事生产经营活动的国有资产保值增值及收益使用情况。

3.程序

(1)由行政事业单位在规定的时间内填报《国有资产产权登记证》中相应年度的年度检查表;

(2)报主管部门并由主管部门在年度检查表中"主管部门审查意见"栏内签署审查意见;

(3)报市财政部门审定,同时提交本单位的年度财务决算报表、国有资产增减变动审批文件及其他有关资料;

(4)财政部门根据单位提供的《国有资产产权登记证》年度检查表和其他有关文件、资料进行审定,并签署审定意见。

三、行政事业单位国有资产处置

1.依据

《行政单位国有资产管理暂行办法》、《事业单位国有资产管理暂行办法》、市财政局转发省财政厅关于印发《×××省行政事业单位资产处置管理办法》的通知、《市财政局关于规范我市行政事业单位国有资产有偿使用收入和处置收入管理有关问题的通知》。

2.程序

(1)单位向主管部门申报,提出申请处置国有资产的报告,填报《行政事业单位国有资产处置申报表》,报主管部门审核签章;

(2)报财政部门审批;

(3)单位根据财政部门的处置批复意见调整有关账务。

3.行政事业单位申报处置国有资产时,应根据不同情况提交有关文件及相关资料

(1)资产价值的凭证,如购货发票、工程决算副本、记账凭证影印件、固定资产卡片等;

(2)资产报废的技术鉴定;

(3)评估机构出具的有关资产评估报告;

(4)《行政事业单位资产处置申报表》以及有关鉴定资料、对非正常损失责任者的处理文件;

(5)单位的《国有资产产权登记证(行政事业单位)》。

4.行政事业单位国有资产处置收入全额上缴财政专户

行政事业单位国有资产处置收入按照政府非税收入管理规定,全额上缴财政专户,实行"收支两条线"管理,统筹用于缴入单位固定资产更新改造等。

行政事业单位国有资产处置收入实行"单位开票、银行代收、财政统管"的

方式上缴财政专户。已使用非税收入系统的市直行政事业单位,到市财政局增设"行政事业单位国有资产处置收入"项目,缴纳处置收入时,由行政事业单位开具《非税收入一般缴款书》,直接将处置收入上缴财政专户。未使用非税收入系统的市直行政事业单位,缴纳处置收入时,到市财政局行政事业单位资产管理处开具《非税收入一般缴款书》,将处置收入缴入财政专户。

四、国有非经营性资产转经营性资产

1. 依据

省人民政府令 233 号令、《×××省行政事业单位国有非经营性资产转经营性资产管理办法》、《×××省行政事业单位国有非经营性资产转经营性资产管理办法》实施细则、《市人民政府办公厅关于做好全市行政事业单位国有非经营性资产转经营性资产占用费征管工作的通知》、《市财政局关于做好全市行政事业单位国有非经营性资产占用费征管工作的通知》、《市财政局关于规范我市行政事业单位国有资产有偿使用收入和处置收入管理有关问题的通知》。

2. 程序

(1)单位申报。行政事业单位将国有非经营性资产转经营性资产,要符合国家有关政策规定,进行可行性认证,填报《×××市行政事业单位非转经资产申报审批表》。

办理申报手续时,需提交下列有关材料:

①向主管部门申请的报告;

②可行性认证报告;

③拟开办经济实体的章程;

④投资、入股、合资、联营、出租、出借的意向书,草签的协议或合同;

⑤近期财务报表;

⑥国有资产产权登记证(行政事业单位);

⑦其他需提交的文件、证件及材料。

(2)主管部门审核。主管部门应认真审查项目,核实资产,并出具下列文件、材料:

①对申请报告的批复;

②法人代表任命书;

③对申报单位提供文件、材料的审查意见;

④其他需出具的文件、材料。

(3)财政部门批准。财政部门根据申报单位和主管部门提供的文件、证件及材料,审批非经营性资产转作经营使用的行为,出具审批文件,并将批准文

件抄送主管部门备案。

(4)国有资产有偿使用收入和国有资产占用费征收管理。

市直行政单位及参照公务员管理的事业单位和社会团体国有资产的有偿使用收入、事业单位国有资产占用费均实行"单位开票、银行代收、财政统管"的方式上缴国库。

已使用非税收入系统的市直行政事业单位,到市财政局增设"非经营性国有资产出租收入"项目,缴纳相关收入时,由行政事业单位开具《非税收入一般缴款书》,直接将相关收入上缴国库。未使用非税收入系统的市直行政事业单位,缴纳相关收入时,到市财政局行政事业单位资产管理处开具《非税收入一般缴款书》,将相关收入缴入国库。

国有资产有偿使用收入和国有资产占用费实行按季缴纳。

五、国有资产评估备案

1. 依据

《国务院办公厅转发财政部关于改革国有资产评估行政管理方式加强评估监督管理工作意见的通知》、《国有资产评估项目备案管理办法》。

2. 程序

(1)资产占有单位报告备案。资产占有单位收到评估机构出具的评估报告后,对评估报告无异议的,将备案材料报主管部门,主管部门审核盖章后报送财政部门。

办理备案手续需报送以下材料:

①资产占有单位填报的《国有资产评估项目备案表》;

②资产评估报告;

③其他材料。

(2)财政部门审核备案。财政部门收到占有单位报送的备案材料后,对材料齐全的办理备案手续;对材料不齐全的,待占有单位或评估机构补充完善有关材料后予以办理。

六、财政支出绩效评价

根据财政支出绩效评价年度工作方案执行。

第七章

负债管理

第一节　负债概述

一、行政事业单位负债的含义与特征

行政事业单位负债是指行政事业单位所承担的能以货币计量,需要以资产或者劳务偿还的债务。行政单位负债包括应缴款项、暂存款项、应付款项等;事业单位的负债按照流动性,分为流动负债和非流动负债。负债所反映的是行政事业单位对其债权人所应承担的全部经济责任。

行政事业单位负债的特征如下:

1.负债是行政事业单位承担的现时义务

负债是行政事业单位承担的现时义务,它是负债的一个基本特征。公共部门在未来发生的交易或者事项可能形成的负债,不属于现时义务,不应当确认为负债。

2.负债的清偿预期会导致经济利益流出

预期会导致经济利益流出,也是负债的一个本质特征。如果不会导致经济利益流出的,就不符合负债的定义。在履行现时义务清偿负债时,导致经济利益流出的形式多种多样,例如用现金偿还或以实物资产形式偿还;以提供劳务形式偿还;以部分转移资产、部分提供劳务形式偿还;将负债转为资本等。

3.负债是由过去的交易或事项形成的

负债应当由负债主体过去的交易或者事项所形成。换句话说,只有过去的交易或者事项才能形成负债。负债必须能确切地以货币计量,或能合理地估计。

4.负债以法律、有关制度条例或合同契约的承诺作为依据

负债实质上是公共部门在一定时期之后必须偿还的经济债务,其偿还期或具体金额在它们发生或成立之时就已由合同、法规所规定与制约,是公共部门必须履行的一种义务。

二、公共部门负债的类型

(一)从负债主体来划分,可分为中央政府负债和地方政府负债

中央政府负债的主要形式就是国债。

地方政府负债指的是地方财政向外借款,政府直接投资或管理公司为市政建设项目和其他公益基础设施建设项目所借的款项等。地方政府负债的主要形式是借入款项、提供担保和反担保形成的或有负债、拖欠款等。

(二)行政单位负债

行政单位负债包括应缴款项、暂存款项、应付款项等。

1.应缴款项

是指行政单位依法取得的应当上缴财政的资金,包括罚没收入、行政事业性收费、政府性基金、国有资产处置和出租出借收入等。

2.暂存款项

是指行政单位在业务活动中与其他单位或者个人发生的预收、代管等待结算的款项。

3.应付款项

是指行政单位在经济交往过程中应付未付的各种款项,是行政单位在经济结算中发生的一种负债。如行政单位在购买商品或劳务时,应当支付而未支付给供货单位或提供劳务单位的费用等。

(三)事业单位负债

事业单位负债分为流动负债和非流动负债。

流动负债是指预计在1年内(含1年)偿还的负债。非流动负债是指流动负债以外的负债。

1.流动负债

流动负债包括短期借款、应付及预收款项、应付职工薪酬、应缴款项等。

(1)短期借款

是指事业单位借入的期限在1年内(含1年)的各种借款。

(2)应付及预收款项

是指事业单位在开展业务活动中发生的各项债务,包括应付票据、应付账

款、其他应付款等应付款项和预收账款。

（3）应付职工薪酬

是指事业单位应付未付的职工工资、津贴补贴等。

（4）应缴款项

是指事业单位应缴未缴的各种款项，包括应当上缴国库或者财政专户的款项、应缴税费，以及其他按照国家有关规定应当上缴的款项。

2.非流动负债，包括长期借款、长期应付款等

（1）长期借款

是指事业单位借入的期限超过1年（不含1年）的各种借款。

（2）长期应付款

是指事业单位发生的偿还期限超过1年（不含1年）的应付款项，主要指事业单位融资租入固定资产发生的应付租赁款。

三、负债管理的要求

1.保持适度的负债规模

单位应该根据上一年度的实际资金情况，结合本年度的资金预算以及可用资金额，确定本单位的负债规模。

2.分门别类，加强管理

对单位的项目科学管理，确保资金的专款专用，在单位资金不足的情况下，要对负债的项目进行清楚的登记，明确项目的负债情况。

3.建立专门的负债账簿

单位应该建立专门的账簿，对单位负债进行集中登记管理，避免出现负债登记错误或漏记。

4.建立有效的负债偿还制度，及时清理负债账目

单位应在年初制订负债偿还的专项计划，根据本单位本年度实际预算收入，建立专门有效的负债偿还资金，及时偿还负债。

第二节　应缴款项管理

应缴款项，是公共部门按照国家有关规定取得的、应当上缴国库的各种款项，它是公共部门与国家预算之间的往来项目。

行政单位应缴款项包括：罚没收入、行政事业性收费、政府性基金、国有资

产处置和出租出借收入等。

事业单位应缴款项包括:应当上缴国库或者财政专户的款项、应缴税费,以及其他按照国家有关规定应当上缴的款项。

一、应缴财政预算款的具体内容

应缴财政预算款是行政事业单位依法取得的并应上缴国家财政的预算资金和应当缴入财政专户的款项,具体包括:

1.罚没收入

罚没收入是指行政单位在执行公务中,依法对公民、法人和其他组织实施经济处罚所得应上缴国库的各项罚款、没收款和没收物品的变价款等。如各类行政罚款,海关系统查处走私及违章案件的罚没收入等。

2.行政事业性收费

行政事业性收费是指国家机关、事业单位、代行政府职能的社会团体及其他组织根据法律、行政法规、地方性法规等有关规定,依照国务院规定程序批准,在向公民、法人提供特定服务的过程中,按照成本补偿和非营利原则向特定服务对象收取的费用。

按收费类别分为:行政管理类收费、资源补偿类收费、鉴定类收费、考试类收费、培训类收费、其他类收费等六类。

3.政府性基金

政府性基金,是指各级人民政府及其所属部门根据法律、国家行政法规和中共中央、国务院有关文件的规定,为支持某项事业发展,按照国家规定程序批准,向公民、法人和其他组织征收的具有专项用途的资金。包括各种基金、资金、附加和专项收费。

主要包括工业、交通、文化、农业部门基金。如农业部门基金、文化事业建设基金、电力建设基金、交通建设基金、机场建设基金。

4.国有资产处置和出租出借收入

行政单位国有资产处置收入和出租出借收入,是指行政单位国有资产产权的转移或核销所产生的收入,包括国有资产的出售收入、出让收入、置换差价收入、报废报损残值变价收入以及行政单位在保证完成正常工作的前提下,经审批同意,出租、出借国有资产所取得的收入(统称国有资产收入)。属于政府非税收入,是财政收入的重要组成部分,由财政部门负责收缴和监管。

5.应交税费

应交税费是指企业根据一定时期内取得的营业收入、实现的利润等,按照现行税法规定,采用一定的计税方法计提的应交纳的各种税费。

行政事业单位的应交税费包括两部分:一部分是税务、海关等部门按规定收取的各种税收;另一部分是事业单位从事经济活动时,依法交纳的增值税、消费税、营业税、所得税、资源税、土地增值税、城市维护建设税、房产税、土地使用税、车船税、教育费附加、矿产资源补偿费等税费。

6.应缴财政专户款

财政专户是财政部门在银行设立的预算外资金专门账户,对于预算外资金收支进行统一核算和集中管理。应缴财政专户款,是指行政事业单位为履行或代行政府职能,根据国家规定的项目和收费标准收取的未纳入财政预算管理但应上缴财政专户的款项。2011 年 1 月 1 日起,预算外资金管理的收入(不含教育收费)全部纳入预算管理。过去上缴财政专户的收入改为上缴国库。"应缴财政专户款"变更为"应缴预算款"。教育收费是指在财政专户管理的高中以上学费、住宿费,高校委托培养费,党校收费,教育考试教务费,函大、电大、夜大及短期培训费等。作为本部门的事业收入,纳入财政专户管理,收缴比照非税收入收缴管理制度执行。

行政事业单位的应缴预算款项应当按照同级财政部门规定的缴款方式、缴款期限及其他缴款要求及时、足额上缴国库。对于未达到缴款起点或需要定期清缴的,应及时存入银行存款账户。每月月末不论是否达到缴款额度,均应清理结缴。任何单位不得缓缴、截留、挪用或自行坐支应缴预算款项。年终必须将当年的应缴预算款项全部清缴入库。

二、应缴款项的管理要求

(1)要区分应缴款项与收入和暂存款的界限;

(2)应缴款必须依法取得;

(3)实行收支两条线管理;

(4)应缴款项的收取应当使用合法票据;

(5)及时、足额缴库;

(6)建立健全内部管理制度;

(7)区分直接缴库和集中缴库。

第三节　应付款项、预收款项和暂存款项管理

一、应付及预收款项

1. 应付及预收款项的含义

应付及预收款项是行政事业单位在经济交往,开展业务活动过程中应付未付的各种款项,是行政事业单位在经济结算中发生的一种负债。比如在购买商品或劳务时,应当支付而未支付给供货单位或提供劳务单位的费用等。包括应付票据、应付账款、其他应付款等应付款项和预收账款。

(1)应付票据

应付票据是指行政事业单位在商品购销活动和对工程价款进行结算过程中因采用商业汇票结算方式而发生的,由出票人出票,委托付款人在指定日期无条件支付确定的金额给收款人或者票据的持票人,它包括商业承兑汇票和银行承兑汇票。应付票据按是否带息分为带息应付票据和不带息应付票据两种。

(2)应付账款

应付账款是指因购买材料、商品或接受劳务供应等而发生的债务。这是买卖双方在购销活动中由于取得物资与支付货款在时间上不一致而产生的负债。

(3)其他应付款

其他应付款是指除了应付账款、应付票据之外,行政事业单位应付给其他单位或个人的款项,包括应付工资、应付福利费、应付水电费、应付租入固定资产的租金、个人交存的住房公积金、应付投资者的收益等。

2. 应付及预收款项的核算

(1)应付账款的核算

单位购入材料、商品等验收入库,但货款尚未支付,应根据有关凭证(发票账单、随货同行发票等)上记载的实际价款或暂估价值,借记"原材料"等账户,按可抵扣的增值税额,借记"应交税费——应交增值税(进项税额)",按应付的款项,贷记"应付账款"账户。单位接受供应单位提供劳务而发生的应付而未付款项,应根据供应单位的发票账单,借记"生产成本"、"管理费用"等账户,贷记"应付账款"账户。偿还应付账款,或开出商业汇票抵付应付账款,或冲销无法支付的应付账款时,借记"应付账款"账户,贷记有关账户。

(2)预收账款的核算

单位按规定向购货单位预收货款时,借记"银行存款"账户,贷记"预收账款"账户;将货物交给购货方时,按售价及增值税,借记"预收账款"账户,贷记"主营业务收入"、"应交税费——应交增值税(销项税额)"账户;收到购货单位补付的货款,借记"银行存款"账户,贷记"预收账款"账户;向购货单位退回其多付的款项时,借记"预收账款"账户,贷记"银行存款"账户。

二、暂存款项

1. 暂存款项含义

暂存款项是行政单位在业务活动中与其他单位或者个人发生的预收、代管等待结算的款项。属于负债的一项。

暂存款项包括临时性暂存和应付未付款项。临时性暂存是指其他单位或个人暂时存放于本单位的款项,如存入保证金、押金等。应付未付款项是指应付给其他单位或个人的款项,如购进材料未付款等。

暂存款涵盖的内容丰富,既包括行政单位与其他单位、所属单位发生的应付、暂收款项,又包括与本单位职工发生的临时性待结算款项;既包括行政单位在业务活动中发生的应付、暂收款项,又包括非业务活动的应付、暂收款项。

2. 暂存款项核算

加强对暂存款项的管理,不得将应当纳入单位收入管理的款项列入暂存款项;对各种暂存款项应当及时清理、结算,不得长期挂账。

为了核算行政单位发生的临时性暂存、应付等待结算款项,设置"暂存款"科目。该科目的贷方登记发生的暂存及应付款项;冲转或结算暂存、应付款项时,记入借方;期末贷方余额反映尚未结算的暂存款数额。当行政单位收到暂存款时,借记"银行存款"、"现金"等科目,贷记"银行存款"、"现金"等科目。暂存款按实际发生额记账。

三、应付款项、预收款项和暂存款项的管理要求

应付款项、预收款项和暂存款项是结算过程中形成的流动负债。应付款项、预收款项和暂存款项的管理应从以下几个方面加强:

(1)严格控制单位的负债规模。负债应有借款协议(借款期限一般在一年以内),有明确的资金用途,有可行的还款计划(必须是单位自有资金还款)。

(2)不得将应纳入单位收入管理的款项列入应付款项或暂存款项。

(3)各部门收到财政拨付的属于下属单位的财政资金应及时转拨所属单位,不得在应付款项或暂存款项挂账。

(4)对负债要进行及时清理,对已到期的负债要在协议期限内偿还,并按规定办理有关结算。

(5)按照行政单位财务管理规定,行政单位一律不准负债运转,当年收支结余不准出现赤字。由于历史原因,已举债的行政单位也应严格控制其负债规模,同时在核算中心建立财务风险预警机制。

(6)对金额较大的应收款项,往来双方要签订还款协议(还款期限一般在一年以内);单位要建立应收款项回收责任制。

(7)要控制应收款项的额度、占用时间,掌握短期、安全的原则。

(8)加强日常管理及账务核对。往来账每月月末进行结账,并将总账与明细账余额进行核对。

第四节　借入款项管理

行政事业单位在业务活动中,为解决周转资金短缺问题,需要向有关部门或金融机构借款,因而会发生借入款项。

一、借入款项的含义及内容

借入款项是指按法定程序和核定的预算举借的债务。即指中央财政按全国人民代表大会批准的数额举借的国内和国外债务,以及地方财政根据国家法律或国务院特别规定举借的债务。

行政事业单位向财政部门、金融机构、上级单位或其他组织及个人借入有偿使用的各种款项,到期需还本付利。

短期借款是指事业单位借入的期限在1年内(含1年)的各种借款。

长期借款是指事业单位借入的期限超过1年(不含1年)的各种借款。

借入款项主要包括:

(1)向财政部门借入的事业行政周转金;

(2)向金融机构借入的贷款。

(3)向其他单位或个人的借款。

二、借入款项的核算

事业单位借入和归还款项的会计处理与企业会计相同。但是,借入款项发生的利息的支出,应在实际支付利息时进行账务处理。

支付利息时,借记"事业支出"科目,贷记"银行存款"科目;如果是在专业业务活动及其辅助活动之外为开展经营活动而借入的款项所发生的利息,借记"经营支出"科目,贷记"银行存款"科目。

三、借入款项的管理要求

(1)行政事业单位借款必须经财政部门或主管部门批准。

(2)必须按指定用途使用。借入款项是财政部门核定的有特定用途的资金,公共组织不能转作费用支出,要保证其按指定用途使用。

(3)要控制借款规模。因为借入款项是有偿使用,而公共组织大多是非营利性的,其资金来源主要依靠财政拨款,偿债能力有限。所以应严格控制其借款规模,减轻利息负担,保证其正常的业务活动。

(4)统筹规划,合理使用。使用过程中要统筹规划,分别轻重缓急,效益高低,择优安排。

(5)借款手续要完备。借款时,应填写"借款合同书",详细说明借款原因,借款数额、用途,借款时间,还款时间,保证条件等内容。

(6)充分利用借入款项,加快资金周转速度,提高款项的使用效率。

(7)按时偿还借款,不得拖欠。

第五节　偿债能力的评价指标及其评价标准

偿债能力是指行政事业单位用其资产偿还长期债务与短期债务的能力。

行政事业单位偿债能力的评价指标,可分为短期债务偿还能力和长期债务偿还能力两个方面。

一、短期偿债能力评价指标及其评价标准

短期偿债能力是指偿付流动负债的能力。流动负债是指需要在一年内或超过一年的一个营业周期内偿还的债务(本息)。一般来说,流动负债应以流动资产来偿还。

反映流动负债与流动资产比例关系的主要财务指标有两个。

1.流动比率

流动比率是指流动资产与流动负债的比率。

计算公式是:

$$流动比率 = \frac{流动资产}{流动负债}$$

公式中流动资产和流动负债,分别取自资产负债表中的流动资产合计与流动负债合计。流动比率越高,说明短期偿债能力越强,短期债权人债权保障程度越高。但该指标过高也不是好事。若流动比率过高,则说明积压材料或滞销产品过多,即存货过大,资源尚未得到充分利用。因此,该比率一般宜保持在 200% 为宜。

2.速动比率

速动比率是指速动资产与流动负债的比率。速动资产是流动资产扣除存货后的余额,具体包括现金及各种存款、有价证券、应收账款。

计算公式是:

$$速动比率 = \frac{速动资产}{流动负债}$$

$$速动资产 = 流动资产 - 存货 - 待摊费用 - 预付费用$$

流动负债取自资产负债表中的流动负债合计。

速动比率是评价流动资产中可以很快用于偿付流动负债能力的指标。速动比率一般以 100% 为宜,因为该指标反映不依靠出售存货,而以有价证券出售、应收账款收回和各种存款之和,就足以偿付到期的短期债务,能使短期债权人的求偿权得到百分之百的保障。

二、长期偿债能力评价指标体系及其评价标准

长期偿债能力是指偿还债务期限在一年以上或越过一年的一个营业周期以上的债务偿还能力。

评价长期偿债能力的主要财务比率有:资产负债比率、产权(负债权益)比率。

1.资产负债比率

资产负债比率是指负债总额与资产总额之比率。它反映对债权人债权的保障程度。

计算公式是:

$$资产负债比率 = \frac{负债总额}{资产总额} \times 100\%$$

$$负债总额 = 流动负债合计 + 长期负债合计$$

流动负债合计与长期负债合计均取自资产负债表。

资产总额取自资产负债表的资产总计。

资产负债比率是反映长期偿债能力强弱,衡量总资产中权益所有者与债权人所投资金的比例是否合理的重要财务指标。

资产负债率越低,说明债权资金的安全边际越高,信用的物质保障程度越高;资产负债率越高,说明总资产中,资本金占的比重很小,经营风险将主要由债权人承担,债权资金的安全边际就很小。一般情况下,资产负债率以不越过10%为宜。

2.产权(负债权益)比率

产权(负债权益)比率是指负债总额与所有者权益的比率,是从所有者权益对长期债权的保障程度来评价长期偿债能力的。

计算公式是:

$$产权比率(负债权益) = \frac{负债总额}{所有者权益} \times 100\%$$

$$负债总额 = 流动负债 + 长期负债$$

流动负债和长期负债分别取自资产负债表中的流动负债合计与长期负债合计。

所有者权益取自资产负债表中的所有者权益合计。

负债权益比率表明所有者权益对债权的保障程度。负债权益比率越小,说明所有者权益对债权的保障程度越高;反之,负债权益比率越大,则说明所有者权益对债权的保障程度越小。一般情况下,负债权益比率保持在40%~100%为宜。

思考题

1.行政事业单位负债的特征是什么?

2.行政单位的负债包括哪些?事业单位的负债包括哪些?

3.对行政事业单位的负债管理有哪些要求?

4.行政单位应缴款项包括哪些项目?事业单位的应缴款项包括哪些项目?

5.行政事业单位应缴款项的管理要求有哪些?

6.应付及预收款项的内容有哪些?

7.暂存款项的含义及内容是什么?

8.借入款项的含义及内容是什么?

9.偿债能力的评价指标有哪些？如何计算和评价？

阅读材料

全国地方政府负债已超 10 万亿 仅 54 个县未举债

巨额地方政府性债务终于浮出水面。审计署 27 日发布 2011 年第 35 号审计结果公告显示,截至 2010 年年底,全国地方政府性债务余额 107 174.91 亿元。

省、市、县三级地方政府负有偿还责任的债务率,即负有偿还责任的债务余额与地方政府综合财力的比率为 52.25％,加上地方政府负有担保责任的或有债务,债务率为 70.45％。

接受《经济参考报》记者采访的专家认为,债务总量处于安全区,但局部负债过量不容小觑,今后应尽快推动地方阳光融资制度的形成。同时,应重视债务形成的体制性原因,推进财税体制深化改革势在必行。

风险:地方债偿还风险尚在安全区

根据审计结果公告,在 10.72 万亿元的全国地方政府性债务余额中,政府负有偿还责任的债务 67 109.51 亿元,占 62.62％;政府负有担保责任的或有债务 23 369.74 亿元,占 21.80％;政府可能承担一定救助责任的其他相关债务 16 695.66 亿元,占 15.58％。

从债务产生发展情况看,我国地方政府负有偿还责任的债务最早发生在 1979 年,有 8 个县区当年举借了政府负有偿还责任的债务。此后,各地开始陆续举债,至 1996 年年底,全国所有省级政府、392 个市级政府中的 353 个(占 90.05％)和 2 779 个县级政府中的 2405 个(占 86.54％)都举借了债务。至 2010 年年底,全国只有 54 个县级政府没有举借政府性债务。

从举借主体看,2010 年年底地方政府性债务余额中,融资平台公司、政府部门和机构举借的分别为 49 710.68 亿元和 24 975.59 亿元,占比共计69.69％。从借款来源看,2010 年年底地方政府性债务余额中,银行贷款为 84 679.99亿元,占 79.01％。

至 2010 年年底,省、市、县三级地方政府负有偿还责任的债务率,即负有偿还责任的债务余额与地方政府综合财力的比率为 52.25％,加上地方政府负有担保责任的或有债务,债务率为 70.45％。地方政府负有担保责任的或有债务和政府可能承担一定救助责任的其他相关债务 2010 年的逾期债务率分别为 2.23％和 1.28％。

这次被称为"我国自上世纪 80 年代审计机关成立以来开展的最大规模的一次审计工作",开始于今年 3 月,涉及 31 个省(自治区、直辖市)和 5 个计划单列市本级及所属市、县三级地方政府,涵盖所有涉及债务的 25 590 个政府部门和机构、6 576 个融资平台公司、42 603 个经费补助事业单位、2 420 个公用事业单位、9 038 个其他单位、373 805 个项目,共 1 873 683 笔债务。

普遍认为,这次号称"我国自上世纪 80 年代审计机关成立以来开展的最大规模的一次审计工作"具有十分积极的意义。

财政部财政科学研究所所长贾康接受《经济参考报》记者采访时表示,这项工作,在发挥审计功能的同时,可以很好地使社会方方面面来客观地正面地分析判断中国经济发展中间与地方债务相关的值得肯定之处和风险所在,当然更积极的,是防患于未然。另外,还可以促进公共风险管控水平提高,促进我们的政府融资制度兴利除弊而规范化、法治化。

隐患:78 个市级政府债务率高于 100％

审计公告认为,地方政府性债务的形成有其历史的、客观的原因,对地方经济社会发展也发挥了一定积极作用,但在债务举借、管理和使用中出现了一些问题,有的地方还存在较大风险隐患。

根据公告,个别地方政府负有偿还责任的债务负担较重。2010 年年底,有 78 个市级和 99 个县级政府负有偿还责任债务的债务率高于 100％。由于偿债能力不足,部分地方政府只能通过举借新债偿还旧债,截至 2010 年年底,有 22 个市级政府和 20 个县级政府的借新还旧率超过 20％。还有部分地区出现了逾期债务,有 4 个市级政府和 23 个县级政府逾期债务率超过了 10％。

地方政府融资平台公司数量多,管理不规范也是审计发现的主要问题之一。审计数据显示,至 2010 年年底,全国省、市、县三级政府共设立融资平台公司 6 576 家,融资平台公司政府性债务余额 49 710.68 亿元,占地方政府性债务余额的 46.38％。

此外,审计发现的主要问题还包括,地方政府举债融资缺乏规范,地方政府性债务收支未纳入预算管理,部分政府性债务资金未及时安排使用、部分行业偿债能力弱以及部分单位违规取得和使用政府性债务资金等。

贾康认为,现在的审计结果已经可以使我们有依据来形成一个基本判断,即中国走到现在,公共部门以债务率水平为关键指标的债务总量,总体上讲是在安全区,可以有充分把握得出这样一个基本判断,但是在局部,显然已经出现了某些地方公共部门负债过量的问题——它是不均匀的、隐性的,在很长一段时间内人们不好察觉、无从判断。

中央财经大学财经研究院院长王雍君认为,地方综合财力主要用于提供地方公共服务,如果超过一半甚至更多都要用于债务偿还,将会严重削弱提供公共服务的能力,特别是长期能力。这在一定程度上说明未来年度,地方政府公共服务的能力和潜力十分不乐观。他告诉《经济参考报》记者,每个国家对政府债务都有一套预警体系,大体而言,如果政府财政收入的 1/12 要用来偿还债务就已经足以引起重视和关注。

在贾康看来,应重视债务形成的体制性原因,"我们必须明确地说,中国现在相关的财税制度方面,省以下地方政府的分税制迟迟未能成形。应该看得很清楚,这个事情不宜再久拖"。

方向:推进财税体制深化改革势在必行

审计建议,在继续推进融资平台公司的清理规范,坚决制止地方政府违规担保行为的同时,建立规范的地方政府举债融资机制,实施全口径监管和动态监控。可研究赋予省级政府适度举债权,逐步探索向具备条件的市级政府推开,举债计划需经国务院审批,编制地方债务预算,纳入地方预算管理,报同级人民代表大会审查和批准。

"不给地方发债权,他想别的办法变相发债,结果很乱,还不如给他发债权,再加强管理和完善,但要有一定的条件,不能随便发。"中国人民大学财金学院教授安体富接受《经济参考报》记者采访时表示。

"从现在的审计结果看,今后肯定需要推动地方阳光融资制度的形成。"贾康说,审计部门提出的建议已经包含了这方面的内容,包括怎么样考虑地方公债制度建设,以及法规的修改。以后还可以考虑地方根据项目情况发行与之对应的市政债,这样使地方政府举债有透明度、有公众监督,也有其他监督机制的综合作用,这也是分税制下分级财政不能不解决的一个重大问题,基本原则应该是一级政权,有一级事权,一级财权,一级税基,一级预算,以及相呼应的一级产权和一级举债权。

具体路径上,王雍君建议,应首先从项目举债权开始,先给予地方政府项目举债权,然后逐步过渡到限额管理举债权,再过渡到一般举债权,"即使一般举债权也要限额管理,向中央政府报批",这个过程会比较长一点,包括债权评级、中介机构的建设等在内的一些基础性工作要做。

从更深层面看,贾康提出,按照正确方向推进财税体制深化改革势在必行。搞市场经济,除了分税制为基础的分级财政体制,我们别无选择,那么今后怎么办?现在已经有了很好的实行"扁平化"、减少层级的开端。对财政"省直管县"改革,财政部已有明确要求,明年除了民族地区之外,要全覆盖。今后省下面的市和县,一般情况可能先形成财政为一个实体层级、一个平台,再以后行政也跟着它,达到减少层级的结果。至于说乡镇,取消农业税以后,大多数地区实际上早已经通过乡财县管和综合改革不再考虑财政设置实体层级,也没有任何条件设置实体层级。这样一来,新的思路可以勾画出来了,即扁平化在先,跟着就是按照中央、省、市县三个层级分税,三级配置税基。

资料来源:王涛,赵东东.全国地方政府负债已超 10 万亿 仅 54 个县未举债.经济参考报,2011 年 6 月 28 日。

第八章

净资产管理

第一节　净资产概述

一、净资产的含义

净资产是行政事业单位持有的资产净值,即单位资产减去负债后的余额。

净资产＝资产－负债

行政事业单位净资产包含的内容不尽相同。

行政单位的净资产是指行政单位资产减负债和收入减支出的差额,主要包括固定基金和结余;事业单位的净资产是指资产减去负债的差额,包括事业基金、非流动资产基金、专用基金、财政补助结转结余、非财政补助结转结余等。

净资产从实物形态衡量,是一种资产净值。从权益概念上衡量,它又是一种产权或投资人权益。它表明单位资产总额在抵偿了一切现存义务后的差额部分,显示了该组织的规模和经济实力。

行政事业单位的净资产,应当按照实际发生数额记账。

二、净资产的类别

为了适应资源提供者和行政事业单位管理上的要求,对于净资产应按一定的标准进行分类。

(一)按净资产的构成要素分类

1. 事业基金

事业基金是指事业单位拥有的非限定用途的净资产,其来源主要为非财政补助结余扣除结余分配后滚存的金额。

2.非流动资产基金

非流动资产基金是指单位非流动资产占用的金额。

3.专用基金

专用基金是指单位按规定提取或者设置的具有专门用途的净资产。

4.财政补助结转结余

财政补助结转结余是指单位各项财政补助收入与其相关支出相抵后剩余滚存的,须按规定管理和使用的结转和结余资金。

5.非财政补助结转结余

非财政补助结转结余是指单位除财政补助收支以外的各项收入与各项支出相抵后的余额。其中,非财政补助结转是指事业单位除财政补助收支以外的各专项资金收入与其相关支出相抵后剩余滚存的,须按规定用途使用的结转资金;非财政补助结余是指事业单位除财政补助收支以外的各非专项资金收入与各非专项资金支出相抵后的余额。

(二)按净资产的经济内容分类

1.基金

基金是资产提供者实际投入行政事业单位的各种财产物资,体现为国家和其投资人对行政事业单位的资产所有权。基金类型有固定基金、事业基金、业务发展基金、专用基金、留本基金等。

2.结余资金

结余资金是指当年预算工作目标已完成,或者因故终止,当年剩余的资金。结转资金,是指当年预算已执行但未完成,或者因故未执行,下一年度需要按照原用途继续使用的资金。结转资金在规定使用年限未使用或者未使用完的,视为结余资金。

(三)按净资产是否被指定专门用途分类

1.限定性净资产

如果资产或者资产所产生的经济利益的使用受到资产提供者或者国家有关法律、行政法规所设置的时间限制或(和)用途限制,则由此形成的净资产就是限定性净资产,国家有关法律、行政法规对净资产的使用直接设置限制的,该受限制的净资产也是限定性净资产。

2.非限定性资产

如果资源提供者对所提供的资产或者资产所产生的经济利益的使用、处置等未提出任何限制条件,国家有关法律法规也未对此设置任何限制,由此形成的净资产即为非限定性资产。

三、净资产管理的要求

行政事业单位的净资产是其财务管理的重要内容,由于净资产种类较多,形成过程较复杂,因此,行政事业单位要加强对净资产的管理,并根据不同类型净资产的特点,采取不同的管理方法。其管理要求主要表现在以下三个方面:

(1)对限定用途的净资产,要严格按照国家财务制度的规定,及时足额地提取和用于规定用途的项目,严禁挪作他用和改变资金的性质。

(2)对非限定用途的净资产的使用,要正确处理国家、单位和职工三方面的利益,体现"三兼顾"原则。对结余的使用,一定要符合国家法律、法规的要求。

(3)要加强对行政事业单位净资产的核算工作,以准确反映和监督投资者投入资金的保值增值、积累分配情况,为正确评价单位的业绩,真实反映所有者对单位净资产的权益,提供真实可靠的财务信息。

第二节　事业基金管理

一、事业基金的含义

事业基金是指事业单位拥有的非限定用途的净资产,其来源主要为非财政补助结余扣除结余分配后滚存的金额。主要包括滚存结余资金等。

事业基金可由事业单位自主调配使用,包括一般基金和投资基金两部分。

一般基金是指非营利组织历年结余分配后形成的用于弥补以后年度收支差额的资金。

投资基金是指非营利组织以固定资产、材料等实物以及货币资金和无形资产对外投资所占用的资金。

二、事业基金的来源

根据事业单位的具体业务,事业单位的事业基金的形成主要有以下几种渠道:

1.单位未分配收益

即事业单位事业收支结余和经营收支结余在进行结余分配后的转入,它是事业基金的最主要来源,事业基金的多少直接取决于事业单位专业业务及相关业务开展的好坏。因此事业单位要想获得更多的事业基金,必须努力开拓业务,降低业务支出。

2.按规定留归单位的专项拨款结余

即有拨入专款的事业单位,其专项活动(或工程)结束后的净结余,经拨款单位同意后留归本单位的部分。这种来源所形成的事业基金,对于事业单位而言,首先要取决于有拨入专款的存在,其次专项拨款有结余,再次要经拨款上级单位同意,因此它对于事业单位事业基金的形成是相对偶然的。

3.事业单位接受捐赠的货币资金、无形资产和材料等

它对于事业基金而言也是一种非经常性形成渠道。

4.事业单位对外投资所形成的权益

新的事业单位财务制度对事业单位的业务进行了前瞻性的考虑和制度规定,体现在会计核算方面增设了诸如"对外投资"等科目。而事业基金的另一来源正与此有关,事业单位以材料、固定资产、无形资产等对外实施投资时,评估价高于或低于原账面价值的部分按规定应增加或减少事业基金。这部分所形成的事业基金(投资基金)是一种由投资而形成的潜在权益,而非现实的资金,对此,单位应区别于第一种性质的事业基金并加强对权益项目的管理,让其为单位带来更多现实的收益。

上述一至三项来源所形成的事业基金即为事业基金中的一般基金,是一种未限定用途的资金。而第四项来源即为事业基金中的投资基金,更多表现为投资权益。

三、事业基金的分类

事业基金按照其资金形成来源的不同,可分为一般基金和投资基金两种。

1.一般基金

一般基金即滚存结余资金,是指事业单位历年来的未分配结余和损失,以及由历年的专项资金结余转入而形成的净资产。

2.投资基金

投资基金即投资产权,是指事业单位以固定资产、材料等实物投资而形成的产权,以及以货币资金和无形资产在对外投资所占用的资金。事业单位在历年滚存结余较大的情况下,为了充分发挥资金的利用效果,为单位开拓资金来源,事业单位可以用这部分历年滚存结余净资产进行对外投资。对外投资的发生,使事业基金在存在形态上发生变化,由一般基金转化为投资基金,但事业单位事业基金总额没有改变。

四、事业基金的管理要求

事业基金是事业单位未限定用途的宝贵资源,在事业单位中起的是"蓄水池"的作用,用来调节年度之间的收支平衡。即事业单位以后年度如果收入大于支出,则其差额继续转入事业基金,如果支出大于收入,则其差额用以前年度的事业基金来弥补;在确定年初单位预算时,如果支出安排出现缺口,也可以用一部分事业基金来弥补这一缺口。

具体而言事业基金的管理要求主要有:

1.事业单位日常周转所用,即体现非限定用途的本色

事业单位在周转使用事业基金时,不得随意冲销事业基金,如动用事业基金购买材料时,其会计分录只能借记"材料"等科目、贷记"银行存款"等科目,而不能处理为借记"事业基金"科目;此外,应积极做好年度预算,尽可能做到收支平衡,防止随意动用事业基金,助长单位吃老本、不思进取的倾向。

2.弥补事业超支

事业单位在年度经营中,如连续出现超支(亏损),经报上级单位批准同意,可核销部分事业基金,其会计处理表示为借记"事业基金——一般基金"科目、贷记"结余分配—弥补超支(亏损)科目"。对此,首先应总结超支原因,积极探索解困措施;其次,应严格遵守核销程序,不能擅做主张、随意核销。

3.投资转出固定资产、无形资产、材料等资产协议评估价高于或低于原值或净值的差额

该项为事业基金的增减项,对此应积极做好协议评估工作,努力使单位资产保值增值。防止人为操纵评估活动,损公肥私。

此外,应针对事业基金的一般基金和投资基金的不同性质和特点,分别制定相应的管理措施和方法。对于一般基金,应本着增收节支,提高资金使用效益的原则,制定出相应的管理办法;而对权益性的投资基金,则侧重投资分析,行使权益,争取让潜在的权益变为现实的收益,实现由投资基金向一般基金转化。

第三节 固定基金管理

一、固定基金的含义

固定基金是指行政事业单位固定资产所占用的基金。固定基金通常按照

固定资产账面余额的增减而发生相应的增减,两者金额通常相等。

固定基金具有如下特点:

(1)反映固定资产占用的基金,不是净值,而是入账价值;

(2)固定基金是净资产的主要内容,基本反映净资产的规模;

(3)固定基金与固定资产是互为对应的账户,二者在金额上相等。

二、固定基金的来源

(1)单位新建固定资产而形成的固定基金;

(2)单位购入、调入固定资产而形成的固定基金;

(3)单位自制固定资产而形成的固定基金;

(4)融资租入固定资产而形成的固定基金;

(5)接受捐赠的固定资产而形成的固定基金;

(6)接受其他单位投资转入的固定资产而形成的固定基金;

(7)盘盈固定资产而形成的固定基金。

三、固定基金的分类

行政事业单位为加强管理,可以运用不同的标准对拥有的固定基金进行分类。

1.按固定基金的形成来源分类

(1)基本建设投资形成的固定基金

行政事业单位用国家基本建设投资购建固定资产而形成的固定基金。

(2)财政预算拨款形成的固定基金

财政预算拨款中用于行政事业单位购建固定资产形成的固定基金。

(3)修购基金形成的固定基金

事业单位用修购基金购建固定资产而形成的固定基金。

(4)借贷资金形成的固定基金

事业单位用借入资金购建固定资产而形成的固定基金。

(5)社会捐赠资金形成的固定基金

社会出资者向行政事业单位以资金或者实物形式无偿捐赠固定资产所形成的固定基金。

(6)其他资金形成的固定基金

除以上来源外的其他资金购建固定资产而形成的固定基金,如上级部门无偿调入固定资产,单位对外投资以固定资产形式收回的投资回报而形成固定基金等。

2.按固定基金的所有权分类

(1)自有固定基金

自有固定基金是单位用自有资金、拨入专款等购置或建造归单位占有使用的固定资产而形成的固定基金。

(2)租入固定基金

单位按租赁合同规定,通过支付租金的形式取得一定时期使用权的固定资产而形成的固定基金。

3.按固定基金的实物分类

(1)房屋建筑物

办公用房、业务用房、生活用房及建筑设施等所占用的资金。

(2)专用设备

各种仪器和机械设备、医疗器材、交通运输工具、教育单位的教学设备等所占用的资金。

(3)一般设备

办公与事务用家具和设备、一般文体设备等所占用的资金。

(4)文物和陈列品

博物馆、展览馆、文化馆、陈列馆等文物和陈列品所占用的资金。

(5)图书

专业图书馆和事业单位图书馆的图书等所占用的资金。

(6)其他

未包括在以上各类的固定资产所占用的资金。

四、固定基金的管理要求

加强固定基金管理,可以充分发挥固定资产的使用效益,有利于调整和盘活固定资产,防止固定资产的流失。

(1)单位购建固定资产应当按照计划、预算办理,严格履行必要的批准手续;

(2)单位以购建固定资产、盘盈、无偿调入等方式增加固定资产时,以及对外投资以固定资产形式收回时,不仅要及时实物登记,还要按照规定的计价原则和方法及时调增固定基金;

(3)单位以融资租赁方式租用的固定资产和以分期付款方式购置的固定资产,应当以实际支付和结算的租金以及分期付款的金额增加固定基金,未付

租金和款项的,作为负债处理;

(4)单位在发生固定资产报废、报损、转让和盘亏,以及用固定资产对外投资等情况时,必须严格审批,按照有关规定及时调减固定基金。

第四节　专用基金管理

一、专用基金的含义、特点和管理原则

1.专用基金的含义

专用基金是指事业单位按规定提取或者设置的具有专门用途的净资产。专用基金属于限定用途的净资产,主要包括修购基金、职工福利基金、医疗基金和其他基金。专用基金的用途明确、单一,要求单位专款专用,不得随意改变资金的用途或挪作他用。

2.专用基金的特点

(1)专用基金的提取均有专门规定,即根据一定的比例或数额提取。

(2)规定有专门的用途和使用范围,除财务制度规定允许合并使用外,一般不得相互占用、挪用。

(3)使用属于一次性消耗,没有循环周转,不可能通过专用基金支出直接取得补偿。

3.专用基金的管理原则

(1)先提后用

指各项专用基金必须根据规定的开源渠道,在取得资金以后才能安排使用。

(2)专设账户

指各项专用基金应单独设账户进行管理和核算。

(3)专款专用

指各种专用基金都要按规定用途和使用范围安排开支,支出不得超出资金规模,保证基金使用合理、合法。

4.专用基金的管理要求

作为具有特定用途的资金,专用基金在管理与核算上必须遵循先收后支、量入为出的原则。专用基金支出实行计划管理,按照规定的用途和使用范围办理支出。各项基金未经上级主管部门批准不得挪作他用。年终结余可结转

下年继续使用。

二、修购基金的管理

修购基金,是指单位按照事业收入和经营收入的一定比例提取,在修缮费和设备购置费中列支(各列 50%),以及按照其他规定转入,用于固定资产维修和购置的资金。

1.修购基金的提取

(1)按比例从支出或成本费用中提取

这种来源的计算办法,是按财政部或主管部门确定的比例标准,以事业收入和经营收入为基数,计算出提取数额后在事业支出和经营支出中列支后转入。

修购基金的一般计算公式如下:

$$修购基金提取额＝(事业收入×提取比例)＋(经营收入×提取比例)$$

(2)按国家规定的范围直接转入

目前国家有关政策规定,事业单位处置固定资产后,取得的小额收入应直接转入修购基金。今后如国家有其他规定时,按其规定执行。

(3)采用不同的提取方法

对专用、贵重设备可采用个别计提折旧的方法,对一般设备或其他固定资产可采用分类计提修购基金的方法。专用、贵重设备可采用加速折旧的方法,其他设备、房屋建筑物或交通工具等可采用平均年限法提取。

中央级事业单位修购基金的提取比例,由主管部门根据单位收入状况和核算管理的需要,按照事业收入和经营收入的一定比例核定,报财政部备案。事业收入和经营收入较少的事业单位可以不提取修购基金,实行固定资产折旧的事业单位不提取修购基金。国家另有规定的,从其规定。地方事业单位修购基金的提取比例,由省级财政部门参照本通知的有关规定,结合本地实际确定。

2.修购基金的管理要求

(1)对修购基金实行计划管理;

(2)对修购基金实行项目管理;

(3)对修购基金要按比例定期提取。

三、职工福利基金的管理

1.职工福利基金的概念

职工福利基金是指事业单位按照结余的一定比例提取以及按照其他规定提取转入,用于单位职工的集体福利设施、集体福利待遇的资金。

职工福利基金与职工福利费不同。前者是事业单位按照结余总额的一定比例提取,用于单位集体福利设施等集体福利的开支;后者是事业单位按职工工资总额的一定比例提取,并在事业支出和经营支出的"职工福利费"名下列支,主要用于职工个人方面的开支。

2.职工福利基金的计提方法

根据国家有关财务规则的规定,事业单位职工福利基金的提取主要有两种方式:

(1)按单位职工工资总额的一定比例提取并在事业支出和经营支出中列支;

(2)从单位年度结余分配中形成。

财政部明确了事业单位职工福利基金的提取比例,并自2012年4月1日起施行。事业单位职工福利基金的提取比例,在单位年度非财政拨款结余的40%以内确定。中央级事业单位职工福利基金的提取比例,由主管部门会同财政部在单位年度非财政拨款结余的40%以内核定。

3.职工福利基金的管理要求

(1)职工福利基金要按规定开支

公共组织的职工福利基金支出必须按照国家规定的开支范围执行,其具体开支范围一般包括:集体福利设施建设支出,主要是用于职工食堂、职工浴室、理发室、幼儿园等职工福利设施的补助,及其人员的工资和其他支出;职工公费医疗超支部分按照规定由公共组织负担的费用支出,以及按照国家规定可由职工福利基金开支的其他支出。

(2)职工福利基金要实行计划管理

公共组织的职工福利基金的支出直接关系到职工的切身利益,在使用时应当根据职工福利基金的结存数和当期提取数,量入为出,实行计划管理。对一些重大的职工福利支出项目、支出计划和支出决算,应充分发扬民主,听取群众意见,接受群众监督,必要时可通过职工代表大会讨论通过。

四、其他基金的管理

其他基金是指按照国家有关规定提取设置的除上述专用基金以外的其他具有专门用途的资金。行政事业单位其他基金主要包括住房基金、医疗基金、职工教育基金以及其他按有关规定提取设置的基金。其他基金的提取设置要按国家有关规定执行。

第五节 结余管理

一、结余的含义

结余是指行政事业单位年度收入与支出相抵后的余额,它反映了各单位年度财务收支的结果。

其平衡公式为:

结余＝全部收入－全部支出

因为行政事业单位目前实行收入与支出的统一核算与管理,故该项收入是所谓"大收入",结余也是指全部收入与全部支出相抵后的余额,即"大结余"。它反映了单位年度财务收支的结果。

二、行政单位结余计算

行政单位结余是指行政单位在公务活动过程中年度全部收入与全部支出相抵后的余额。是全年资金运行的余额。

行政单位的结余并不能说明单位进行公务活动的成果,只能说明公务活动过程中收入保证支出的程度。

如果收入大于支出形成结余,说明各项资金来源渠道形成的收入完全可以抵补支出,或说明行政单位支出的节约程度;反之,则说明收入不能保证公务活动的各项耗费,或者说是支出的浪费程度。

行政单位的结余分为经费结余和专项结余。

1.经费结余

是指行政单位经费收入与经费支出相抵后的余额。

(1)经费收入

是指财政或上级部门拨入的经费,也包括单位自行组织的收入;

(2)经费支出

包括单位本身发生的各项业务活动支出,也包括拨付所属单位的支出。

2.专项资金结余

是指行政单位专项资金收入与专项资金支出相抵后的余额。

与此相应,行政单位的正常经费结余和专项资金结余应分别核算。

其计算公式为：

$$经费结余＝（财政预算拨款收入＋非税收入＋其他收入）－$$
$$（经常性支出＋专项支出＋自筹基本建设支出）$$
$$专项结余＝拨入专款－专款支出$$

三、事业单位结余计算

1. 事业单位结余计算

事业单位的结余是其全部收入与全部支出相抵后的余额。其计算公式为：

$$结余=\left(\begin{matrix}财政补助\\收\quad入\end{matrix}+\begin{matrix}上级补助\\收\quad入\end{matrix}+\begin{matrix}事业\\收入\end{matrix}+\begin{matrix}经营\\收入\end{matrix}+\begin{matrix}附属单位\\上缴收入\end{matrix}+\begin{matrix}其他\\收入\end{matrix}\right)-$$
$$\left(\begin{matrix}事业\\支出\end{matrix}+\begin{matrix}拨出\\经费\end{matrix}+\begin{matrix}经营\\支出\end{matrix}+\begin{matrix}自筹基建\\支\quad出\end{matrix}+\begin{matrix}对附属单位\\补助支出\end{matrix}+\begin{matrix}上缴上级\\支\quad出\end{matrix}\right)$$

事业单位结余按资金用途不同分为财政拨款结余和非财政拨款结余。

财政拨款结余按资金用途不同分为经常性收支结余和专项资金收支结余。

非财政拨款结余按资金获得渠道不同分为事业结余和经营结余。

事业单位的结余主要包括事业结余和经营结余。

（1）事业结余

事业结余是指事业单位在一定期间（通常指一年）内事业收入与事业支出相抵后的余额。

计算公式：

$$事业结余=\left(\begin{matrix}财政补助\\收\quad入\end{matrix}+\begin{matrix}上级补助\\收\quad入\end{matrix}+\begin{matrix}事业\\收入\end{matrix}+\begin{matrix}附属单位\\上缴收入\end{matrix}+\begin{matrix}其他\\收入\end{matrix}\right)-$$
$$\left(\begin{matrix}事业\\支出\end{matrix}+\begin{matrix}拨出\\经费\end{matrix}+\begin{matrix}结转自筹\\基\quad建\end{matrix}+\begin{matrix}对附属单位\\补助支出\end{matrix}+\begin{matrix}上缴上级\\支\quad出\end{matrix}+\begin{matrix}销售\\税金\end{matrix}\right)$$

一个单位的事业结余并不能说明该单位进行经济活动的成果，只能说明单位为开展专业业务活动及辅助活动发生的收支相抵的余额。

如果收入大于支出形成结余，说明本期收入可以抵补本期支出，或说明增收节支的结果；如果支出大于收入，则说明本期收入不能保证该期间为开展专业业务活动及辅助活动各项开支的需要。

(2)经营结余

经营结余是指事业单位在一定期间内各项经营收入与经营支出相抵后的余额。

$$经营结余＝经营收入－经营支出－销售税金$$

(3)专项结余

专项结余即专项资金收支余额,是专项资金收入与专项资金支出相抵后的余额。

$$某项目专项结余＝该项目拨入专款－该项目专款支出－该项目拨出专款$$

四、结余分配

结余或亏损结算完毕后,单位要对结余或亏损按国家规定进行分配。

年度终了,事业单位应当将当年实现的事业结余全数转入"结余分配",结转后,"事业结余"科目无余额。经营结余通常应当转入"结余分配",但如为亏损,则不予结转。

如果单位当期实现了结余,其分配的内容有:

1.交纳所得税

按规定凡是有生产经营所得和其他所得的事业单位,均为所得税的纳税义务人,国家规定的减免税项目除外。

2.提取专用基金

即按税后净结余的一定比例提取职工福利基金及其他专用基金。

3.结转事业基金

即提取专用基金后剩余部分转作事业基金用于弥补以后年度单位收支的差额。

如果单位当期发生了亏损,其中事业亏损年终时应由事业基金弥补;经营亏损则不能由事业基金弥补,而应结转下年,由以后年度所实现的经营结余弥补。

单位年终结账后发生以前年度会计事项的调整或变更,涉及以前年度结余的,一般应直接通过事业基金科目进行核算,并在会计报表上加以注明。

五、结余管理要求

1.正确计算提取结余

事业单位应当按照《事业单位财务规则》规定的计算方法和计算内容,对单位全年的收支活动进行全面的清查、核对、整理和结算,如实反映全年收支结余情况。经营收支结余和事业收支结余应分别结转,二者不能混淆。

行政单位的结余不提取专用基金,也不进行其他分配,专项结余需要财政部门或上级主管部门审核批准后方可使用,经费结余按规定全部结转下年继续使用。对经费结余和专项结余要分别计算。

2.按规定分配结余

各事业单位应当按有关规定及单位章程等,组织好结余分配。对发生亏损的事业单位,结余分配的真实含义,则是想方设法弥补亏损。

思考题

1.行政单位的净资产是什么? 事业单位的净资产是什么?
2.净资产管理的要求有哪些?
3.事业基金的概念是什么? 事业基金有哪些来源?
4.事业基金有哪些分类? 事业基金的管理要求是什么?
5.固定基金的概念是什么? 固定基金的管理要求是什么?
6.专用基金的概念是什么? 专用基金的管理要求是什么?
7.修购基金如何提取? 修购基金的管理要求是什么?
8.职工福利基金的计提方法有哪些? 如何加强职工福利基金的管理?
9.行政单位结余如何计算?
10.事业单位结余如何计算?
11.结余如何分配? 结余管理要求是什么?

阅读材料

行政事业单位财政拨款结余资金账务处理问题明确

为了进一步加强中央部门财政拨款结余资金的管理,规范中央部门财政拨款结余资金的使用,财政部近日发布通知(财库〔2008〕78号),就中央预算单位财政拨款结余资金归集调整及会计核算等事项进行了明确。

财政部在通知中明确,中央部门是财政拨款结余资金归集和调整的主体。统筹使用财政拨款结余资金实行分类管理,按照以下方式处理。执行《医院会计制度》、《测绘事业单位会计制度》、《高等学校会计制度》、《中小学校会计制度》、《科学事业单位会计制度》的事业单位的会计科目设置及账务处理等事项,也参照通知中的规定内容执行。

1.主管部门直接归集调整结余资金

对于结存于实有资金账户且在不同预算单位之间调整使用的,采取由主管部门负责归集调整并转拨资金的方式处理,即调出资金单位向主管部门上交结余资金,主管部门收到下属单位上交的结余资金,核对无误后向调入资金单位转拨。

2.主管部门统一调整用款计划

实行国库集中支付的财政拨款结余资金在不同预算单位之间,在同一单位不同功能分类科目之间,以及财政直接支付结余在同一单位同一功能分类科目下不同项目之间调整使用的,采取由主管部门汇总上报调整用款计划的方式处理。

3.预算单位直接调整账务

对于结存于实有资金账户且在同一预算单位内调整使用的,或结存于同一预算单位零余额账户且在同一功能科目下的不同项目之间调整使用的,采取直接调整账务的方式处理。

在会计科目的设置上,通知明确,在行政、事业单位会计科目中分别增设"405 财政调剂收入"、"420 财政调剂收入"一级会计科目,核算预算单位收到财政部批准统筹使用的财政拨款结余资金,并设置"调剂基本支出经费收入"和"调剂项目支出经费收入"两个二级明细科目,分别核算收到调剂使用的基本支出结余资金和项目支出净结余资金。二级明细科目要按照政府收支分类科目中"支出功能分类科目"的"项"级科目设置明细账,进行明细核算。年终,行政、事业单位分别将"财政调剂收入"科目贷方余额转入"结余"或"事业结余"科目的贷方。如果某项目或某类支出同时通过财政拨款结余资金和当年财政拨款两个来源安排,原则上财政拨款结余资金应优先确认和使用。

通知明确,统筹使用财政拨款结余资金应按以下规定进行账务处理。一是调减结余的账务处理。预算单位在本通知第一条规定的三种处理方式下,上交结余资金、注销结余资金额度或直接调整账务等导致财政拨款结余资金减少时,行政单位借记"结余",贷记"银行存款"、"零余额账户用款额度"或"财政应返还额度"等会计科目;事业单位借记"事业结余"或"事业基金"等,贷记"银行存款"、"零余额账户用款额度"或"财政应返还额度"等会计科目。二是确认财政调剂收入的账务处理。预算单位在本通知第一条规定的三种处理方式下,收到上级单位拨付统筹使用的结余资金、收到财政部下达的结余资金额度或直接调整账务等导致收入增加时,行政单位借记"银行存款"、"零余额账户用款额度"或"财政应返还额度"等会计科目,贷记"财政调剂收入";事业单位借记"银行存款"、"零余额账户用款额度"或"财政应返还额度"等会计科目,贷记"财政调剂收入"。进行该项账务处理的具体时点,按照行政、事业单位会计制度及财政国库管理制度会计核算有关规定执行,其中对于实行财政直接支付的,在支出时,行政单位借记"经费支出",贷记"财政调剂收入";事业单位借记"事业支出"等会计科目,贷记"财政调剂收入"。三是负责归集和转拨财政拨款结余资金的一级预算单位和主管部门,收到资金时,行政单位借记"银行存款",贷记"暂存款";事业单位借记"银行存款",贷记"其他应付款"。转拨资金时,作相反的会计分录。

资料来源:行政事业单位财政拨款结余资金账务处理问题明确.中国税网.2008年12月1日.

第九章

财务清算

第一节　财务清算的含义、意义和要求

一、财务清算的含义

清算是指法人机构解散后,依照法定程序清理法人机构债权债务、处理法人剩余财产,最终向法人登记机关申请注销登记,使法人资格归于消灭的法律行为。法人机构解散时,对其存在期间所发生的各种法律关系都应妥善了结,进行清算。

财务清算专指清算所代表的特定财务活动。

行政事业单位清算主要是依据《事业单位财务规则》、《行政单位财务规则》的相关规定而进行的。

《事业单位财务规则》规定,事业单位发生划转、撤销、合并、分立时,应当进行清算。

《行政单位财务规则》规定,划转撤并的行政单位应当对单位的财产、债权、债务等进行全面清理,编制财产目录和债权、债务清单,提出财产作价依据和债权、债务处理办法,做好资产的移交、接收、划转和管理工作,并妥善处理各项遗留问题。

划转撤并主要是指以下方面的情况:

"划",是指行政事业因隶属关系的改变,成建制地在部门之间、上下级之间的划转,属于公共组织行政隶属关系的改变。如中央政府组织与地方政府组织之间、部门与部门之间的转变。例如,原属中央部委的学校划归地方管辖等。

"转",主要是指两种情况:一种情况是指行政事业单位的性质发生变化,即非政府组织转为企业、股份公司等,政府组织转为非政府组织或者企业。另一种情况是非政府组织在财务管理上由非政府组织财务管理转为企业财务管理,即非政府组织由执行非政府组织财务制度转为执行企业财务制度,属于非政府组织财务管理体系的转变。如,原属政府后勤组织承办的各种服务部门,转为独立核算的企业组织。

"撤销",是指因业务不需要或其他原因,撤销原来的行政事业单位,属于行政事业单位的解散或终止。

"合并",是指某些行政事业单位因人员或工作上原因或其他原因与另外的单位合并,属于行政事业单位的重组。

"分立",是指一个行政事业单位依法定程序分开设立为两个或两个以上的单位。

二、财务清算的意义

1.有利于保证财产记录的真实

当公共组织发生划转、撤并、分立时需要进行财务清算,查明各种财产物资的实存数,并与账面核对,做到账实相符,确保财务资料的真实性。

2.有利于保护国有资产的安全与完整

通过财务清算,能够及时发现问题,采取措施,消除国有资产管理中的不安全因素,切实保护好国有资产的安全与完善。

3.有利于公共资源配置效率的提高

深化当前事业单位体制改革,大胆地奖励先进、淘汰落后,建立科学的、充满生机和活力的现代事业制度。与建立现代企业制度类似,现代事业制度同样需要一整套规范的机构发起、经营运作和衰亡终止的法律及财务规章制度。行政事业单位的财务清算,作为这当中的一个重要环节,意义重大。

4.有利于加强财务监督

在财务清算过程中,通过对各种物资、货币资金的清查和对各种结算款项的查询核对,可以具体地检查原行政事业单位对财经法规和财经纪律的遵守情况,发现问题,及时纠正,必要时予以惩戒。

5.有利于改善财务管理水平

通过财务清算,健全行政事业单位对国有资产的管理制度,提高管理水平。

三、财务清算的基本要求

1. 必须接受财政部门和主管部门的监督指导

行政事业单位的财务清算,应处理好有关国有资产的处置、行政事业经费预算指标的划转、债权人和被投资方的利益等一系列财务问题。因此,行政事业单位的划转、撤并、分立工作必须始终处于财政部门和主管部门的监督指导下。《行政单位财务规则》规定,行政单位划转、撤并的财务处理,应当在财政部门、主管预算单位等部门的监督指导下进行。《事业单位财务规则》规定,事业单位清算,应当在主管部门和财政部门的监督指导下,对单位的财产、债权、债务等进行全面清理。

2. 加强财务清算期间的资产管理

为了维护国有资产的安全与完整,防止国有资产的损失和流失,财务清算机构和公共部门应当在财务清算期间,加强对各项清算资产的管理,防止国有资产流失。未经有关部门的批准,不得擅自处置单位的各项资产。财务清算期间,《事业单位财务规则》规定,行政事业单位必须编制财产目录和债权、债务清单,提出财产作价依据和债权、债务处理办法,做好资产的移交、接收、划转和管理工作,并妥善处理各项遗留问题。事业单位清算结束后,经主管部门审核并报财政部门批准,其资产分别按照规定办法处理。

3. 正确反映单位财务管理状况

财务清算机构必须严格执行国家有关规定,如实、正确地反映单位财产、债权、债务及财务管理状况,为有关部门的决策提供可靠依据。对财务清算中发现的违反财务制度和财经法律的行为,清算机构应当根据有关规定,提出处理意见,报经有关部门批准后,进行处理。

4. 妥善处理相关各方的利益关系

行政事业单位在上下级财政之间划转,将产生不同部门的财产交割关系,很可能导致预算收支在不同财政之间的丰歉问题,必须加以妥善处理。单位破产时,不足以抵偿债务的资产处理也至关重要,关系到政府的信誉和形象。资产变现必须公开招标,债权人的偿还比例必须公平。

第二节　财务清算的程序和内容

一、成立财务清算机构

财务清算机构是专门负责划转、撤并、分立公共部门的财产清算机构。通常，财务清算机构由财政部门和主管部门的人员组成，也可由公共部门财物、资产管理部门的人员共同组成。

自愿清算时，一般由该单位自行成立清算机构并自行清算。

行政清算时，应当由上级主管机关按规定成立清算机构进行清算。

破产清算时，由人民法院按照有关法律的规定成立清算机构对破产单位进行清算。

不同性质的清算过程中，清算机构的法律地位虽然不相同，但其职能基本是一致的。即对内负责被清算单位财产的保管、清查、估价、分配，债权的收取和办理未完事宜等；对外负责清偿各项债务。参与民事诉讼活动，作出清算报告和办理注销登记。

二、制订财务清算计划

财务清算机构应当根据有关部门确定的清算时间和要求制订清算计划。清算计划通常包括以下几项内容：

(1)财务清算的工作计划；

(2)财务清算的范围和工作步骤；

(3)参加清算的人员及分工；

(4)有关清算使用的表格、单据等。

三、移交单位管理权

被清算单位原法定代表人应当全面向清算组移交单位管理权，需要移交的内容包括但不限于：

1.移交单位公章，进入清算以后应当严格控制单位公章的使用和保管；

2.无遗漏的债权债务清册；

3.资产清册，应当按照流动资产和固定资产分类登记造册；

4.合同书、协议书等各种法律文件应当编制成册；

5.账务账册、传票、凭证、空白支票等；

6.职工花名册,含在职和离退休的全体人员的花名册,详细记载工龄、工种、用工形式、工资及工资拖欠、社保拖欠等情形；

7.购买的有价证券,享有的无形资产的权利凭证；

8.单位的历史档案和其他应当提交的资料。

四、财务清算

1.清查有关会计账目

为了确认划转、撤并公共部门的各项资产、负债等资料是否真实、准确和完整,财务清算机构应严格按照国家有关规定,以公共部门财务清算前的会计资料为主要依据,对公共部门的财产、债权和债务等进行全面、深入的清查,并认真分析,检查其财务收支是否真实、合法,是否有截留应缴财政专户资金和应缴财政预算资金等违法行为。

2.清查债务

清查机构要按照有关法律和财务制度的规定清查被清算单位的债务,并在规定期限内通知或公告债权人。债权人接到通知或见到公告后,在规定的期限内向清算机构申报其债权,说明债权形成的原因、时间等相关事项,并提出证明材料。清算机构要在规定的期限内对债权人的债权即被清算单位的债务进行审核,逐笔进行登记,并编制债务明细表。

在破产清算程序中,当清算机构认为必要时,可召集债权人会议。所有债权人都可以是债权人会议的成员,会议成员均享有表决权。债权人会议有权审查有关债权的证明材料,确认其债权有无财产担保及其相关数额,讨论通过破产财产的处理和分配方案。债权人会议的决议,对于全体债权人均有约束力。召集债权人会议是破产清算中清查债务的一个重要步骤。

3.清查财产和债权

在清查债务的同时,清算机构要对被清算单位的全部财产和债权进行清查。

(1)编制清算前正常经营期间的财务报表

编制的财务报表主要包括:资产负债表、财产目录和债权、债务清单等财务资料。

(2)核实固定资产和各项存货

首先,财务清算机构应当制订周密的盘点计划,进行资产清查。其次,核实固定资产。既包括核实账面上的固定资产以及出租或者投资在外的固定资产的价值,同时还要对公共部门的固定资产和存货进行实物盘点。最后,确定固定资产和存货的实际价值。财务清算机构应根据核实的固定资产和存货的实物存量,合理确定其价值。

(3)货币资金的清查

货币资金包括现金、各种银行存款和各种有价证券。其中现金和各种有价证券应当在财务清算时进行实地盘点,并由财务清算机构的人员及该单位出纳人员共同负责。同时,在现金盘点时,除了要清查现金的数额外,还需要检查是否有违反财经纪律,以及将借条、白条等抵充的现象,一旦发现,应即时加以纠正,对于不合法的借条和白条,应当予以追回,并根据情况作出适当的处理。

(4)各种应收、应付款项的清查

公共部门应收、应付款项,既有对其他企业的结算款项,也有对有关个人的结算款项;既有对其他公共组织的结算款项,也有对本组织内部各个部门和个人的结算款项。在进行财务清算时应当区别情况,采用不同的方法加以查核。

(5)清理债权

公共部门对各项存款、借款、应付、暂收、暂付、以拨代支等款项,要分别与开户银行以及有关单位和个人核对清楚,在财务清算前要积极催收、追索其拥有的债权,及时、足额偿还其债务。

五、编写财务清算报告

财务清算结束后,要编写财务清算报告,全面反映和说明被清算单位在清算期间的财务状况和清算概况。

清算报告主要包括以下内容:财务清算的基本情况、财产作价的依据和办法、有关问题的处理意见、有关财务清算的说明以及财务清算损益等,由清算报表和文字说明两部分构成。清算报表应包括货币收支表、清算费用表、清算损益表、剩余财产分配表等。清算报告文字说明部分首先要对清算概况作出简介:如清算的原因、清算工作的起止日期、被清算单位的基本情况等;其次要以真实、准确的资料说明清算的结果,如清算财产的数额、清算费用的大小、各种债务的清偿情况、剩余财产的分配情况等。另外,还应就清算过程中比较突出的问题加以说明。在财务清算中,财务清算机构如果发现公共组织存在严重的违法乱纪行为,应将具体情况写成专题报告,报送主管部门及财政部门。

六、财务清算报告的审批

财务清算机构在财务清算结束后,将编写的财务清算报告连同财务清算期间的财务收支报表和各种财务账册,经注册会计师验证后,一起报送主管部门和原登记注册的机关,办理停业登记并公告该法人机构终止。国有行政事业单位的清算报告同时应报财政部门的国有资产管理部门批准,利益关系涉及面广以及法律关系复杂的,还须报经同级政府批准。

第三节　财务清算后资产的处理

行政事业单位清偿债务以后的剩余财产,应当按照有关法律和财务制度的规定进行处理。

《行政单位财务规则》第四十九条规定:

划转、撤并的行政单位的资产经主管预算单位审核并上报财政部门和有关部门批准后,分别按照下列规定处理:

(1)转为事业单位和改变隶属关系的行政单位,其资产无偿移交,并相应调整、划转经费指标。

(2)转为企业的行政单位,其资产按照有关规定进行评估作价后,转作企业的国有资本。

(3)撤销的行政单位,其全部资产由财政部门或者财政部门授权的单位处理。

(4)合并的行政单位,其全部资产移交接收单位或者新组建单位;合并后多余的资产,由财政部门或者财政部门授权的单位处理。

(5)分立的行政单位,其资产按照有关规定移交分立后的行政单位,并相应划转经费指标。

《事业单位财务规则》第五十三条规定:

事业单位清算结束后,经主管部门审核并报财政部门批准,其资产分别按照下列办法处理:

(1)因隶属关系改变,成建制划转的事业单位,全部资产无偿移交,并相应划转经费指标。

(2)转为企业管理的事业单位,全部资产扣除负债后,转作国家资本金。需要进行资产评估的,按照国家有关规定执行。

(3)撤销的事业单位,全部资产由主管部门和财政部门核准处理。

(4)合并的事业单位,全部资产移交接收单位或者新组建单位,合并后多余的资产由主管部门和财政部门核准处理。

(5)分立的事业单位,资产按照有关规定移交分立后的事业单位,并相应划转经费指标。

思考题

1. 什么是财务清算?
2. 什么是划转、撤销、合并、分立?
3. 财务清算的基本要求是什么?
4. 财务清算的程序和内容有哪些?
5. 财务清算后资产如何处理?

阅读材料

教育部直属高校出版社转制工作流程及要求

为落实财政部《关于中央级经营性文化事业单位转制中资产和财务管理问题的通知》(财教〔2009〕126号)要求,切实推进和规范部直属高校出版社转制工作,现提出转制工作流程及要求如下:

一、关于转制方案的制订与批复

主办学校制订的高校出版社的转制方案,需报教育部社会科学司审核同意后,以教育部函报新闻出版总署审批,新闻出版总署批复后,教育部社会科学司将批复转发至学校。

二、关于清产核资

根据《国有企业清产核资办法》(国资委令第1号)、《国有企业清产核资工作规程》(国资评价〔2003〕73号)和《关于印发国有企业清产核资资金核实工作规程的通知》(国资评价〔2003〕74号)规定,学校向教育部财务司提出清产核资立项申请。财务司审核后,由财务司转报财政部教科文司批复清产核资立项申请后,财务司将批复转发至各高校,学校即可组织开展清产核资工作,并按规定将清产核资结果(含清产核资工作报告、清产核资报表、专项财务审计报告及有关备查材料)上报教育部财务司,财务司审核后以教育部名义报财政部批复,财政部批复后,教育部财务司将批复转发至各高校。出版社根据批复进行相应账务处理、核销不良资产等。同时,出版社依照《企业会计制度》或《企业会计准则》,编制企业会计报表,并聘请中介机构进行转制财务审计。

三、关于资产评估

根据新闻出版总署批复的转制文件,由学校委托资产评估机构对出版社整体资产进行评估。资产评估机构出具资产评估报告书、评估说明、评估明细表。学校向教育部财务司提出资产评估备案申请,由财务司审核后,以教育部名义予以备案。

四、关于改制审批

出版社清产核资结果批复和资产评估备案后,学校向教育部科技发展中心报送出版社改制为有限责任公司的申请报告,由科技发展中心以部函批复。对于已组建资产公司的部属高校,学校在改制申请报告中应明确说明在改制完成后要通过学校对资产公司增资的方式或者无偿划转的方式将出版社有限责任公司的出资人由学校变更为学校资产公司。

五、关于产权登记

出版社完成上述转制基础工作后,应及时办理出版社事业法人注销登记。学校向教育部财务司提出出版社国有资产占有产权登记或变动产权登记申请,由财务司审核后报送财政部教科文司办理产权登记手续。

六、关于出版社更名

按照新闻出版总署转制的批复文件和《出版管理条例》更名的要求,学校按照国家有关出版许可证更名的程序要求,报送出版社更名申请。

七、关于工商注册登记

出版社持新闻出版总署批准转制的批件和批复更名的批件,教育部批准出版社改制为有限责任公司的批件以及工商管理部门要求提供的有关文件,进行出版社改制为有限责任公司的工商注册登记(或工商变更登记)。

八、关于转制完成的备案工作

出版社转制工作完成后,各高校需向教育部社会科学司报送转制完成的工作报告,包括清产核资结果批复、资产评估备案、产权登记证和企业法人营业执照复印件、法人治理结构情况、公司章程、人员安置方案以及需要报告的其他相关情况。

资料来源:教育部直属高校出版社转制工作流程及要求.http://www.ahedu.cn.2009年8月19日.

第十章

财务报告

第一节 财务报告含义、体系及编制要求

一、财务报告的含义

1. 财务报告的含义

财务报告是行政事业单位财务管理和会计核算的"产成品",是反映单位一定时期财务状况、业务活动情况和预算执行结果的总结性书面文件。它是按照公共部门财务管理与财务报告目标的要求,在完成了对财务管理对象的确认、计量和记录等一系列程序后编制而成的书面文件。

2. 财务报告的意义

通过编制财务报告,可以总结、综合、清晰明了地反映会计主体的财务状况和经营成果以及财务收支情况,从而可以反映出公共部门的经济实力、偿债能力、运营绩效和现金周转情况等广泛信息。

财务报告所提供的会计信息,是立法机构、政府财政部门、公共部门的投资者、债权人等会计信息使用者了解公共部门的基本财务状况、公共预算执行情况、预算支出进度影响因素、资金活动趋势以及预算管理中存在的问题等情况的主要来源,是国家经济管理部门制定宏观经济管理政策、经济决策的重要参考依据;是立法机关和社会公众审核、批准公共部门预算和决算的主要依据。

通过财务报告中反映的各项报表数据,行政事业单位可以分析本单位预算指标执行情况和成果、计划执行进度、业务完成情况,还可以进行财务管理分析,了解其各项资金的取得和使用是否合理,考核资金使用效益情况。通过

分析,总结经验,发现问题,促进行政事业单位加强内部财务管理,进一步提高其财务管理水平。

二、财务报告的体系

与各种类型的经济部门的财务报告类似,行政事业单位的财务报告主要包括财务报表(含财务报表附注)和财务情况说明书两部分内容。

(一)财务报表

财务报表是财务报告的主体和核心,是财务报告的主要表现形式。财务报表是指以货币为计量单位,用一定的财务指标体系总括反映一定时期单位预算执行情况和财务成果及其分配情况的报告文件。它是根据登记完整、核对无误的账簿记录和有关资料加以归类、整理、分析和汇总后编制的。财务报表必须经单位负责人、主管会计工作的负责人、会计机构负责人签名并盖章。

财务报表分为年度财务报表和中期财务报表。以短于一个完整的会计年度的期间(如半年度、季度和月度)编制的财务报表称为中期财务报表;以整个会计年度为基础编制的财务报表称为年度财务报表。

财务报表由主表、附表和报表附注三部分组成。

1. 主表

主表是行政事业单位财务信息的主要载体。主要包括资产负债表、收入支出总表和支出明细表等。

《行政单位财务规则》《事业单位财务规则》规定:

行政单位报送的财务报表包括资产负债表、收入支出表、支出明细表、财政拨款收入支出表、固定资产投资决算报表等主表。

事业单位报送的财务报告包括资产负债表、收入支出表、财政拨款收入支出表、固定资产投资决算报表等主表。

2. 附表

附表是根据不同领域不同类型公共部门的特点,以及财政部门或主管会计单位要求编报的补充性报表,如基本数字表、专项资金收支明细表等。

3. 报表附注

报表附注是在保持报表正文简练的基础上披露与报表数据相关的信息。是为了帮助财务报表阅读者理解报表的内容而对表内的有关项目和一些表外的项目所作的解释。在具体操作中,财务报表附注可采用括号注释、附表和底注等形式,一般就以下几个方面的问题进行说明:

(1)所采取的主要会计处理方法;

（2）会计处理方法的变更情况；

（3）会计报表中有关重要项目的明细资料，对那些财务报表中无法描述的其他财务信息的补充说明；

（4）其他应说明的事项。

（二）财务情况说明书

财务情况说明书是为了了解和评价行政事业单位在一定期间内收支情况、业绩成果以及对相关事项进行分析总结的非表格化的书面文字材料。财务情况说明书是财务报告的基本组成部分，也是行政事业单位向财政部门、上级主管部门报送决算的重要组成部分。

《行政单位财务规则》第五十一条规定：财务情况说明书，主要说明行政单位本期收入、支出、结转、结余、专项资金使用及资产负债变动等情况，以及影响财务状况变化的重要事项，总结财务管理经验，对存在的问题提出改进意见。

《事业单位财务规则》第五十六条规定：财务情况说明书，主要说明事业单位收入及其支出、结转、结余及其分配、资产负债变动、对外投资、资产出租出借、资产处置、固定资产投资、绩效考评的情况，对本期或者下期财务状况发生重大影响的事项，以及需要说明的其他事项。

财务情况说明书，能够以文字加数字的方式，揭示行政事业单位在财务活动中取得的成果和存在的问题，能够比较全面地反映单位业务经营活动的全过程和目前的财务状况。因此，它是单位领导和工作人员，以及所有会计报表使用者、审阅者了解评价单位财务状况的重要参考资料。

财务报表是财政部门和上级单位了解情况、掌握政策、指导单位预算执行工作的重要资料，也是编制下年度单位财务收支计划的基础。

三、财务报告的编制要求

为了充分发挥行政事业单位财务报告应有的作用，保证财务报表的质量，财务报告的编制一般有以下几方面要求：

1. 数字真实

财务报表必须根据登记完整、核对无误的账簿记录和其他核算资料，按一定的指标体系加工、整理、编制而成，各项指标和数据必须计算准确、真实可靠，做到表从账出，账表相符，切忌匡算估计，弄虚作假。由于编制财务报表的直接依据是会计账簿，所有报表的数据都来源于会计账簿，因此为保证财务报表数据的正确性，编制报表之前必须做好对账和结账工作，做到账证相符、账账相符、账实相符以保证报表数据的真实准确。

2.内容完整

对外财务报表必须按照规定格式编报,填列齐全、完整。不论主表、附表或补充说明,都不得漏填、漏报,更不能任意改变报送的内容。如报表规定项目内容容纳不下,可以利用附表、附注以及其他形式加以说明。

3.编制及时

财务报表时效性强,应在保证质量的前提下,在规定期限内编制完毕并如期报送,以满足报表使用者对财务报表资料的需要,及时了解单位报告期内财务状况和经营成果,采取措施,作出决策。

4.信息列报的一致性

财务报表项目的列报应当在各个会计期间保持一致,除会计准则要求改变财务报表项目的列报或经营业务的性质发生重大变化后,变更财务报表项目的列报能够提供更可靠、更相关的会计信息外,不得随意变更。

5.报送及时

及时性是信息的重要特征,财务报表信息只有及时地传递给信息使用者,才能为使用者的决策提供依据。否则,即使是真实可靠和内容完整的财务报告,由于编制和报送不及时,对报告使用者来说,就大大降低了会计信息的使用价值。

6.手续完备

对外提供的财务报表应加具封面、装订成册、加盖公章。财务报表封面上应当注明:单位名称、单位统一代码、组织形式、地址、报表所属年度或者月份、报出日期,并由单位负责人和主管会计工作的负责人、会计机构负责人(会计主管人员)签名并盖章;设置总会计师的企事业单位,还应当由总会计师签名并盖章。

第二节 行政单位财务报表内容及编制方法

行政单位财务报表包括资产负债表、收入支出表、支出明细表、财政拨款收入支出表、固定资产投资决算报表等主表及有关附表、报表附注、基本数字表和报表说明书。

一、行政单位资产负债表

资产负债表是行政单位最基本、最重要的报表,应于每月末、季末、年末报出。它是反映行政单位在某一特定时点资产、负债和净资产以及收入、支出等财务状况的报表。它由资产、负债及净资产等具体项目组成。

资产负债表格式分为左右两方,左方资产部类列示资产项目;右方负债部类列示负债、净资产项目。报表左右两方的总计金额必然相等、平衡。

行政单位资产负债表平衡公式为:

$$资产＝负债＋净资产$$
即　资产合计＝负债和净资产合计

行政单位的资产负债表的结构大体上与事业单位的相同,但由于行政单位的会计科目较少,所以行政单位的资产负债表要简单一些。格式如表所示。

表 10-1　行政单位资产负债表

年　月　日

编表单位:　　　　　　　　　　　　　　　　　　　　　　　　　　单位:元

科目编号	资产部类	年初数	年末数	科目编号	负债部类	年初数	年末数
	一、资产类				二、负债类		
	现金				应缴预算款		
	银行存款				应缴财政专户款		
	有价证券				暂存款		
	暂付款						
	库存材料						
	固定资产						
	零余额账户用款额度				三、净资产类		
					固定基金		
					结余		
					其中:经营性结余		

续表

科目编号	资产部类	年初数	年末数	科目编号	负债部类	年初数	年末数
					专项结余		
					净资产合计		
	资产合计				负债和净资产合计		

二、行政单位收支总表

行政单位收支总表,是综合反映行政单位年度收支总规模的报表,即综合反映行政单位在一定时期内收入、支出及结余总体情况的报表。

行政单位收入支出总表的基本结构与事业单位同名报表的结构相同,一般分左右两方。左方反映上年结余、本年各项收入数、收支结余数;右方反映各项支出数。

累计结余填列本年各项收支相抵后的余额,除另有规定外,全额结转下年度使用。

行政单位收支情况总表的平衡公式是:

$$年末结余＝上年结余＋本年收入－本年支出$$

$$=上年结余+\left(\begin{matrix}财政预算\\拨款收入\end{matrix}+\begin{matrix}预算外\\资金收入\end{matrix}+\begin{matrix}其他\\收入\end{matrix}\right)-$$

$$\left(\begin{matrix}经常性\\支出\end{matrix}+\begin{matrix}专项\\支出\end{matrix}+\begin{matrix}自筹基本\\建设支出\end{matrix}\right)$$

行政单位收入支出总表按行政单位实有各项收支项目汇总列示。收入支出中的"拨入经费"、"预算外资金收入"、"其他收入"、"经费支出"、"自筹基建支出"等项目,可按总账账户转账前的全年累计数填列;结余部分可按"结余"账户转账后的余额填列。

行政单位收支总表格式如下:

表 10-2　行政单位收入支出总表

年　月　日

编表单位：　　　　　　　　　　　　　　　　　　　　　　　　　　单位：元

行次	项目	本年累计数	行次	项目	本年累计数
	一、上年结余			三、本年支出	
	其中:专项结余			(一)经常性支出	
	二、本年收入			(二)专项支出	
	(一)财政预算拨款收入			(三)自筹基建支出	
	其中:专项拨款			四、年末结余	
	(二)预算外资金收入			其中:专项结余	
	1.财政专户拨款收入				
	其中:专项拨款				
	2.经批准单位留用收入				
	(三)其他收入				

三、行政单位支出明细表

行政单位支出明细表,是反映一定时期经常性支出和专项支出中具体支出项目情况的报表,是行政单位收支情况总表的补充报表。支出明细表的项目,应当按照《政府预算支出科目》列示。行政单位支出明细表的填制依据是"经费支出"各明细账户。

行政单位支出明细表的平衡公式是:

$$行政单位支出＝基本工资＋补助工资＋其他工资＋职工福利费＋$$
$$社会保障费＋公务费＋设备购置费＋修缮费＋$$
$$业务费＋其他费用$$

通过支出明细表可以了解行政单位支出具体项目构成及支出结构是否合理。

行政单位支出明细表格式如下:

表 10-3 行政单位支出明细表

年 月 日

填表单位：　　　　　　　　　　　　　　　　　　　　　　　　　　　　单位：元

项目	合计	工资福利支出				商品和服务支出									对个人和家庭的补助					资本性支出						其他
		小计	基本工资	津贴补贴	其他	小计	办公费	水电费	取暖费	交通费	差旅费	招待费	福利费	其他	小计	离退休费	抚恤金	购房补贴	其他	小计	房屋建筑物购置	办公设备购置	专用设备购置	交通工具购置	其他	小计
列次	1	2	3	4	5	6	7	8	9	10	11	12	13	14	15	16	17	18	19	20	21	22	23	24	25	26
经费支出																										
其中：财政拨款支出																										
预算外资金支出																										
合计																										

四、行政单位专项支出情况表

行政单位专项支出情况表，是反映行政单位一定时期专项支出具体项目情况的报表，是支出明细表的辅助报表。其内容一般包括专项修缮、专项租房、专项购置、专项会议费、专项业务费的支出数额和有关资料情况。

五、行政单位基本数字表

行政单位基本数字表是根据财政部门和主管会计单位的要求编报的补充性报表。与事业单位基本数字表类似，它是反映行政单位的定员定额执行情况、车辆及重要办公设备的保有情况等。具体项目内容因行政单位类型和工作任务不同而有所差别，应按财政部门和上级主管单位的要求编报列示。

六、行政事业单位基建投资表

行政事业单位基建投资表是国家确定和控制基本建设总投资的依据。反映了行政事业单位基建项目进度、资金来源及到位情况、分项投资完成情况及投资总额、概算执行情况等。

行政事业单位基建投资表格式见表10-4。

表 10-4 行政事业单位基建投资表
年 月 日

编表单位： 单位:元

项目编号	建设项目名称	开工日期	概算数	基建拨款及借款					基本建设支出					备注
				累计	财政拨款	单位自有资金	基建投资借款	其他	累计	已移交资产			在建工程	
										固定资产	流动资产	无形资产		

第三节 事业单位财务报表内容及编制方法

事业单位财务报表是准确反映事业单位一定时期财务状况和事业成果的总结性书面文件。事业单位报送的年度财务报表包括资产负债表、收入支出表、财政拨款收入支出表、固定资产投资决算报表等主表,有关附表以及财务情况说明书。

一、事业单位资产负债表

事业单位资产负债表,是反映事业单位一定时点资产、负债及净资产等情况的报表。其结构和作用与行政单位资产负债表基本相同,但由于事业单位财务活动内容与行政单位有所区别,财务收支项目和会计核算使用的科目不尽相同,其资产负债表反映的项目也有所区别。

事业单位资产负债表的平衡公式为:

$$资产＝负债＋净资产$$

即 资产合计＝负债和净资产合计

事业单位资产负债表格式如下:

表 10-5 事业单位资产负债表

年 月 日

编表单位: 单位:元

资产	年末余额	年初余额	负债和净资产	年末余额	年初余额
一、资产类			二、负债类		
流动资产:			流动负债:		
货币资金			短期借款		
财政应返还额度			应缴非税收入		
应收票据			应付职工薪酬		
应收账款			应交税费		
预付账款			应付票据		
其他应收款			应付账款		

续表

资产	年末余额	年初余额	负债和净资产	年末余额	年初余额
存货			预收账款		
流动资产合计			其他应付款		
对外投资:			流动负债合计		
长期股权投资			非流动负债:		
长期债权投资			长期借款		
对外投资合计			长期应付款		
固定资产:			非流动负债合计		
固定资产原价			代管经费		
减:累计折旧			负债合计:		
固定资产净值					
文物文化资产			三、净资产		
在建工程			累计盈余		
基建工程			专用基金		
固定资产清理			净资产合计:		
固定资产合计					
无形资产:					
无形资产					
待处理财产损益					
资产合计:					
资产总计			负债和净资产总计		

二、事业单位收支总表

事业单位收支情况总表是综合反映事业单位一定时期财务收支情况及财务成果的报表。本表由收入、支出、结余和分配三部分组成。

收入支出总表分为左右两部分。左方部分反映收入及结余情况；右方部分反映支出及结余分配情况。

事业单位收入支出总表的格式如下：

表 10-6　事业单位收入支出总表

年　月　日

编表单位：　　　　　　　　　　　　　　　　　　　　　　　　单位：元

收入				支出			
行次	项目	本月数	本年累计	行次	项目	本月数	本年累计
1	拨入专款				专项资金支出		
2	财政补助收入				拨出经费		
3	其中:项目收入				拨出专款		
4	上级补助收入				上缴上级支出		
5	附属单位缴款				对附属单位补助		
6	事业收入				事业支出		
7	财政专户返还收入				其中:基本支出		
8	其中:项目收入				项目支出		
9							
10	经营收入				经营支出		
11	1.				1.		
12	2.				2.		
13	其他收入				结转自筹基建		
14							
15	收入总计				支出总计		
16	结余				结余分配		
17	1.事业结余				1.应交所得税		
18	2.经营结余				2.提取专用基金		
19					3.转入事业基金		
20					4.其他		
21	转入事业基金						

事业单位收支情况总表的平衡公式为：

收支结余＝事业结余＋经营结余

事业结余＝上年结转数(含上年专项资金结存)＋财政补助收入＋
　　　　　上级补助收入＋事业收入＋附属单位上缴收入＋
　　　　　其他收入－事业支出－自筹基本建设支出－
　　　　　上缴上级支出－对附属单位补助支出

经营结余＝上年结转经营亏损＋经营收入－经营支出

年末结转结余＝收支结余＋用上年事业基金弥补收支差额－结余分配

三、事业单位事业支出明细表

事业单位事业支出明细表是反映事业单位一定时期事业支出明细情况的报表，也是事业单位收支情况总表的补充报表。事业支出明细项目是根据国家预算支出科目的"目"级科目确定的，包括基本工资、补助工资、其他工资、职工福利费、社会保障费、助学金、公务费、设备购置费、修缮费、业务费和其他费用等。

事业单位事业支出明细表的格式、作用和填报方法与行政单位支出明细表相同。

事业支出明细表的平衡公式是：

事业支出＝基本工资＋补助工资＋其他工资＋职工福利费＋
　　　　　社会保障费＋助学金＋公务费＋设备购置费＋
　　　　　修缮费＋业务费＋其他费用

四、事业单位事业基金、专用基金增减变动情况表

事业单位事业基金、专用基金增减变动情况表，是反映事业单位一定时期事业基金、专用基金增减变动及结余情况的报表。事业基金由一般基金和投资基金组成；专用基金包括职工福利基金、医疗基金、修购基金、其他基金等项目，由于其他基金是一个统称，其不同的项目还要根据管理要求，加以明细列示。

表 10-7 事业单位事业支出明细表

年 月 日

填表单位：　　　　　　　　　　　　　　　　　　　　　　　　　单位：元

项目	合计	工资福利支出				商品和服务支出										对个人和家庭的补助					资本性支出						其他
		小计	基本工资	津贴补贴	其他	小计	办公费	水电费	取暖费	交通费	差旅费	招待费	福利费	其他	小计	离退休费	抚恤金	购房补贴	其他	小计	房屋建筑物购置	办公设备购置	专用设备购置	交通工具购置	其他	小计
列次	1	2	3	4	5	6	7	8	9	10	11	12	13	14	15	16	17	18	19	20	21	22	23	24	25	26
经费支出																										
其中：财政拨款支出																										
预算外资金支出																										
合计																										

表 10-8 事业单位事业基金、专用基金增减变动情况表

年 月 日

编表单位： 单位:元

行次	项目	本年累计数	行次	项目	本年累计数
	一、事业基金			二、专用基金	
	(一)上期结余			(一)修购基金	
	1.一般基金			期初数	
	2.投资基金			本期增加	
	(二)本期增加			本期减少	
	一般基金			其中:用于购置设备	
	其中:一般基金对外投资转入			用于修缮	
	其他对外投资转入			期末数	
	(三)本期减少			(二)职工福利基金	
	1.一般基金			期初数	
	其中:用于弥补收支差额			本期增加	
	用于对外投资			本期减少	
	2.投资基金			期末数	
	(四)期末余额			(三)其他基金	
	1.一般基金			期初数	
	2.投资基金			本期增加	
				本期减少	
				期末数	

事业单位事业基金、专用基金增减变动情况表的平衡公式是：

年末余额(结余)＝上年余额(结余)＋本年增加数－本年减少数

五、事业单位基本数字表

事业单位基本数字表,是反映事业单位工作人员数量和人员构成以及事业成果等项指标的报表。事业单位的业务性质不同,本表反映的内容也会有一定的差别。如一般事业单位有职工数;教育单位除教职工数外,还有学生人数。

基本数字表的格式如下：

表 10-9　基本数字表（简表）

年　月　日

编表单位：　　　　　　　　　　　　　　　　　　　　　　　　单位：

行次	项目	年初数	本年增加	本年减少	年末数	全年平均数	备注
1	一、教职工数						
2	1.教学人员						
3	2.教辅人员						
4	3.管理人员						
5	4.工人						
6	5.离退休人员						
7	6.外籍专家						
8	二、学生人数						
9	1.本科生						
10	2.专科生						
11	3.成人高教生						
12	4.研究生						

第四节　年度财务报告的编报与审批

一、年度财务报告的编报程序

行政事业单位在预算年度终了前，应根据财政部门或主管部门的决算编审工作要求，对各项收入账目、往来款项、货币资金和财产物资进行全面的清理结算，在此基础上办理年度结账，编写财务报告。并对财务报告进行审核，审核内容主要有：

1.财务报表整体内容

财务报表包括：报表封面、主表、附注和说明书。

（1）封面内容

主要包括：

行政事业单位名称；

单位负责人；

财务负责人；

填表人；

联系方式；

单位统一代码；

基本性质；

财政预算代码；

预算管理级次；

隶属关系；

报表类型等。

(2)主表、附注和说明书

主要包括：

行政事业单位各类收支与结余情况；

资产与负债情况；

人员与工资情况；

财政部门规定的其他应上报的内容。

主表适用于所有行政事业单位，补充指标表仅适用于相关业务的行政事业单位。

2.审核各个项目填报的完整性、准确性

核算年度预算收支数额和各项缴拨款，保证上下级之间的年度预算数与领拨经费数一致。做到数字真实、计算正确、内容完整、账表相符、表表相符。

报表编制完毕审核后，须经单位负责人、财务负责人和报表编制人员审查、签字并盖章。

在此基础上，整理成完整准确的年度财务报告，报主管部门审核汇总。

二、对单位年度财务报告的审批

财政部门收到经主管部门(或一级预算单位)汇总报来的单位年度财务报告后，要认真审核。审核的主要内容包括：

(1)审核编制范围是否全面，是否有漏报和重复编报现象；

(2)审核编制方法是否符合国家统一的财务会计制度，是否符合行政事业单位会计决算报告的编制要求；

(3)审核编制内容是否真实、完整、准确,审核单位账簿与报表是否相符、金额单位是否正确,有无漏报、重报项目以及虚报和瞒报等弄虚作假现象;

(4)审核报表中的相关数据是否衔接一致,包括表间数据之间、分户数据与汇总数据之间、报表数据与计算机录入数据之间是否衔接一致;

(5)将报表与上年数据资料进行核对,审核数据变动是否合理。

三、审核的方式

财务报告审核应采取人工审核与计算机审核相结合的方法。

人工审核包括政策性审核和规范性审核。政策性审核主要以现行财务制度和有关政策规定为依据,对重点指标进行审核;规范性审核侧重于报告编制的正确性和真实性及勾稽关系等方面的审核。

计算机审核是利用软件提供的数据审核功能,逐户审核报表的表内表间关系、检查数据的逻辑性及数据的完整性。

报告审核的工作方式可根据实际情况采取自行审核、集中会审、委托审核等多种形式。

自行审核是指各级行政事业单位在上报财务报告前应自行将本单位报表、磁盘以及有关数据资料,按统一规定的审核内容进行逐项复核。

集中会审是指各部门、各地区组织专门力量对行政事业单位编制的报表、磁盘及相关资料,按照统一的标准及要求进行集中对账或分户复核。

委托审核是指委托中介机构对行政事业单位决算报表数据及相关资料进行审核。

四、财务报告的批复

财政部门对符合有关规定的行政事业单位财务决算,要在规定的期限内批复。财务决算批复的项目一般包括单位的全部财务收支数额。

对行政单位财务决算批复的主要内容是:本财务年度各项收入数额;本财务年度各项支出数额;本财务年度各项支出的运用渠道;年末结余数额等。

对事业单位财务决算批复的主要内容是:本财务年度各项收入数额;本财务年度各项支出数额;本财务年度各项支出的运用渠道;用上年事业基金弥补收支差额数;结余分配数包括提取职工福利基金数、转入事业基金数;专用基金收支数额包括修购基金提取数、支出使用数等。

单位财务决算经财政部门审查批准后,才表明本年度财务活动的完成。

思考题

1. 什么是行政事业单位的财务报告?
2. 行政事业单位的财务报告包括哪几方面内容?
3. 行政事业单位财务报告的编制要求是什么?
4. 行政单位资产负债表包括哪些内容?
5. 事业单位资产负债表包括哪些内容?
6. 行政单位财务报表内容及编制方法是什么?
7. 事业单位财务报表内容及编制方法是什么?
8. 行政事业单位年度财务报告的编报程序有哪些?

阅读材料

×××学院 2012 年度财务决算及 2013 年度财务预算报告

一、2012 年财务收支情况

2012 年,学校财务运行情况良好,日常收支略有盈余,加大了对教学、科研的投入。为学校的发展目标提供了充足的资金保障。一年来,学校财务工作在上级和学校领导的正确指导下,严格执行财务审批制度、政府采购制度、工程审批制度等,推行财务公开,做到收费公示,增强了财务工作的规范性和透明度。

(一)收入情况

2012 年学校的总收入为 17 028.3 万元。来源分别为:

(1)公共财政预算拨款 8 353.79 万元。

(2)事业收入 7 857.19 万元。其中:学费收入 6 517.19 万元,住宿费收入 1 066.89 万元,成教收入 273.11 万元。

(3)经营收入 674.5 万元。其中,租金收入 182.5 万元,联合办学收入 492 万元。

(4)其他收入 142.82 万元(主要为利息收入)。

(二)支出情况

2012 年学校的总支出为 16 709.66 万元。

1. 人员经费支出 9 708.31 万元,占全年经费支出的 58.10%。其中:

(1)工资福利支出 7 240.14 万元(含在编和编外人员);

(2)离退休人员工资 1 398.5 万元;

(3)住房公积金 948.31 万元(含在编和编外人员);

(4)提租补贴 121.36 万元。

2.公用业务经费支出 4 627.74 万元,占全年经费总支出的 27.69%。其中:

(1)办公经费支出 47.06 万元;

(2)水电费支出 594.68 万元;

(3)邮电费支出 116.62 万元;

(4)物业管理费支出 364.98 万元(含保安工资、卫生费、日常绿化维护费等);

(5)差旅费支出 222.28 万元;

(6)"三公"经费支出 397.24 万元,其中:因公出国(境)费用 28.78 万元,公务接待费 115.61 万元,公务用车费 252.85 万元;

(7)修缮维护费支出 769.53 万元;

(8)本专科业务费支出 455 万元(含学科建设、学生经费、教学经费、实训实习费、本科教育质量工程、资料讲义印刷费等);

(9)招生就业费支出 67 万元;

(10)资本性支出 1 162.54 万元(含设备购置费 984.96 万元,图书购置费 177.58 万元);

(11)其他公用支出 474.25 万元。

3.科研事业支出 160.66 万元,占全年经费总支出的 0.96%。

4.财政支持地方高校建设经费支出 780.33 万元,占全年经费总支出的 4.67%。

5.学生奖、助、贷、减免等支出 1 097.45 万元,占全年经费总支出的6.57%。

6.其他支出 291.73 万元(税金等),占全年经费总支出的 2.01%。

(三)收支节余

2012 年财务总收入为 17 028.3 万元,总支出为 16 709.66 万元,结余 318.64 万元。

(四)基本建设和贷款情况

1.2012 年基建支出为 12 703.36 万元,基建支出主要通过贷款来支付。

2.2012 年学校新区建设根据进度向银行新增贷款 6 900 万元,累计贷款余额为 28 500 万元,偿还贷款利息支出为 540 万元。

二、2012 年财务主要工作

(一)学校财务状况继续保持良性发展的趋势

2012 年总收入实现稳步增长,收入增长率为 10%。总支出递增 10%,与收入同步增长。同时,通过与多家银行建立合作关系,争取贷款额度,保障了新区基本建设资金能够及时到位。

(二)专项资金的申请取得较大成效

1.2012 年中央财政支持地方高校专项资金,原计划为 600 万元左右,经过多方努力,最后争取到 1 000 万元的专项资金,比原计划增加了 400 万元。

2.得到省财政厅的大力支持,争取到了 41 万元的出国经费额度,保证了学校教师的出国(境)考察、访问交流等工作的顺利进行。

(三)财务信息化建设迈上新的台阶

配合学校校务公开,进一步增强财务信息公开,为全校师生提供更及时和全面的财务信息,以满足全校范围内查询及决策的需要。2012 年启用新的职工工资查询系统和学生缴费查询系统,还增加了部门经费查询系统,使部门负责人在网络上就能查询本部门项目经费收支及结余情况。

(四)进一步规范学校财务制度

出台《×××学院教学和学生经费管理办法》及《×××学院非学历教育收入分配和管理办法》等财务制度,进一步调动了二级学院的教学科研积极性。

(五)进一步提高教职工的工资待遇

在 2012 年安排人员经费预算的基础上,多方筹措资金,追加 1 000 万元用于增加教职工基础性绩效,教职工收入稳中有增。

三、2013 年预算概况

2013 年,学校的预算总收入将稳中有升。在预算支出方面,学校将在确保人员经费支出的前提下,严格贯彻刚性预算的思想,力争将有限的财力用在更多事关学校发展的教学科研工作中。

(一)2013 年学校收入预算

项目	金额(万元)
1.财政拨款	8 300
2.学费和住宿费收入	9 000
3.各校区租金收入	1 200
4.二级学院培训收入	300
合计	18 800

（二）2013年学校支出预算

项　目	金额(万元)	所占比例
1.人员经费	12 000	63.83%
2.公用支出	5 800	30.85%
3.项目支出	1 000	5.32%
合　计	18 800	100.00%

2013年支出预算说明：

1.教职工个人收入稳中有增,计划占总收入（财政拨款、学费和住宿费）60%以上。

2.办公经费根据办学规模适当增长。

3.根据学校"十二五"规划,重点保证学科建设、实验室建设、实训基地建设。

（三）2013年基本建设和贷款预算

1.2013年学校新区基本建设预算支出为10 000万元,主要用于学生公寓,学生活动中心,学生服务中心的建设等。

2.2013年学校预计向银行新增贷款10 000万元,预计贷款利息支出为2 300万元。

四、2013年财务工作思路

（一）制度建设方面

1.全面梳理和修订原有财务制度,加强会计基础规范工作,健全财务内部控制制度。

2.制定出台新的财务制度,积极探索和出台二级预算管理办法。

（二）开源节流方面

1.争取省财政和相关主管部门及时足额拨款和追加各项经费

主要争取在人员经费、抚恤经费、学生经费、科研经费、建设经费等方面得到省财政厅及省教育厅大力支持,并且做好中央财政支持地方高校建设专项资金工作。

2.提高国有资产使用效率,增加办学收入

充分利用资产出租、资产置换、联合办学等形式促进原四校校区综合利用,并且督促职能部门及时做好水电、房租缴交工作,促进国有资金的回收。

3.加强管理,节约支出

对电话、网络使用费进行清理,减少不必要的浪费;加强车辆管理,对该报废的车辆及时报废;加强办公用房管理,严格执行办公用房标准;支持原四校公有住房的水电一户一表改造,促进物业管理社会化;加大对工程建设资金,大宗物品采购管理等的审核力度。

(三)各项建设经费方面

1.新区建设方面

为确保新区建设顺利进行,在年度建设资金预算内,积极与相关银行沟通,争取足额的贷款额度。既要保证建设项目用款,又要讲求时间效益,节约利息支出,根据工程进度,合理安排贷款。

2.办公设备方面

争取财政专项支持,统一配置。另一方面,现有电脑及其他办公设备至合并以来,到了更新年限,在年度预算中安排资金逐步更新。

3.人才建设方面

根据学院发展需求及财力,尽量满足学院人才引进和培养所需资金。

4.实验室和实训基地建设方面

除了争取中央财政支持地方高校建设资金外,在年度预算中将配套安排一定的资金确保我院在实验室和实训基地建设方面有较大发展。

(四)教学、科研经费方面

1.教学方面

计划到2013年,安排教学经费达到学费收入的25%,今后保持这个水平且有所增长。

2.科研方面

鼓励教师对外争取课题专项经费,财务将在配套上予以大力支持。同时在年度预算安排上将对科研倾斜,保持逐年较大增长。

(五)教职工待遇方面

将在扩大招生规模、盘活现有资产、增收节支以及实行二级管理等方面,采取积极有效的措施,增加学校收入,争取教职工个人收入与学校收入同步增长。

第十一章

财务分析

第一节　财务分析概述

一、财务分析的含义

财务分析是以会计核算和报表资料及其他相关资料为依据,采用一系列专门的分析技术和方法,对企业等经济组织过去和现在有关筹资活动、投资活动、经营活动、分配活动的赢利能力、营运能力、偿债能力和增长能力状况等进行分析与评价的经济管理活动。它是为企业的投资者、债权人、经营者及其他关心企业的组织或个人了解企业过去、评价企业现状、预测企业未来做出正确决策提供准确的信息或依据的经济应用学科。

1.财务分析是一门综合性、边缘性学科

财务分析是在企业经济分析、财务管理和会计基础上发展形成的一门综合性、边缘性学科。

2.财务分析有完整的理论体系

从财务分析的内涵、财务分析的目的、财务分析的作用、财务分析的内容,到财务分析的原则、财务分析的形式、财务分析的组织等,都日趋成熟。

3.财务分析有健全的方法论体系

财务分析有专门的技术方法,如水平分析法、垂直分析法、趋势分析法、比率分析法等都是财务分析的专门和有效的分析方法。

4.财务分析有系统客观的资料依据

最基本的资料是财务报表。

5.财务分析有明确的目的和作用

财务分析的目的受财务分析主体和财务分析服务对象的制约。

关于财务分析的定义，还有多种表达，美国南加州大学教授 Water B. Neigs 认为，财务分析的本质是搜集与决策有关的各种财务信息，并加以分析和解释的一种技术。美国纽约市立大学 Leopold A. Bernstein 认为，财务分析是一种判断的过程，旨在评估企业现在或过去的财务状况及经营成果，其主要目的在于对企业未来的状况及经营业绩进行最佳预测。

二、行政事业单位财务分析的含义

公共组织和企业的业务方向、业务内容不同，但财务分析的基本方法、基本原理是一致的。对于各类组织，财务分析是其财务管理的一项重要内容。

行政事业单位财务分析，主要是指依据财务报表和其他有关信息资料，运用系统科学的财务分析方法，对行政事业单位的财务活动过程及其业绩成果进行研究、分析和评价，以利于行政事业单位的管理者、投资者以及政府管理机构掌握行政事业单位的资金活动情况并进行营运决策的一项管理活动。

行政事业单位的财务分析可以从以下几个方面加以考察：

1.财务分析的主体

即对行政事业单位的财务活动进行分析的机构和个人。主要有行政事业单位的专职业务人员及主管领导、上级主管部门、财政税务部门以及政府管理机构等。

2.财务分析的客体

即财务评价的对象。包括行政事业单位的财务状况、业绩成果及资金活动情况与趋势等。

3.财务分析的依据

主要是行政事业单位编制的财务报表，包括资产负债表、收支总表、支出决算表等。

4.财务分析的目的

即进行财务分析的最终目的。主要有三方面：一是为财务报表的使用者所要做出的相关决策提供客观的、可靠的依据；二是对公共资源的配置使用结果及其效益作出客观评价；三是促进行政事业单位加强和改进财务管理工作。

三、行政事业单位财务分析的意义和依据

对于主要以财政资金作为其资金来源的行政事业单位来说，开展财务分析具有特别重要的意义。

1.促进行政事业单位加强预算管理,保证公共预算顺利实现

预算是行政事业单位执行国家政策、开展业务活动的根本。单位预算编制是否科学、合理,直接反映在预算的执行结果汇编——各单位的财务报告中。通过对财务分析,可以了解单位预算编制的科学合理性、预算执行的合规性,及时总结,避免偏差,保证预算顺利实现。

2.增强公共组织对业务发展状况的规律性认识

行政事业单位开展财务分析,能够更好地认识和掌握收支管理的规律,总结先进经验,找出存在的问题,促进单位全面分析财务问题,预测单位的财务风险承受能力,为改善管理、提高效益提供依据。

3.促进行政事业单位严格执行财务制度和财经纪律

通过财务分析,了解、检查单位财务活动是否认真执行财务制度和财经纪律,有无违法行为,促进单位财务管理工作健康有序开展。

4.有利于政府机构的管理和加强宏观经济调控

开展财务分析,对行政事业单位的财务活动进行评价,及时反映单位的预算执行进度,将对宏观管理的有效性以及宏观决策的客观性提供必要的保证。

对于主要以财政资金作为其资金来源的行政事业单位来说,必须要依据相关规定、原则和要求进行财务分析。其依据是:

(1)国家有关的方针、法律、政策、法规、财务制度和财经纪律;

(2)经国家批准的各项费用收支标准、人员编制和定额指标;

(3)经有关部门批准的公共组织发展计划、业务工作方面的管理规定和办法;

(4)公共组织的预算资料、决算资料和会计核算资料;

(5)其他有关数据和资料。

第二节　财务分析的形式和步骤

一、财务分析的形式

(一)按照财务分析的内容划分

1.全面分析

全面分析是指对行政事业单位的各项财务活动进行全面、系统的综合分析。主要包括:

(1)单位执行政策法规、财务制度和财经纪律情况；

(2)单位基本数字情况、行政业务工作情况；

(3)预算资金、收支管理情况；

(4)资产负债管理情况；

(5)资金使用效益情况。

全面分析工作时间长、工作量大，要借助各种综合性资料有计划地进行。

2.专题分析

专题分析是针对财务活动中某个特定项目、特定政策或特定问题而进行的专项分析。

比如，为了控制单位的公用经费开支，可对差旅费、招待费、车辆运行费等支出情况进行专项分析。

专项分析重点突出、针对性强、方式灵活，是行政事业单位在财务分析中经常运用的一种方法。

（二）按照财务分析的过程划分

1.事前分析

事前分析又称预测分析，是指在财务活动实施之前，对财务活动可行性、可靠性所进行的分析预测。一般来说，单位在编制年度预算之前，都需要进行事前分析。

2.事中分析

事中分析又称控制分析，是指对某一个阶段或某一个特定时间的财务活动所进行的分析。这种分析，可以及时发现问题，总结经验，纠正偏差。行政事业单位都应在每季末对预算执行情况进行分析。

3.事后分析

事后分析又称总结分析，是指在某项财务活动结束后所进行的总结分析。行政事业单位的年度财务决算分析，就属于典型的事后分析。

（三）按照财务分析的阶段性划分

1.定期分析

定期分析是指按照规定的时间对财务活动进行的分析。它一般在财务报告期（月、季、年度）结束后进行。

2.不定期分析

不定期分析是一种临时性的检查分析，是指为了研究和解决某些特定问题或者按照上级部门的要求，临时进行的一种分析。

二、财务分析的步骤

1.财务分析信息搜集整理阶段

(1)明确财务分析目的、范围；

(2)制订财务分析计划；

(3)搜集整理财务分析信息。

2.会计分析阶段

会计分析的目的在于评价行政事业单位会计所反映的财务状况与经营成果的真实程度。通过对会计政策、会计方法、会计披露的评价,揭示会计信息的质量;通过对会计灵活性、会计估价的调整,修正会计数据,为财务分析奠定基础,并保证财务分析结论的可靠性。

进行会计分析,一般可按以下步骤进行：

(1)阅读会计报告；

(2)比较会计报表；

(3)解释会计报表；

(4)修正会计报表信息。

会计分析是财务分析的基础,通过会计分析,对发现的由于会计原则、会计政策等原因引起的会计信息差异,应通过一定的方式加以说明或调整,消除会计信息的失真问题。

3.财务分析的实施阶段

(1)财务指标分析

财务指标包括绝对指标和相对指标两种。对财务指标进行分析,特别是进行财务比率指标分析,是财务分析的一种重要方法或形式。财务指标能准确反映某方面的财务状况。进行财务分析,应根据分析的目的和要求选择正确的分析指标。正确选择与计算财务指标是正确判断和评价行政事业单位财务状况的关键所在。

(2)基本因素分析

财务分析不仅要解释现象,而且要分析原因。因素分析法就是要在报表整体分析和财务指标分析的基础上,对一些主要指标的完成情况,从其影响因素角度,深入进行定量分析,确定各因素对其影响的方向和程度,为单位正确进行财务评价提供最基本的依据。

4.财务分析综合评价阶段

(1)财务综合分析与评价

财务综合分析与评价是在应用各种财务分析方法进行分析的基础上,与定性分析判断及实际调查情况结合起来,得出财务分析结论的过程。财务分析结论是财务分析的关键步骤,结论的正确与否是判断财务分析质量的唯一标准。

(2)财务预测与价值评估

财务分析既是一个财务管理循环的结束,又是另一财务管理循环的开始。应用历史或现实财务分析结果预测未来财务状况与单位价值,是现代财务分析的重要任务之一。

财务分析不能仅满足于事后分析原因,得出结论,而且要对单位未来发展及价值状况进行分析与评价。

(3)财务分析报告

财务分析报告是财务分析的最后步骤。它将财务分析的基本问题、财务分析结论,以及针对问题提出的措施建议以书面的形式表示出来,为财务分析主体及财务分析报告的其他受益者提供决策依据。财务分析报告作为对财务分析工作的总结,还可作为历史信息,以供后来的财务分析参考,保证财务分析的连续性。

第三节　财务分析的指标体系和方法

要保证财务分析结果的正确性,财务分析者所采用的分析指标和分析方法具有重要影响。

一、财务分析的指标体系

《事业单位财务规则》第五十七条规定,事业单位财务分析的指标包括预算收入和支出完成率、人员支出与公用支出分别占事业支出的比率、人均基本支出、资产负债率等。主管部门和事业单位可以根据本单位的业务特点增加财务分析指标。

《行政单位财务规则》第五十三条规定,行政单位财务分析的指标主要有:支出增长率、当年预算支出完成率、人均开支、项目支出占总支出的比率、人员支出占总支出的比率、公用支出占总支出的比率、人均办公使用面积、人车比例等。行政单位可以根据其业务特点,增加财务分析指标。

行政事业单位财务分析指标:

1. 支出增长率

计算公式为：

$$支出增长率 = \left(\frac{本期支出总额}{上期支出总额} - 1\right) \times 100\%$$

衡量行政事业单位支出的增长水平。利用支出增长率指标可分析评价单位支出增长是否控制在合理的幅度内，是否与其业务规模、资产增长相协调。

2. 当年预算支出完成率

计算公式为：

$$当年预算支出完成率 = \frac{年终执行数}{年初预算数 \pm 年中预算调整数} \times 100\%$$

注：年终执行数不含上年结转和结余支出数

衡量行政事业单位当年支出总预算及分项预算完成的程度。

3. 人均开支

计算公式为：

$$人均开支 = \frac{本期支出数}{本期平均在职人员数} \times 100\%$$

衡量行政事业单位人均年消耗经费水平。人均开支是反映支出定额管理执行结果的指标。使用该指标进行比较时，应考虑不同地区、不同单位之间的可比性。

4. 项目支出占总支出的比率

计算公式为：

$$项目支出比率 = \frac{本期项目支出数}{本期支出总数} \times 100\%$$

衡量行政事业单位的支出结构。项目支出占总支出比重可显示单位专项业务活动的比重，该指标前后比较，可用于分析专项支出比重变化的原因及合理性。

5. 人员支出、公用支出占总支出的比率

计算公式为：

$$人员支出比率 = \frac{本期人员支出数}{本期支出总数} \times 100\%$$

$$公用支出比率 = \frac{本期公用支出数}{本期支出总数} \times 100\%$$

衡量行政事业单位的支出结构。人员支出、公用支出占总支出比重可用于分析单位支出结构的合理性,该指标可用于前后期比较,也可用于与同类型单位的比较。

6. 人均办公使用面积

计算公式为:

$$人均办公使用面积 = \frac{本期末单位办公用房使用面积}{本期末在职人员数}$$

衡量行政事业单位办公用房配备情况。通过该指标对比分析,判断单位办公使用面积的合理程度。

7. 人车比例

计算公式为:

$$人车比例 = \frac{本期末在职人员数}{本期末公务用车实有数}$$

衡量行政事业单位公务用车配备情况。该指标反映单位机动车辆配备情况,通过对比分析,可以看出单位车辆配备的变化情况,利于控制公用经费。

8. 经费自给率

计算公式如下:

$$经费自给率 = \frac{事业收入 + 经营收入 + 附属单位上缴收入 + 其他收入}{事业支出 + 经营支出} \times 100\%$$

衡量事业单位收入的能力和收入满足经常性支出的程度。经费自给率是综合反映非营利组织财务收支状况的重要的评价指标。

9. 人员支出、公用支出占事业支出的比率

人员支出是指非营利组织事业支出中用于人员开支的部分,包括职工工资、津贴、奖金、职工福利费、社会保障费等。

公用支出是指非营利组织事业支出中用于公共开支的部分,包括公务费、业务费、设备购置费、修缮费和其他费用。

计算公式如下:

$$人员支出比率 = \frac{人员支出}{事业支出} \times 100\%$$

$$公用支出比率 = \frac{公用支出}{事业支出} \times 100\%$$

通过人员支出比率、公用支出比率分析,可以了解事业支出结构是否合理。

10. 资产负债率

计算公式如下:

$$资产负债率 = \frac{负债总额}{资产总额} \times 100\%$$

资产负债率主要用于衡量行政事业单位利用债权人提供的资金开展业务活动的能力,以及反映债权人提供资金的安全保障程度。

11. 捐赠比率

计算公式如下:

$$捐赠比率 = \frac{捐赠收入总额}{收入总额} \times 100\%$$

运用捐赠比率,可以分析事业单位收入总额中有多少是来自捐赠,每年的开支在多大程度上依赖捐赠。

二、财务分析的常用方法

财务分析的方法有很多种,分为定性分析法和定量分析法。

定性分析法主要包括经验判断法、会议分析法、专家分析法、类比分析法;定量分析法主要包括比较分析法、比率分析法、因素分析法。

(一)定性分析法

所谓定性分析方法是指对行政事业单位各项财务指标变动的合法性、合理性、可行性、有效性进行科学的论证和说明。

定性分析的方法一般有:

1. 经验判断法

经验判断法是分析人员在了解过去和现实资料以及定量分析结果的基础上,充分考虑单位内外条件变化,运用个人的经验和知识作出判断。这种分析方法主要靠个人的经验,作出的判断带有一定的主观性,其缺点十分明显。一般来说,这种方法是在条件限制或时间紧迫的情况下,不得不采取的一种权宜方法。

2. 会议分析法

会议分析法是由分析人员召集对分析对象情况熟悉、有经验的有关人员开会,按照预先拟定的分析提纲进行分析、研究、讨论。充分发扬民主,广泛征求意见,然后把各方面的意见整理、归纳、分析,判断未来的情况并作出分析结论。这是一种集思广益的方法,但这种分析方法会产生意见很不一致的情况,给作出正确的分析结论带来困难。

3.专家分析法

专家分析法是邀请一组专家开会座谈,在互相交换情报资料,经过充分讨论的条件下,把专家们的意见集中起来,作出综合分析判断。它与会议分析法有相同的优点,但同样是个人的直观判断,具有一定的主观性。

4.类比分析法

类比分析是在分析者掌握与分析对象有关的过去的资料、现在的情况等有关数据及其变化规律的基础上,利用所掌握的这些资料与其分析对象之间的类比性来进行推测,这种分析虽然也主要是靠人的经验和认识来进行判断,但它有一定的客观依据进行比较,所以能提高分析信息的可靠性。

(二)定量分析法

1.比较分析法

比较分析法,是通过对比两期或连续数期财务报告中的相同指标,确定其增减变动的方向、数额和幅度,来说明行政事业单位财务状况或经营成果变动趋势的一种方法。

比较分析法的具体运用主要有重要财务指标的比较、会计报表的比较和会计报表项目构成的比较三种方式。

(1)重要财务指标的比较

它是将不同时期财务报告中的相同指标或比率进行比较,直接观察其增减变动情况及变动幅度,考察其发展趋势,预测其发展前景。对不同时期财务指标的比较,可以有三种方法:

定基动态比率。它是以某一时期的数额为固定的基期数额而计算出来的动态比率。

其计算公式为:

$$定基动态比率 = \frac{分析期数额}{固定基期数额}$$

环比动态比率。它是以每一分析期的前期数额为基期数额而计算出来的动态比率。

其计算公式为:

$$环比动态比率 = \frac{分析期数额}{前期数额}$$

绝对数分析法。绝对数分析是将不同时期、相同项目的绝对金额进行比较,以观察其绝对额的变化趋势。

(2)会计报表的比较

会计报表的比较是将连续数期的会计报表的金额并列起来,比较其相同指标的增减变动金额和幅度,据以判断企业财务状况和经营成果发展变化的一种方法。

(3)会计报表项目构成的比较

这是在会计报表比较的基础上发展而来的。它是以会计报表中的某个总体指标作为100%,再计算出其各组成项目占该总体指标的百分比,从而来比较各个项目百分比的增减变动,以此来判断有关财务活动的变化趋势。但在采用趋势分析法时,必须注意以下问题:

①用于进行对比的各个时期的指标,在计算口径上必须一致;

②剔除偶发性项目的影响,使作为分析的数据能反映正常的经营状况;

③应用例外原则,应对某项有显著变动的指标做重点分析,研究其产生的原因,以便采取对策,趋利避害。

2.比率分析法

比率分析法是指利用财务报表中两项相关数值的比率揭示企业财务状况和经营成果的一种分析方法。根据分析的目的和要求的不同,比率分析主要有以下三种:

(1)构成比率

构成比率又称结构比率,是某个经济指标的各个组成部分与总体的比率,反映部分与总体的关系。

其计算公式为:

$$构成比率 = \frac{某个组成部分数额}{总体数额}$$

利用构成比率,可以考察总体中某个部分的形成和安排是否合理,以便协调各项财务活动。

(2)效率比率

它是某项经济活动中所费与所得的比率,反映投入与产出的关系。利用效率比率指标,可以进行得失比较,考察经营成果,评价经济效益。

(3)相关比率

它是根据经济活动客观存在的相互依存、相互联系的关系,以某个项目和与其有关但又不同的项目加以对比所得的比率,反映有关经济活动的相互关系。如流动比率。

比率分析法的优点是计算简便,计算结果容易判断,而且可以使某些指标在不同规模的企业之间进行比较,甚至也能在一定程度上超越行业间的差别进行比较。但采用这一方法时对比率指标的使用该注意以下几点:

①对比项目的相关性。计算比率的子项和母项必须具有相关性,把不相关的项目进行对比是没有意义的。

②对比口径的一致性。计算比率的子项和母项必须在计算时间、范围等方面保持口径一致。

③衡量标准的科学性。运用比率分析,需要选用一定的标准与之对比,以便对企业的财务状况作出评价。通常而言,科学合理的对比标准有:预定目标、历史标准、行业标准、公认标准。

3.因素分析法

因素分析法是依据分析指标与其影响因素的关系,从数量上确定各因素对分析指标影响方向和影响程度的一种方法。采用这种方法的出发点在于,当有若干因素对分析对象发生影响作用时,假定其他各个因素都无变化,顺序确定每一个因素单独变化所产生的影响。

因素分析法具体有两种:连环替代法和差额分析法。

采用因素分析法时,必须注意以下问题:

(1)因素分解的关联性;

(2)因素替代的顺序性;

(3)顺序替代的连环性;

(4)计算结果的假定性。

上述各方法有一定程度的重合。在实际工作当中,比率分析方法应用最广。

第四节 财务分析报告的编写

财务分析报告是指行政事业单位在一定会计期间对单位进行财务活动情况分析的书面性报告。是把行政事业活动和财务状况分析的数据、情况、成绩、问题、原因等,向有关领导和部门进行反映和说明的总结性书面报告。

一、财务分析报告的分类

1.财务分析报告按其内容、范围不同,可分为综合分析报告,专题分析报告和简要分析报告

(1)综合分析报告

综合分析报告,是行政事业单位依据会计报表、财务分析表及经营活动、财务活动所提供的信息,运用一定的分析方法,对单位的财务活动及对本期或下期财务状况将发生重大影响的事项作出客观、全面、系统的分析和评价,并进行必要的科学预测而形成的书面报告。它具有内容丰富、涉及面广,对财务报告使用者作出各项决策有深远影响的特点。它还具有以下两方面的作用:

①为单位的重大财务决策提供科学依据。由于综合分析报告几乎涵盖了对单位财务计划各项指标的对比分析和评价,能使活动成果和财务状况一目了然,及时反映出存在的问题,这就给管理者作出当前和今后的财务决策提供了科学依据。

②作为重要历史参考资料。全面、系统的综合分析报告,可以作为今后财务管理进行动态分析的重要历史参考资料,综合分析报告撰写时必须对分析的各项具体内容的轻重缓急作出合理安排,既要全面,又要抓住重点。

(2)专题分析报告

专题分析报告,是指针对某一时期行政事业单位业务活动中的某些关键问题、重大措施或薄弱环节等进行专门分析后形成的书面报告。它具有不受时间限制、一事一议、易被管理者接受、收效快的特点。因此,专题分析报告能总结经验,引起领导和业务部门重视,从而提高管理水平。

(3)简要分析报告

简要分析报告,是对在一定时期内的财务活动存在的问题或比较突出的问题,进行概要的分析而形成的书面报告。

简要分析报告具有简明扼要、切中要害的特点。主要适用于定期分析,可按月、按季进行编制。

2.财务分析报告按其分析的时间,可分为定期分析报告与不定期分析报告两种

(1)定期分析报告

定期分析报告,一般是由上级主管部门或单位内部规定的,每隔一段相等的时间应予编制和上报的财务分析报告。如每半年、年末编制的综合财务分析报告就属定期分析报告。

(2)不定期分析报告

不定期分析报告,是从单位财务管理和业务经营的实际需要出发,不作时间规定而编制的财务分析报告。如上述的专题分析报告就属于不定期分析报告。

二、财务分析报告格式内容

1. 提要部分

即概括行政事业单位综合情况,让财务报告接受者对财务分析说明有一个总括的认识。

2. 说明部分

是对单位运行及财务现状的介绍。该部分要求文字表述恰当、数据引用准确。对财务指标进行说明时可适当运用绝对数、比较数及复合指标数。特别要关注单位当前运作上的重心,对重要事项要单独反映。

3. 分析部分

是对单位的业务活动情况进行分析研究。在说明问题的同时还要分析问题,寻找问题的原因和症结,以达到解决问题的目的。财务分析一定要有理有据,要细化分解各项指标,突出表达分析的内容。分析问题一定要善于抓住当前要点,多反映单位运行焦点和易于忽视的问题。

4. 评价部分

作出财务说明和分析后,对于业务情况、财务状况、成果业绩,应该从财务角度给予公正、客观的评价和预测。评价要从正面和负面两方面进行,评价既可以单独分段进行,也可以将评价内容穿插在说明部分和分析部分。

5. 建议部分

财务人员在对财务分析后形成的意见和看法,特别是对存在的问题所提出的改进建议。财务分析报告中提出的建议要具体化,有一套切实可行的方案。

三、财务分析报告撰写注意事项

1. 积累素材,为撰写报告做好准备

(1)建立台账和数据库

通过会计核算形成了会计凭证、会计账簿和会计报表。但是编写财务分析报告仅靠这些凭证、账簿、报表的数据往往是不够的。这就要求分析人员平时就做好大量的数据统计工作,对分析的项目按性质、用途、类别、区域、责任人,按月度、季度、年度进行统计,建立台账,以便在编写财务分析报告时有据可查。

(2)关注重要事项

财务人员对业务运行、财务状况中的重大变动事项要勤于做笔录,记载事项发生的时间、计划、预算、责任人及发生变化的各影响因素。必要时马上作出分析判断,并将各类各部门的文件归类归档。

(3)关注业务运行

财务人员应尽可能争取多参加相关会议,了解行政、事业等各类情况,听取各方面意见。

(4)定期收集报表

财务人员除收集会计核算方面的有些数据之外,还应要求各相关部门及时提交可利用的其他报表,对这些报表要认真审阅、及时发现问题、总结问题。

(5)岗位分析

所有财务人员应对本职工作养成分析的习惯,这样既可以提升个人素质,也有利于各岗位之间相互借鉴经验。只有每一岗位都发现问题、分析问题,才能编写出内容全面的、有深度的财务分析报告。

2.建立财务分析报告指引

建立分析工作指引,将常规分析项目文字化、规范化、制度化,就可以达到事半功倍的效果。

总之,内容完整,格式统一,数字准确,条理清楚,文字简练,重点突出,说理透彻,评价正确,建议合理,措施可行,是编写财务分析报告的总体写作要求。

思考题

1.行政事业单位财务分析的含义是什么?

2.行政事业单位财务分析的依据是什么?

3.行政事业单位财务分析的步骤是什么?

4.行政事业单位财务分析的指标有哪些? 如何计算?

5.行政事业单位财务分析的常用方法有哪些?

6.财务分析报告如何编写?

阅读材料

试论杜邦财务体系在行政事业单位财务分析中的运用

一、杜邦财务分析体系的指标构成

杜邦分析体系利用几种主要的财务比率之间的关系来综合分析经济主体的财务状况，又称杜邦财务分析法，这种分析方法最早由美国杜邦公司使用，故名杜邦分析法(The Du Pont System)。它是一种用来评价公司赢利能力和股东权益回报水平，从财务角度评价绩效的经典方法。其基本思想是将净资产收益率逐级分解为多项财务比率乘积，这样有助于深入分析经营业绩。杜邦体系各主要指标之间的关系如下：

$$净资产收益率 = 主营业务净利率 \times 总资产周转率 \times 权益乘数$$

其中：

$$主营业务净利率 = \frac{净利润}{主营业务收入净额}$$

$$总资产周转率 = \frac{主营业务收入净额}{平均资产总额}$$

$$权益乘数 = \frac{资产总额}{所有者权益总额} = \frac{1}{1 - 资产负债率}$$

杜邦分析法说明净资产收益率受三类因素影响：一是营运效率，采用主营业务净利率指标考核；二是资产使用效率，采用总资产周转率指标考核；三是财务杠杆(即资本构成比例)，采用权益乘数指标考核。

从事对外经营业务的事业单位(包括企业化管理的事业单位和经营活动可以与非经营活动分开核算的事业单位)完全可以利用杜邦分析体系对本单位的经营活动产生的收入、费用、利润等要素进行核算，从而综合评价单位的财务状况和经营业绩，计算出单位净资产创造的收益水平，并通过与同行业的平均水平比较来判定本单位是否具有良好的获利能力和发展前景。其他行使法定公共职能的行政事业单位在每年拨入经费(财政补助收入、上级补助收入)等指标变化不大的情况下，可以将当年经费结余(收入类减支出类)假定为企业类的当年净利润指标，从而运用杜邦体系分析财政性资金的运行状况。

下面将具体说明如何使用杜邦财务分析体系进行财务分析。

二、杜邦财务分析指标在资产、负债方面的运用

1.通过计算资产负债率等指标分析偿债能力

$$资产负债率 = \frac{负债总额}{资产总额} \times 100\%$$

资产负债率表示单位的总资产中有多少是通过负债筹集的,如果低于50%的基准值,说明单位的资产能够保证偿还债务的需要,没有资不抵债方面的财务风险。

$$流动比率 = \frac{流动资产}{流动负债}$$

流动比率是用来衡量单位的流动资产在短期债务到期以前,可以变为现金用于偿还负债的能力。如果大于2的基准值,说明单位资产短期变现用于偿债的能力较强。

$$权益乘数 = \frac{资产总额}{所有者权益总额} = \frac{1}{1-资产负债率}$$

一方面,权益乘数越大,表明负债越多,一般会导致单位财务杠杆率较高,财务风险较大,因此需要寻求一个最优资本结构,既能保持稳定又能持续提高赢利能力。另一方面,权益乘数表示公司所有可供利用的总资产是自有资金的几倍,反映了单位利用财务杠杆进行经营活动的程度。

2.通过计算总资产周转率等指标分析资产使用效率

$$总资产周转率 = \frac{主营业务收入净额}{平均资产}$$

企业总资产周转率的基础值为0.8,反映总资产在一年中的周转次数。因财政补助收入等指标与存量资产没有直接关系,可以采用资产闲置率、应收款账龄分析法等辅助方法衡量单位资产质量状况。

三、杜邦财务分析指标在经营增长和盈利(经费结余)方面的运用

$$主营业务净利率 = \frac{净利润}{主营业务收入净额} \times 100\%$$

主营业务净利率反映了单位销售收入的获利能力。该指标引入行政事业单位,可以反映单位收入(拨入经费、财政补助收入等)在扣除支出(经费支出、事业支出等)后的结余情况。行政事业单位的投入(各项拨款)可以计量,而产出的公用服务产品的价值不能计量,似乎无法使用主营业务净利率指标。但

是从另一个角度来思考可以发现,根据目前行政事业单位预算管理的相关要求,人员经费和日常公用经费下拨到各单位后,年终未使用完的结余资金可以结转到事业基金中的一般基金中留待以后年度使用,项目经费结余按相关程序报批后确定是否上交、留用或改变原用途使用。因此,在定员定额的原则下拨付的基本支出经费有可能因采取厉行节约等措施而有所结余。主营业务净利率在行政事业单位可以理解为经费节约率,反映使用经费的节约能力。例如 6.3% 表示每 100 元收入可节约 6.3 元。

$$\frac{净资产}{收益率} = \frac{主营业务}{净利率} \times \frac{总资产}{周转率} \times \frac{权\ 益\ 乘\ 数}{净资产收益率}$$

该指标反映了单位自有资金的获利能力,引入到行政事业单位反映了单位自有净资产所对应的节约水平。该指标可以通过与往年数据进行比较而看出节约能力是否得到提高。

四、财务分析中可使用的其他辅助性指标

$$经费自给率 = \frac{事业收入+经营收入+其他收入}{事业支出+经营支出+销售税金} \times 100\%$$

经费自给率反映了事业单位组织收入的能力和收入满足经常性支出程度的指标,是评价事业单位财务收支状况的重要分析指标之一。例如经费自给率为 46.39% 表示每一百元经费中有 46.39 元是由单位组织经营活动等取得的收入来保障的,其他 53.61 元是由财政拨款和上级单位拨付的补助经费来保障的。

随着政府绩效评价方法的不断完善,考核指标需要遵循相关性、重要性、系统性原则,数据的获取应当考虑现实条件和可操作性,符合成本效益原则。杜邦财务体系作为比较成熟的经典财务分析方法,可以为评估行政事业单位的财务状况提供一定的参考作用。

资料来源:葛萍.试论杜邦财务体系在行政事业单位财务分析中的运用.中国传媒科技,2012 年 1 月 23 日.

第十二章

财务监督

第一节　财务监督概述

一、财务监督的含义与特点

财务监督是根据国家有关方针、政策和财务制度的规定,运用单一或系统的财务指标对行政事业单位的活动或业务活动进行的观察、判断、建议和督促。它通常具有较明确的目的性,能督促企业各方面的活动合乎程序与合乎要求,促进企业各项活动的合法化、管理行为的科学化。它是行政事业单位工作的重要组成部分,也是国家财政监督的基础。

财务监督是财务管理的基本职能之一。与其他监督形式相比,财务监督具有以下两方面的特点:

1.财务监督主要是通过价值指标来进行

财务监督主要依据日常会计核算和财务管理工作中生成的一系列价值指标体系。对于经济活动的监督作用而言,财务监督是一种更为有效的监督方式。

2.财务监督是对行政事业单位财务活动全过程的监督

全过程监督的范围广,内容多,涉及行政事业单位财务活动的各个方面、各个环节,如涉及预算、决算管理,收支管理,资产管理,负债管理,定员定额管理,专用基金管理,专项资金管理,结余管理等,还包括对会计报表、账簿和会计凭证的检查,以及对组织业务工作及其成果、人员编制等情况的监督。对财务活动全过程的监督,是财务监督最具特色之处。

二、财务监督的作用

财务监督的作用是指在对公共组织的财务活动进行监督的过程中所产生的社会效果。

1.有利于维护财务制度和财经纪律

通过对公共组织财务活动的监督审查,了解公共组织执行国家方针、政策、财务制度及财经纪律的情况。通过对违法违纪行为及私设"小金库"、"小钱柜"等现象的查处,及时揭示财务管理中存在的问题和各种违法乱纪行为,使财务工作置于法规的监督之下,维护社会主义经济秩序,巩固社会主义法制。

2.有利于保障行政事业单位预算的圆满实现

通过财务监督,促使各公共组织加强预算的管理,制订出符合本地区、本单位实际情况的切实可行的预算方案,促使公共组织各项收支按预算的进度执行,保证业务工作的资金供应,并对预算执行过程出现的问题及时采取措施加以解决,保证预算收支平衡,促进公共组织行政事业计划及工作任务的完成。

3.有利于确保国有资产的安全和完整

通过财务监督,可以促进单位加强国有资产的管理,合理配置并有效使用国有资产,防止国有资产流失和非正常损坏。揭露、打击任何侵占和损害国有资产的行为。促使各公共组织自觉依法理财,保证公共组织财务活动的合法化及合理化,保证财政资金安全、合理、有效地使用。

4.有利于促进单位增收节支,提高社会效益及经济效益

通过对其财务活动进行全面分析,能够及时掌握各公共组织人力、财力、物力等各种资源的使用情况,督促各公共组织加强和改进对人、财、物的管理,深入挖掘内部潜力,增收节支,用有限的资金创造更多的社会效益和经济效益。

三、财务监督的依据

(1)国家的有关方针政策、法律法规、财务制度及财经纪律;

(2)经国家批准的各项费用开支标准、人员编制和定额指标;

(3)经有关部门批准的行政事业发展计划、业务工作的管理规定及方法;

(4)公共组织的预算资料、决算资料和会计核算资料;

(5)其他有关社会效益、生态效益的数据和资料。

第二节　财务监督的内容

财务监督贯串于财务管理的各个方面、各个环节,监督的内容应该是行政事业组织的整个财务活动。

一、监督预算、计划的编制及执行

对预算和计划的编制、执行和决算,包括效果等方面的监督,是财政监督的核心和主体。监督的目的是保证不打赤字预算,增收节支,并依照量入为出、尽力而为、坚持收支平衡的原则,按预算法制以及会计、金库制度办事。

二、监督财政收入正确、及时、定额上缴

为了保证按分配政策的规定,把应归国家财政的收入及时、均衡、稳妥地上缴国库,必须加强税收的征收管理和监督。通过税收监督,促使各地区、各部门和各单位、个人遵守税法规定,照章纳税。制止违反税法、税制的规定,随意减税、免税、偷税、漏税、拖欠、截留、挪用税款的行为。

三、监督财政投资资金的分配、使用和管理

财政投资资金的分配、使用和管理的好坏,会直接或间接地对国民经济产生影响,因此,对其进行监督,以使之向有利于国民经济良性循环的方向发展。

四、监督行政事业经费的使用和管理

通过单位预算的编报、执行、报账和财政部门的审批、拨款、检查、审核等工作,监督各行政、事业单位贯彻执行勤俭办一切事业的方针,精打细算,少花钱、多办事、办好事。

五、监督国民经济各部门对财政经济制度的执行情况

监督国民经济各部门、各企业、各单位严格执行贯彻财政方针政策、财政计划和财政制度,如预决算制度、税收法令、国有企业成本开支范围和财务会计制度。

六、监督资产管理与使用

(1)现金管理是否符合国家规定,有无坐支现金、非法挪用、随意借支、"白条"抵库及私设"小金库"等情况;

(2)各种存款是否按国家规定开立账户,办理存款、取款和转账结算等业务;

(3)各种应收款项是否及时足额收回,预付款项是否及时清理、结算,长期不清的债权债务是否查明原因并及时处理;

(4)存货、库存材料、固定资产等各项财产的来源是否合法;

(5)无形资产的取得和转让是否符合国家规定;

(6)对外投资是否按规定报批,用于投资的实物和无形资产是否进行了评估,是否造成国有资产流失现象,投资项目的选择是否恰当等。

七、监督专用基金、专项资金和周转金

监督内容主要包括:

(1)专用基金是否按规定的比例提取,是否做到专款专用、先提后用、量入为出,是否设置专门账户进行管理;

(2)专项资金是否按规定的项目和用途使用,使用效益如何,有无截留挪用现象;

(3)周转金是否按核定的定额执行。支持事业发展的周转金,是否按规定程序报批,是否按规定用途使用,使用效益如何,是否按期归还,等等。

八、其他方面的监督

(1)单位内部财务管理制度是否建立健全;

(2)是否建立了完善的内部控制制度;

(3)是否实行了严格的岗位责任制。

第三节　财务监督的形式和原则

一、财务监督的形式

财务监督按照不同的划分标准可分为不同的形式。

(一)按监督主体分类

1. 内部监督

内部监督是指行政事业单位自行组织的,由内部机构或人员对本单位的财务收支、经营管理活动及其经济效益进行监督,检查其真实性、正确性、合法性、合规性和有效性,并提出意见建议的一种监督活动。包括一般监督和专门监督。其中一般监督主要包括层级行政监督、主管监督和职能监督;专门监督主要包括行政监察和审计监督。其主要目的是健全单位内部控制制度,提高财务管理水平。

2. 外部监督

外部监督是指由行政事业单位外部有关机构和人员对本单位的财务收支、经营管理活动及资金使用情况进行监督。行政外部监督有两大类,第一类是法制监督,第二类是社会监督。法制监督包括:立法监督、司法监督、检查监督、党的监督;社会监督包括:社会舆论、公民批评、公民投票、社会中介组织等按照国家规定对本单位财务活动所进行的监督。其目的在于监督检查单位财务活动的合法性、合规性和有效性。

(二)按监督的内容范围分类

1. 全面监督

全面监督是指对行政事业单位一定时期内所有财务活动所进行的监督。全面监督一般在年终进行,也可根据需要临时确定监督时间。全面监督由于涉及面广,内容多,工作量大,要求高,一般应组织专业人员进行。

2. 专项监督

专项监督是指对行政事业单位的某一项财务活动进行的监督。专项监督的内容单一,针对性强。

(三)按监督实施时间分类

1. 事前监督

事前监督是指在单位财务活动实施以前所进行的监督。是一种积极的、预防性的监督。

2. 事中监督

事中监督是指在单位财务活动进行过程中所进行的监督。事中监督贯串于公共组织财务活动的始终,涉及公共组织财务活动的各个环节、各个方面。

3. 事后监督

事后监督是指在单位财务活动发生以后对其结果进行的监督。事后监督可定期进行,也可不定期进行,主要检查监督单位年度决算情况、各项资金使用情况,以及会计资料的真实性、准确性和可靠性等。

(四)按监督实施的时限分类

1.经常性监督

经常性监督是指对行政事业单位财务活动实施的日常监督。经常性监督是财务监督的主要形式,通过对公共组织的各项财务活动进行随时的、经常性的监督检查,可及时发现问题。

2.定期性监督

定期性监督是定期对行政事业单位全部或部分财务活动进行的常规性监督。定期监督,便于定期检查工作,总结经验,发现问题,改进管理。

3 不定期监督

不定期监督又可分为临时性监督和规定性监督两种。

临时性监督是为了了解被监督对象的工作情况而进行的突击性检查。临时性监督对防止不法行为的发生具有积极意义。

规定性监督是有关法规明确规定的不定期监督。

二、财务监督的原则

1.坚持原则性和灵活性的统一

严格执行财务制度,执行财务纪律,这就是原则性,不能违背,否则就要犯错误,严重的要犯法。所谓灵活性,就是在执行财务制度过程中,充分利用政策具有弹性这个特点,做些技术性的合理处理。原则性在财务管理中起主导地位,灵活性不能影响原则性,这是基本的要求。

2.实事求是

就是对于检查发现的问题要如实地、全面地、准确地反映与汇报,不扩大不缩小,不隐瞒也不说假话。

3.具体问题具体分析

在处理与解决问题时,要对问题的性质以及错误的事实、情节、原因、后果、背景等进行具体分析研究,根据问题的大小与轻重程度、性质和政策规定,做恰如其分的处理。

4.让事实与数据说话

对检查出的问题,既不能轻率地下结论,也不能凭自己个人好恶、情感和主观推测办事,必须有证有据,事实与数据确凿,并经得起历史的检验,切忌朝令夕改,更不能今天处理,明天平反昭雪。

三、强化行政事业单位财务监督的对策

1.强化财经法规的宣传教育,营造财务监督的积极氛围

各级财政、税务、审计等部门应首先加大对财经法规的宣传力度,将其纳入日常工作中,定期或不定期地将新出台的财经法规和财务监督管理规章制度向行政事业单位的职工及财务人员,尤其是领导人员进行宣传,并组织相应的考试考核,促使他们加深对新财经法规的了解。

2.健全内部财务监督机制

(1)健全行政事业单位的财务约束机制

健全行政事业单位的非税收入的管理制度,并加强对其贯彻落实情况的检查力度,可由地方财政组织相关部门对各事业单位的非税收入进行征缴清查。

(2)建立行政事业单位内部民主的理财制度

实行财务公开,内部审计人员和职工代表大会对本单位的凭证和账表进行定期的审计,并将审查的结果进行公布,接受外部的监督。

(3)进一步完善结报制度

对行政事业单位的罚没收入等非税收入,严格执行收支两条线的规定,不得以任何方式进入单位行政支出账户,同时建立收入备查账,定期与财政有关科室核对。

(4)建立会计核算中心人员的考核机制

强化责任追究,增强工作责任。加强对财会人员的培训教育,充分发挥内部财务部门的财务监督作用。

3.强化行政事业单位的外部财务监督

各级财务职能部门应加强对行政事业单位的财务监督,定期或不定期地检查,严格查处违反财经法规的案件。尤其要强化对行政事业单位日常的财务监督管理。

思考题

1.财务监督的概念和意义是什么?
2.财务监督的依据是什么?
3.财务监督的内容是什么?
4.财务监督的形式有哪些?

5.财务监督的原则是什么?

6.加强行政事业单位财务监督的对策是什么?

阅读材料

关于开展行政事业单位财务检查工作的通知

各镇人民政府(街道办事处),开发(名胜)区管委会,区政府各部门:

为加强行政事业单位财务收支管理,全面执行财政政策,严格维护财经纪律,强化财政监督,促进我区经济又好又快发展,区政府决定对全区行政企事业单位开展财务收支、专项资金管理使用和财政政策执行情况进行监督检查。现就有关事项通知如下:

一、检查的目的

围绕全年财政工作,突出工作重点,不断拓展财政监督检查的广度和深度,为政策的贯彻执行"保驾护航";围绕预算收支管理,规范财政收支秩序,督促落实加强财政财务管理的各项措施;围绕财政资金使用的安全性、规范性和有效性,加强对专项资金的筹集、分配、使用和效益等环节的监督检查;围绕会计管理,强化行政事业单位会计信息质量和会计师事务所执业质量的监督检查。

二、检查的财务期限和方式

财政监督检查的财务期限为2011年1月至2012年检查时为止,必要时将追溯到以前年度。区财政监督局负责具体检查工作,检查采取进点检查和调账检查相结合的方式进行。

三、检查范围及内容

(1)开展各项财政专项资金管理使用情况检查。围绕贯彻落实各项财政专项资金管理办法,在资金拨付、项目询查、项目核查、项目验收和绩效评价等环节开展监督检查。重点检查专项资金是否及时足额拨付到位,有无截留、挤占和挪用现象,项目支出是否合理,使用效益如何,有无套取专项资金、扩大开支范围现象。

(2)开展行政事业单位财务收支检查。主要检查预算执行、会计基础工作、国库集中支付、政府采购、国有资产管理、区级专项经费管理使用、津贴补贴政策执行等情况。重点查处私设"小金库"、公款私存、违规基建、违规采购、违规处置国有资产,以及乱发奖金、补贴、福利等行为。

(3)开展会计信息质量检查。主要检查会计信息质量。重点检查是否按规定设置会计账簿,是否存在账外设账的行为,是否存在伪造、变造会计账簿的行为;会计核算的内容是否真实,是否按照有关政策法规进行正确核算;会计档案的建立、保管和销毁是否符合法律、行政法规及会计制度,任用会计人员是否有任职资格等内容。

(4)开展财政内部监督检查。以规范财政内部管理和财务运作为重点,对财政局各科室及所属二级单位进行检查。主要检查财政财务管理制度建设、会计制度执行、支出预算执行、国有资产管理、债务管理、项目支出管理、政府采购、津贴补贴政策执行、一般性支出、专项资金使用管理等情况。重点对财政局各业务科室及所属二级单位贯彻落实财政法规、制度和履行日常监管职责情况进行监督,提高财政内部管理水平。

(5)开展税收征管质量检查。对税收征管部门的收入征管情况实施检查,主要检查税收征管质量、税收征管秩序以及国家税收优惠政策执行等情况。重点查处违规少征、缓征、截留、混库、延压、肢解税收收入,漏征、漏管、违规设立税收过渡账户,乱征、乱引等扰乱正常征管秩序的行为。

(6)加大人民来信来访案件查处力度。做到及时受理、认真查处,切实保护人民群众的切身利益,及时做好来信来访及举报案件的查处工作。

四、对有关问题的处理

对检查中发现的违规违纪问题,依据《会计法》、《预算法》、《行政处罚法》、《财政违法行为处罚处分条例》以及有关法律法规予以严肃处理。对涉及的违法违规资金应当予以没收的,一律按照财政隶属关系予以扣缴;对下达的整改意见在回访检查中发现拒不执行或整改不彻底的,将依法收回违规资金,必要时采取停发工资、停拨经费等相应措施。

五、有关要求

各被查单位要充分认识财政监督检查工作的重要性,把财政监督检查作为帮助改进和加强本部门、本单位财政财务管理的重要举措来对待;要建立完善的管理制度,健全内部监督制约机制,防止违规违纪问题的发生;要积极支持和配合监督检查工作,如实汇报本部门、本单位有关财政财务管理情况,主动提供有关资料,不逃避或抵制检查;要对检查中发现的问题认真抓好整改,并主动查找工作中存在的漏洞,有针对性地建立完善有关制度。区财政监督检查人员要严格工作程序,努力提高工作效率和质量;要廉洁奉公,遵守纪律,自觉接受被查单位和社会各界的监督;要坚持原则,秉公执法,依法查处违规违纪问题,对于违反检查纪律的,要按照有关规定严肃处理。

资料来源:×××区人民政府办公室.2012 年 2 月 23 日.

第三篇

民间非营利组织
财务管理

第十三章

民间非营利组织收入与费用管理

第一节 民间非营利组织收入管理

一、民间非营利组织收入的含义和类别

1.民间非营利组织收入的含义

按照《民间非营利组织会计制度》规定:非营利组织的会计核算一般以权责发生制为基础。凡是当期已经实现的收入和已经发生或应当负担的费用,不论款项是否收付,都应当作为当期的收入和费用;凡是不属于当期的收入和费用,即使款项已在当期收付,也不应当作为当期的收入和费用。非营利组织在进行会计核算时,收入与其成本、费用应当相互配比,同一会计期间内的各项收入和与其相关的成本、费用,应当在该会计期间内确认。

收入,是指民间非营利组织开展业务活动所取得的,导致本期净资产增加的经济利益或者服务潜力的流入。

2.民间非营利组织收入的类别

民间非营利组织收入可以按不同的标准分四类:

(1)按照来源不同分类

分为捐赠收入、会费收入、提供服务收入、政府补助收入、投资收益、商品销售收入和其他收入等7种。

①捐赠收入

指民间非营利组织接受其他单位或者个人捐赠所取得的收入。

②会费收入

指民间非营利组织根据章程等的规定向会员收取的会费收入。

③提供服务收入

指民间非营利组织根据章程等的规定向其服务对象提供服务取得的收入，包括学费收入、医疗费收入、培训收入等。

④政府补助收入

指民间非营利组织因为政府拨款或者政府机构给予的补助而取得的收入。

⑤投资收益

指民间非营利组织因对外投资取得的投资净损益。

⑥商品销售收入

指民间非营利组织销售商品等所形成的收入。

⑦其他收入

指除上述主要业务活动收入以外的其他收入，如固定资产处置净收入、无形资产处置净收入、无法支付的应付款项、资产出租收入等。

对于民间非营利组织接受的劳务捐赠，不予确认，但应当在会计报表附注中作相关披露。

(2)按民间非营利组织业务的主次分类

分为主要业务收入(捐赠收入、会费收入、提供服务收入、政府补助收入、投资收益、商品销售收入)和其他收入(固定资产处置净收益、无形资产处置净收益)两种。

(3)按照收入是否受到限制分类

分为限定性收入和非限定性收入两种。如果资产提供者对资产的使用设置了时间限制或者(和)用途限制，则所确认的相关收入为限定性收入；否则为非限定性收入。如捐赠收入和政府补助收入，应当根据相关资产提供者对资产的使用是否设置了限制，分为限定性收入和非限定性收入进行核算；而会费收入、提供服务收入、商品销售收入和投资收益等一般为非限定性收入。

(4)按照收入是否为交换交易形成的分类

分为交换交易形成的收入(商品销售收入、提供服务收入和投资收益)和非交换交易形成的收入(捐赠收入和政府补贴收入)等两种。

二、民间非营利组织收入的管理

(一)区分交换交易所形成的收入和非交换交易所形成的收入

民间非营利组织在确认收入时，应当区分交换交易所形成的收入和非交换交易所形成的收入。

1. 交换交易

指按照等价交换原则所从事的交易,即当某一主体取得资产,获得服务或者解除债务时,需要向交易对方支付等值或者大致等值的现金,或者提供等值或者大致等值的货物、服务等的交易。如按照等价交换原则销售商品、提供劳务等均属于交换交易。

(1)对于因交换交易所形成的商品销售收入,应当在下列条件同时满足时予以确认:

①已将商品所有权上的风险和报酬转移给购货方;

②既没有保留通常与所有权相联系的继续管理权,也没有对售出的商品实施控制;

③与交易相关的经济利益能够流入民间非营利组织;

④相关的收入和成本能够可靠计量。

在具体实务操作过程中,在确认收入实现时,除了依据上述四个条件外,还要结合商品的销售方式和采用的货款结算方式而定。如在委托收款结算方式下,在办理了收款手续时,确认收入实现;在分期收款销售方式下,在合同约定收款日确认收入实现;在预收账款销售方式下,在发出货物后确认收入实现等等。

(2)提供劳务的收入,应当在下列条件同时满足时予以确认应按以下规定确认:

①在同一会计年度内开始并完成的劳务,应当在完成时确认收入;

②如果劳务的开始与完成分别属于不同的会计年度,可以按完工程度或完成的工作量法确认收入。完工程度和工作量法也称完工百分比法,是指根据提供劳务的完工程度确认收入和费用的方法。

(3)让渡资产使用权而发生的收入,应在同时满足以下条件时,确认收入实现:

①与交易相关的经济利益能够流入民间非营利组织;

②收入的金额能够可靠地计量。

2. 非交换交易

指除交换交易之外的交易。如捐赠、政府补助等均属于非交换交易。在非交换交易中,某一主体取得资产、获得服务或者解除债务时,不必向交易对方支付等值或者大致等值的现金,或者提供等值或者大致等值的货物、服务等;或者某一主体在对外提供货物、服务等时,没有收到等值或者大致等值的现金、货物等。

对于因非交换交易所形成的收入,应当在同时满足下列条件时予以确认:

(1)交易相关的含有经济利益或者服务潜力的资源能够流入民间非营利组织并为其所控制,或者相关的债务能够得到解除。

因民间非营利组织取得的非交换交易收入不必向交易对方支付任何资产或劳务,因此,是否有把握使交易相关的经济利益流入并为其控制,或者相关的债务能否得到解除,是确认收入的重要标志。

(2)交易能够引起净资产的增加。收入本身的特点就决定了非交换交易最终会引起净资产的增加。

(3)收入的金额能够可靠地计量。

一般情况下,对于无条件的捐赠或政府补助,应当在捐赠或政府补助收到时确认收入;对于附有条件的捐赠或政府补助,应当在取得捐赠资产或政府补助资产控制权时确认收入,但当民间非营利组织存在需要偿还全部或部分捐赠资产(或者政府补助资产)或者相应金额的现时义务时,应当根据需要偿还的金额同时确认一项负债和费用。

(二)设置相应账户

在会计期末,民间非营利组织应当将本期限定性收入和非限定性收入分别结转至净资产项下的限定性净资产和非限定性净资产。

为了进行收入的核算,应当设置"捐赠收入"、"会费收入"、"提供服务收入"、"政府补助收入"、"投资收益"、"商品销售收入"、"主要业务收入"和"其他收入"账户,并且各个账户都应按照是否存在限定,区分为非限定性收入和限定性收入,并设置明细账户,进行明细核算。

第二节 民间非营利组织费用管理

一、民间非营利组织的费用与类别

1.民间非营利组织费用的含义

费用,是指民间非营利组织为开展业务活动所发生的,导致本期净资产减少的经济利益或者服务潜力的流出,不包括为第三方或者客户垫付的款项。

费用有广义和狭义之分。

广义的费用,泛指民间非营利组织在业务活动中所发生的各种耗费。

狭义的费用,仅指按配比性原则确认的与本期收入配比的耗费。

民间非营利组织会计核算上所讲的费用是指狭义的费用。

2.民间非营利组织费用的类别

民间非营利组织发生的费用,按用途不同,可分为业务活动成本、管理费用、筹资费用和其他费用等四类。

(1)业务活动成本

指民间非营利组织为了实现其业务活动目标、开展其项目活动或者提供服务所发生的费用。如民办学校的学生教育成本、科研成本、公共服务成本;社会团体的项目服务费、会员服务费、产品(如出版物)销售成本等;基金会的资助项目服务费、产品销售成本等。

(2)管理费用

指民间非营利组织为组织和管理其业务活动所发生的各项费用。

管理费用包括以下具体项目:民间非营利组织董事会经费;行政管理人员的工资、奖金、津贴;福利费;住房公积金、住房补贴;社会保障费;离退休人员工资与补助;办公费;水、电、邮电费;物业管理费;差旅费;折旧费;修理费;无形资产摊销费;存货盘亏损失;资产减值损失;因预计负债所产生损失;聘请中介机构费;应偿还的受赠资产。

(3)筹资费用

指民间非营利组织为筹集业务活动所需资金而发生的费用,它包括民间非营利组织为了获得捐赠资产而发生的费用以及应当计入当期费用的借款费用、汇兑损失(减汇兑收益)等。

(4)其他费用

指民间非营利组织发生的,无法归属到上述业务活动成本、管理费用或者筹资费用中的费用,包括固定资产处置净损失、无形资产处置净损失等。

二、民间非营利组织的费用管理

1.费用的确认,应当遵循权责发生制和配比原则

民间非营利组织的某些费用如果属于多项业务活动或者属于业务活动、管理活动和筹资活动等共同发生的,而且不能直接归属于某一类活动,应当将这些费用按照合理的方法在各项活动中进行分摊。必须分清本期成本、费用和下期成本、费用,不得任意预提和摊销费用。

如果民间非营利组织从事的项目、提供的服务或者开展的业务比较单一,可以将相关费用全部归集在"业务活动成本"项目下进行核算和列报;如果民间非营利组织从事的项目、提供的服务或者开展的业务种类较多,民间非营利

组织应当在"业务活动成本"项目下分别按项目、服务或者业务大类进行核算和列报。

民间非营利组织发生的业务活动成本、管理费用、筹资费用和其他费用，应当在发生时按其发生额计入当期费用。在期末，民间非营利组织应当将本期发生的各项费用结转至净资产项下的"非限定性净资产"，作为非限定性净资产的减项。

2.设置相应账户

民间非营利组织应当设置"业务活动成本"、"管理费用"、"筹资费用"和"其他费用"等总账科目，并根据各自的类别设置明细科目，进行明细分类核算。

思考题

1.什么是民间非营利组织的收入？它具有什么特征？

2.民间非营利组织的收入是如何分类的？

3.民间非营利组织的主要业务收入包括哪些？

4.民间非营利组织的各种收入是如何进行管理的？

5.什么是民间非营利组织的费用？它具有什么特征？

6.民间非营利组织的费用是如何分类的？

7.业务活动成本、管理费用、筹资费用和其他费用分别指什么？

8.各种费用是如何进行管理的？

阅读材料

民间非营利组织新旧会计核算制度的比较研究

为了规范民间非营利组织的会计核算，提高会计信息质量透明度，财政部于2004年8月18日发布《民间非营利组织会计制度》（财会〔2004〕7号），要求全国民间非营利组织从2005年1月1日实施。本文试就我国民间非营利组织原来所比照执行的会计核算制度：《事业单位会计准则》和《事业单位会计制度》（以下将二者合并简称旧制度）与《民间非营利组织会计制度》（以下简称新制度）的不同点进行比较研究，以便更好地贯彻实施新制度、规范民间非营利组织会计核算，从而促进民间非营利组织健康、规范地发展。

一、适用范围的比较

旧制度由财政部发布并于 1998 年 1 月 1 日起实施,明确规定适用范围仅为国有事业单位,民间非营利组织的会计核算无章可循,只能比照旧制度进行核算。而新制度明确规定适用范围仅为符合新制度规定特征的民间非营利组织(包括依照国家法律、行政法规登记的社会团体、基金会、民办非企业单位和寺院、宫观、清真寺、教堂等)而非所有的民间非营利组织,并且适用新制度的民间非营利组织应当同时具备以下特征:

(1)该组织不以营利为宗旨和目的;

(2)资源提供者向该组织投入资源不取得经济回报;

(3)资源提供者不享有该组织的所有权。

换而言之,旧制度并未废止,适用范围仍旧仅为国有事业单位,不符合新制度规定特征的民间非营利组织仍旧只能比照旧制度进行核算;新制度适用范围仅为符合新制度规定特征的民间非营利组织。

二、会计核算的一般原则的比较

旧制度会计核算的一般原则有客观性、适应性、可比性、一贯性、及时性、明晰性、一般采用收付实现制、配比、专款专用、实际成本和重要性等十一个。而新制度会计核算的一般原则有十二个,新增了实质重于形式原则、谨慎性原则及合理划分费用支出和资本支出原则等三个原则;删除了适应性原则和专款专用原则等两个原则;删改了一般采用收付实现制原则,一是名称发生变更,将一般采用收付实现制原则改为权责发生制原则,二是性质发生变更,明确将权责发生制由原则单列一条变为会计核算基础,"会计核算应当以权责发生制为基础"。

三、会计核算基础的比较

旧制度规定"会计核算一般采用收付实现制,但经营性收支业务核算可采用权责发生制",即旧制度的会计核算针对不同性质的业务采用不同的基础,这是由于我国相当多的事业单位的收入主要依靠财政拨款,采用收付实现制便于安排预算拨款和预算支出的进度,并如实反映预算收支结果,同时部分事业单位在国家许可的范围内开展经营活动,采用权责发生制,能客观地衡量经营活动的经营业绩。而新制度明确规定"会计核算应当以权责发生制为基础",即新制度规定民间非营利组织会计核算只能采用单一权责发生制,别无选择。这是由于权责发生制较收付实现制更有助于民间非营利组织加强资产、负债和净资产的管理,提高会计信息透明度和运营绩效,增加会计信息的决策有效性,同时采用权责发生制也是为了加强与国际会计的协调,如当前国际上越来越多的国家对非营利组织的会计核算摒弃收付实现制而采用权责发生制。

四、计量基础的比较

旧制度规定"各项财产物资应当按照取得或购建时的实际成本计价",即旧制度以历史成本作为唯一的计量基础;而新制度规定"资产在取得时应当按历史成本计量,但本制度有特别规定的,按照特别规定的计量基础进行计量",即新制度在坚持以历史成本作为计量基础的同时,对于一些特殊的交易事项,如接受政府补助、接受捐赠、非货币性交易等,引入了公允价值等其他计量基础。这主要是由民间非营利组织的业务特征所决定的,因为像由于接受政府补助、接受捐赠等而形成的资产均是无偿取得的,有可能无法取得实际成本或实际成本难以真实、完整地反映非营利组织的资产情况。

五、会计要素、会计科目的比较

1.会计要素的比较

旧制度设置了资产、负债、净资产、收入和支出五个会计要素,而新制度设置了资产、负债、净资产、收入和费用五个会计要素。新制度之所以设置"费用"要素而没有设置"支出"要素,是因为新制度采用了权责发生制作为会计核算基础。

2.会计科目的比较

旧制度的会计科目分为资产类、负债类、净资产类、收入类、支出类等五类,共计 42 个一级会计科目;而新制度的会计科目分为资产类、负债类、净资产类、收入费用类等四类,共计 48 个一级会计科目。

六、会计核算内容的比较

新旧制度会计核算的一般原则、会计核算基础、会计要素、会计科目或计量基础的不同,导致了旧制度与新制度的会计核算差异较大,而且新制度具有与营利组织会计制度靠拢的趋势,采用了诸多营利组织会计制度的规范理念和方法,旧制度与新制度的会计核算差异主要表现如下:

(1)旧制度将货币资金分为现金和银行存款,对现金长款、短款未明确规定会计核算,而新制度在货币资金中新增了其他货币资金,对现金长款、短款分别计入"其他应付款"或"其他收入"和"管理费用"核算。

(2)旧制度对资产不计提减值准备,而新制度注重资产质量,要求提取短期投资跌价准备、坏账准备、存货跌价准备、长期投资跌价准备等四项资产减值准备。

(3)旧制度对发出存货的计价方法只有先进先出法和加权平均法,而新制度增加了个别计价法,旧制度对存货的盘盈、盘亏分别通过增加或冲减"事业支出"、"经营支出"核算,而新制度对存货的盘盈、盘亏分别通过增加"其他收入"和"管理费用"核算。

(4)旧制度将对外投资不区分为短期投资、长期投资,对外投资时应调增投资基金,债券的溢折价不摊销,投资收益计入"其他收入"核算,而新制度区分为短期投资、长期投资,对外投资时不调增投资基金,债券的溢折价应当摊销,投资收益计入"投资收益"核算,而且长期股权投资可采用成本法或权益法核算。

(5)旧制度对固定资产认定的价值标准为:一般设备、专用设备的单价分别为 500 元、800 元以上,而新制度则对固定资产认定的价值未明确规定,只是规定"单位价值较高",旧制度对固定资产不计提折旧,而新制度则要求计提折旧,但是,新制度对文物文化资产仍旧作为固定资产核算但不计提折旧,而且在资产负债中的"固定资产"项目下单列,旧制度对盘盈、受赠的固定资产均借记"固定资产",贷记"固定基金",而新制度则分别贷记"其他收入(按公允价而非重置价)"、"捐赠收入",旧制度对固定资产的清理及其净损益均计入"专用基金"核算,而新制度对固定资产的清理计入"固定资产清理"核算,将清理净损益分别计入"其他收入"、"其他费用"核算。

(6)旧制度将无形资产开发成功前发生的费用计入"事业支出",而新制度将其计入"管理费用",旧制度将无形资产的摊销计入"事业支出"或"经营支出",而新制度将其计入"管理费用",旧制度将无形资产转让的成本、收入分别计入"事业支出"或"经营支出"和"事业收入",而新制度将无形资产转让的账面余额与收入的差额计入"其他收入"、"其他费用"。

(7)旧制度对于借款,通过"借入款项"核算,而新制度区分短期、长期借款并分别通过"短期借款"、"长期借款"核算,旧制度将借款利息、利息收入、贴现利息、汇兑损益计入"事业支出"或"经营支出"核算,而新制度则将其一律计入"筹资费用"核算,而且新制度还规定为购建固定资产而发生的专门借款的费用的处理比照营利组织的借款费用准则。

(8)旧制度对收入通过"财政补助收入"、"上级补助收入"、"事业收入"、"经营收入"、"附属单位缴款"及"其他收入","拨入专款"核算,而新制度对收入则通过"捐赠收入"、"会费收入"、"提供服务收入"、"政府补助收入"、"商品销售收入"、"投资收益"、"其他收入"核算。

(9)旧制度对费用通过"拨出经费"、"专款支出"、"事业支出"、"经营支出"、"销售税金"、"上缴上级支出"及"对附属单位补助"、"拨出专款"、"成本费用"及"结转自筹基建"核算,而新制度则通过"业务活动成本"、"管理费用"、"筹资费用"及"其他费用"核算。

(10)旧制度将净资产分为基金类、结余类净资产核算,而新制度将净资产分为限定性净资产和非限定性净资产两类进行核算和列报。

七、财务会计报告的比较

新旧会计制度的财务会计报告的比较,主要有以下不同:

(1)旧制度称财务报告为会计报表,并规定会计报表包括资产负债表、收入支出表、基建投资表、附表及会计报表附注和收支情况说明书等,其中收入支出表的附表主要包括事业支出明细表和结余支出明细表,会计报表附注主要包括"特殊事项的说明"等4项内容,而新制度称财务报告为财务会计报告,并规定财务会计报告由会计报表、会计报表附注和财务情况说明书组成,其中会计报表至少包括资产负债表、业务活动表和现金流量表,会计报表附注至少包括"重要会计政策及其变更情况的说明"等11项内容,财务情况说明书至少包括"民间非营利组织的宗旨、组织结构及人员配备"等3项内容。

(2)旧制度资产负债表表内的结构由资产、负债、净资产、收入和支出等五部分构成,资产负债表的恒等式为资产+支出=负债+净资产+收入,即资产部类=负债部类;而新制度资产负债表表内的结构由资产、负债、净资产等三部分构成,资产负债表的恒等式为资产=负债+净资产。

(3)旧制度将财务报告分为月报、季报和年报三种,并规定月报、季报应分别于月份、季度终了后三日、五日内报出,年报则应按财政部决算通知规定及主管部门要求的期限报出,而新制度将财务会计报告分为月报、季报、半年报和年报四种,对月报、季报、半年报等中报的报出时间未明示,年报则应于年度终了后四个月内报出。旧制度要求主管部门或单位编制汇总会计报表;而新制度规定,当民间非营利组织对外投资占被投资单位资本总额大于50%以上,或不足50%但有实质控制权,或对被投资单位具有控制权时,应当编制合并会计报表。

(4)新制度新增了会计政策变更的条件,并要求采用追溯调整法或未来适用法调整财务会计报告,还新增了对资产负债表日后事项的处理。

资料来源:周晓存.民间非营利组织新旧会计核算制度的比较研究,http://www.chinaacc.com,2005年4月13日.

第十四章

民间非营利组织资产管理

第一节　民间非营利组织资产概述

一、民间非营利组织资产的含义

《民间非营利组织会计制度》对资产进行了严格定义。

资产，是指由过去的交易或者事项形成并被民间非营利组织拥有或者控制的资源，该资源预期会给民间非营利组织带来经济利益或者服务潜力。

二、民间非营利组织资产的分类

民间非营利组织资产包括流动资产、受赠资产、长期投资、固定资产、无形资产和受托代资产。

1. 流动资产

根据《民间非营利组织会计制度》的相关规定，货币资金、短期投资、应收款项与预付款项、存货构成了民间非营利组织的流动资产。

（1）货币资金

是指民间非营利组织以货币形态表现的那部分资产，包括现金、银行存款、其他货币资金。

（2）短期投资

是指能够随时变现并且持有时间不准备超过 1 年（含 1 年）的投资，包括股票、债券、基金等。

（3）应收及预付款项

应收款项是指民间非营利组织在日常业务活动过程中发生的各项应收未

收债券,包括应收票据、应收款项和其他应收款。预付款项是指民间非营利组织预付给商品供应单位或服务提供单位的款项。

(4)存货

是指民间非营利组织在日常业务活动中持有以备出售,或者仍然处在业务活动过程,或者在业务活动过程中将消耗的材料或物料等。

2.受赠资产

受赠资产是指民间非营利组织接受其他实体自愿无偿转交的现金或其他资产,或撤销的债务。

3.长期投资

长期投资是指除短期投资以外的投资,包括持有时间准备超过1年(不含1年)的各种股权性质的投资、不能变现或不准备随时变现的债券投资、其他债权投资和其他长期投资。

4.固定资产

固定资产是指民间非营利组织为开展业务活动或出租而持有的,一般设备单位价值在500元以上、专用设备单位价值在800元以上,使用期限超过1年的有形资产。

5.无形资产

无形资产是指民间非营利组织为提供劳务出租给他人或为管理目的而持有的,没有实物形态的非货币性长期资产。

6.受托代理资产

受托代理资产是指民间非营利组织接受委托方的委托从事委托代理业务而收到的资产。

三、民间非营利组织资产的特征

民间非营利组织的资产具有以下特征:

1.资产预期能够给民间非营利组织带来经济利益或者服务潜力

所谓经济利益,是指直接或间接地流入民间非营利组织的现金或现金等价物。在民间非营利组织中,对外投资是为了获得增值或回报,应当作为资产予以确认;持有一些存货是为了对外出售换取现金,应当作为资产予以确认。与企业不同的是,民间非营利组织持有许多资产并非是为了获取经济利益,而是为了向服务对象提供服务。因此,对于民间非营利组织而言,是否具备服务潜力是衡量一项经济资源是否应当作为资产予以确认和计量的重要标志。

2.资产是民间非营利组织所拥有的,或者即使不为民间非营利组织所拥

有,也是民间非营利组织所控制的

民间非营利组织拥有资产,就能够排他性地从资产中获得经济利益或服务潜力。有些资产虽然不为民间非营利组织所拥有,但是民间非营利组织能够支配这些资产,因此同样能够排他性地从资产中获得经济利益或服务潜力,如果民间非营利组织不能拥有或控制资产所能带来的经济利益或服务潜力,那么就不能作为民间非营利组织的资产。

3.资产是由过去的交易或事项形成的

资产必须是现实的资产,而不是预期的资产。只有过去发生的交易或事项才能增加或减少民间非营利组织的资产,而不能根据谈判中的交易或计划中的经济业务来确认资产。

第二节   民间非营利组织流动资产管理

民间非营利组织流动资产是指预期可在 1 年内(含 1 年)变现或者耗用的资产,主要包括现金、银行存款、短期投资、应收款项、预付账款、存货、待摊费用等。

一、现金与银行存款的管理

民间非营利组织应当设置现金和银行存款日记账,按照业务发生顺序逐日逐笔登记。有外币现金和存款的民间非营利组织,还应当分别按人民币和外币进行明细核算。

现金的核算应当做到日清月结,其账面余额必须与库存数相符;银行存款的账面余额应当与银行对账单定期核对,并与按月编制的银行存款余额调节表调节相符。

二、短期投资的管理

短期投资是指能够随时变现并且持有时间不准备超过 1 年(含 1 年)的投资,包括股票、债券投资等。

1.短期投资在取得时应当按照投资成本计量

短期投资取得时的投资成本按以下方法确定:

(1)以现金购入的短期投资

按照实际支付的全部价款,包括税金、手续费等相关税费作为其投资成本。实际支付的价款中包含的已宣告但尚未领取的现金股利或已到付息期但尚未领取的债券利息,应当作为应收款项单独核算,不构成短期投资成本。

(2)接受捐赠的短期投资

应当按照以下方法确定其入账价值:

①如果捐赠方提供了有关凭据(如发票、报关单、有关协议等),应当按照凭据上标明的金额作为入账价值。如果凭据上标明的金额与受赠资产公允价值相差较大,受赠资产应当以其公允价值作为其入账价值。

②如果捐赠方没有提供有关凭据,受赠资产应当以其公允价值作为入账价值。

(3)通过非货币性交易换入的短期投资

应当按照以下原则处理:

①以换出资产的账面价值,加上应支付的相关税费,作为换入资产的入账价值。

②非货币性交易中如果发生补价,应区别不同情况处理。

2.短期投资收益

短期投资的利息或现金股利应当于实际收到时冲减投资的账面价值,但在购买时已计入应收款项的现金股利或者利息除外。

3.对短期投资是否发生了减值进行检查

如果短期投资的市价低于其账面价值,应当按照市价低于账面价值的差额计提短期投资跌价准备,确认短期投资跌价损失并计入当期费用。如果短期投资的市价高于其账面价值,应当在该短期投资期初已计提跌价准备的范围内转回市价高于账面价值的差额,冲减当期费用。

4.处置短期投资

处置短期投资时,应当将实际取得价款与短期投资账面价值的差额确认为当期投资损益。

三、应收款项与预付账款的管理

应收款项是指民间非营利组织在日常业务活动过程中发生的各项应收未收债权,包括应收票据、应收账款和其他应收款等。

(1)应收款项应当按照实际发生额入账,并按照往来单位或个人等设置明细账,进行明细核算。

(2)期末,应当分析应收款项的可收回性,对预计可能产生的坏账损失计提坏账准备,确认坏账损失并计入当期费用。

预付账款是指民间非营利组织预付给商品供应单位或者服务提供单位的款项。

预付账款应当按照实际发生额入账,并按照往来单位或个人等设置明细账,进行明细核算。

四、存货的管理

存货是指民间非营利组织在日常业务活动中持有以备出售或捐赠的,或者为了出售或捐赠仍处在生产过程中的,或者将在生产、提供服务或日常管理过程中耗用的材料、物资、商品等。

1.存货在取得时,应当以其实际成本入账

存货成本包括采购成本、加工成本和其他成本。其中,采购成本一般包括实际支付的采购价款、相关税费、运输费、装卸费、保险费以及其他可直接归属于存货采购的费用。加工成本包括直接人工以及按照合理方法分配的与存货加工有关的间接费用。其他成本是指除采购成本、加工成本以外的,使存货达到目前场所和状态所发生的其他支出。

2.确定存货的成本

存货在发出时,应当根据实际情况采用个别计价法、先进先出法或者加权平均法,确定发出存货的实际成本。

3.对存货应当定期进行清查盘点,每年至少盘点一次

对于发生的盘盈、盘亏以及变质、毁损等存货,应当及时查明原因,并根据民间非营利组织的管理权限,经理事会、董事会或类似权力机构批准后,在期末结账前处理完毕。对于盘盈的存货,应当按照其公允价值入账,并确认为当期收入;对于盘亏或者毁损的存货,应先扣除残料价值、可以收回的保险赔偿和过失人的赔偿等,将净损失确认为当期费用。

4.期末,应当对存货是否发生了减值进行检查

如果存货的可变现净值低于其账面价值,应当按照可变现净值低于账面价值的差额计提存货跌价准备,确认存货跌价损失并计入当期费用。如果存货的可变现净值高于其账面价值,应当在该存货期初已计提跌价准备的范围内转回可变现净值高于账面价值的差额,冲减当期费用。

第三节　民间非营利组织固定资产管理

固定资产,是指同时具有以下三个特征的有形资产:为行政管理、提供服务、生产商品或者出租目的而持有的;预计使用年限超过 1 年;单位价值较高。

固定资产在取得时,应当按取得时的实际成本入账。取得时的实际成本包括买价、包装费、运输费、交纳的有关税金等相关费用,以及为使固定资产达到预定可使用状态前所必要的支出。固定资产取得时的实际成本应当根据具体情况分别确定:

1.外购的固定资产

按照实际支付的买价、相关税费以及为使固定资产达到预定可使用状态前所发生的可直接归属于该固定资产的其他支出(如运输费、安装费、装卸费等)确定其成本。

如果以一笔款项购入多项没有单独标价的固定资产,按各项固定资产公允价值的比例对总成本进行分配,分别确定各项固定资产的成本。

2.自行建造的固定资产

按照建造该项资产达到预定可使用状态前所发生的全部必要支出确定其成本。

3.接受捐赠的固定资产

如果捐赠方提供了有关凭据(如发票、报关单、有关协议等),应当按照凭据上标明的金额作为入账价值。如果凭据上标明的金额与受赠资产公允价值相差较大,受赠资产应当以其公允价值作为其入账价值。如果捐赠方没有提供有关凭据,受赠资产应当以其公允价值作为入账价值。

4.通过非货币性交易换入的固定资产

以换出资产的账面价值,加上应支付的相关税费,作为换入资产的入账价值;非货币性交易中如果发生补价,应区别不同情况处理。

5.融资租入的固定资产

按照租赁协议或者合同确定的价款、运输款、途中保险费、安装调试费以及融资租入固定资产达到预定可使用状态前发生的借款费用等确定其成本。

6.在建工程

包括施工前期准备、正在施工中的建筑工程、安装工程、技术改造工程等。工程项目较多且工程支出较大的,应当按照工程项目的性质分项核算。在建工程应当按照所建造工程达到预定可使用状态前实际发生的全部必要支出确定其工程成本,并单独核算。

7.文物文化资产

对于用于展览、教育或研究等目的的历史文物、艺术品以及其他具有文化或历史价值并作长期或者永久保存的典藏等,应当作为固定资产核算,并要求单设"文物文化资产"科目进行核算,在资产负债表的固定资产大类下单列项目予以列报。但考虑到这些资产的价值一般并不随着时间的推移而减少,也就是说,它们一般不存在像其他固定资产那样的损耗问题,所以,我国《民间非营利组织会计制度》规定,对于文物文化资产,不必计提折旧。

第四节 民间非营利组织长期投资管理

长期投资,是指除短期投资以外的投资,包括长期股权投资和长期债权投资等。

一、长期股权投资核算原则

1.长期股权投资在取得时,应当按取得时的实际成本作为初始投资成本初始投资成本按以下方法确定:

(1)以现金购入的长期股权投资,按照实际支付的全部价款,包括税金、手续费等相关费用,作为初始投资成本。实际支付的价款中包含的已宣告但尚未领取的现金股利,应当作为应收款项单独核算,不构成初始投资成本。

(2)接受捐赠的长期股权投资,按照相关的规定,确定其初始投资成本。

(3)通过非货币性交易换入的长期股权投资,按照相关的规定确定其初始投资成本。

2.长期股权投资应当区别不同情况,分别采用成本法或者权益法核算

如果民间非营利组织对被投资单位无控制、无共同控制且无重大影响,长期股权投资应当采用成本法进行核算;如果民间非营利组织对被投资单位具有控制、共同控制或重大影响,长期股权投资应当采用权益法进行核算。

采用成本法核算时,被投资单位经股东大会或者类似权力机构批准宣告发放的利润或现金股利,作为当期投资收益。

采用权益法核算时,按应当享有或应当分担的被投资单位当年实现的净利润或发生的净亏损的份额调整投资账面价值,并作为当期投资损益。按被

投资单位宣告分派的利润或现金股利计算分得的部分,减少投资账面价值。

被投资单位宣告分派的股票股利不作账务处理,但应当设置辅助账进行数量登记。

二、长期债权投资核算原则

1. 长期债权投资在取得时,应当按取得时的实际成本作为初始投资成本

初始投资成本按以下方法确定:

(1)以现金购入的长期债权投资,按照实际支付的全部价款,包括税金、手续费等相关费用,作为初始投资成本。实际支付的价款中包含的已到付息期但尚未领取的债券利息,应当作为应收款项单独核算,不构成初始投资成本。

(2)接受捐赠取得的长期债权投资,按照本制度第十六条的规定确定其初始投资成本。

(3)通过非货币性交易换入的长期债权投资,按照本制度第十八条的规定确定其初始投资成本。

2. 长期债权投资应当按照票面价值与票面利率按期计算确认利息收入

长期债券投资的初始投资成本与债券面值之间的差额,应当在债券存续期间,按照直线法于确认相关债券利息收入时予以摊销。

3. 持有可转换公司债券的民间非营利组织,可转换公司债券在转换为股份之前,应当按一般债券投资进行处理

当民间非营利组织行使转换权利,将其持有的债券投资转换为股份时,应当按其账面价值减去收到的现金后的余额,作为股权投资的初始投资成本。

4. 处置长期债权投资时,应当将实际取得价款与投资账面价值的差额,确认为当期投资损益。

第五节　民间非营利组织无形资产管理

无形资产是指民间非营利组织为开展业务活动出租给他人或为管理目的而持有的没有实物形态的非货币性长期资产,包括专利权、非专利技术、商标权、著作权、土地使用权等。

无形资产在取得时,应当按照取得时的实际成本入账。

1. 购入的无形资产

按照实际支付的价款确定其实际成本。

2. 自行开发并按法律程序申请取得的无形资产

按依法取得时发生的注册费、聘请律师费等费用,作为无形资产的实际成本。依法取得前,在研究与开发过程中发生的材料费用,直接参与开发人员的工资及福利费,开发过程中发生的租金、借款费用等直接计入当期费用。

3. 接受捐赠的无形资产

如果捐赠方提供了有关凭据(如发票、报关单、有关协议等),应当按照凭据上标明的金额作为入账价值。如果凭据上标明的金额与受赠资产公允价值相差较大,受赠资产应当以其公允价值作为其入账价值。如果捐赠方没有提供有关凭据,受赠资产应当以其公允价值作为入账价值。

4. 通过非货币性交易换入的无形资产

以换出资产的账面价值,加上应支付的相关税费,作为换入资产的入账价值;非货币性交易中如果发生补价,应区别不同情况处理。

无形资产应当自取得当月起在预计使用年限内分期平均摊销,计入当期费用。如预计使用年限超过了相关合同规定的受益年限或法律规定的有效年限,该无形资产的摊销年限按如下原则确定:

(1)合同规定了受益年限但法律没有规定有效年限的,摊销期不应超过合同规定的受益年限;

(2)合同没有规定受益年限但法律规定了有效年限的,摊销期不应超过法律规定的有效年限;

(3)合同规定了受益年限,法律也规定了有效年限的,摊销期不应超过受益年限和有效年限两者之中较短者。

民间非营利组织处置无形资产,应当将实际取得的价款与该项无形资产的账面价值之间的差额,计入当期收入或者费用。

第六节　民间非营利组织受托代理资产管理

受托代理资产是指民间非营利组织接受委托方委托从事受托代理业务而收到的资产。

在受托代理过程中,民间非营利组织通常只是从委托方收到受托资产,并按照委托人的意愿将资产转赠给指定的其他组织或者个人。

民间非营利组织本身只是在委托代理过程中起中介作用,无权改变受托代理资产的用途或者变更受益人。

民间非营利组织应当对受托代理资产比照接受捐赠资产的原则进行确认和计量,但在确认一项受托代理资产时,应当同时确认一项受托代理负债。

思考题

1. 如何确定短期投资的取得成本? 期末短期投资是如何计价的?
2. 长期债权投资和长期股权投资的取得成本如何确定?
3. 如何对无形资产进行计价?
4. 什么是受托代理资产? 如何对受托代理资产进行管理?

阅读材料

NPO 新会计制度凸显"民间性"

《民间非营利组织会计制度》于 2005 年 1 月 1 日起执行。该制度是我国第一部非营利组织的会计制度,它的颁布执行标志着我国非营利组织财务会计规范体系建设迈出了重要的一步,必将对我国非营利事业,特别是民间非营利事业的发展起到积极的推动作用。记者就相关问题采访了财政部陆先生。

记:《民间非营利组织会计制度》的出台是不是迫在眉睫? 原来民间非营利组织所采用的会计制度有哪些缺陷?

陆:政府通过法制规范和管理,使 NPO 在近年来获得了快速发展。2004 年 2 月 11 日发布的《基金会管理条例》就是政府对其进行规范,并促进其发展的一个例子。如何提高我国 NPO 的内部管理水平,如何加强对其的监督管理被提到了议事日程。

NPO 的资金主要来自捐赠人的捐赠、会员交纳的会费、向服务对象收取的服务费等,对象广,涉及公众较多,而且这些资金提供者在提供资金以后不再享有所有权。捐赠人、会员以及管理部门等都有了解相关财务信息的需要,这在很大程度上要求必须通过编制能够反映这些信息的财务报告来实现。但是目前大多数 NPO 采用的是事业单位会计准则和制度,这种制度没有考虑主要依靠民间资金来源、鲜有国家财政资金投入的民间非营利组织会计业务的特殊性,依据其编制的会计报表难以满足民间非营利组织会计信息使用者的需要,也不便于监督管理。另外,我国不少民间非营利组织还从海外募集捐款,开展国际业务,按照我国事业单位编制的会计报表显然十分不利于国际交流,在一定程度上影响了海外资金的吸收和国际业务的拓展。

在这种情况下专门制定一套会计标准不仅十分必要而且相当迫切。这一方面有助于国家有关民间非营利组织的法律法规相互配套,便于法律部门和行业监管部门对民间非营利组织加强监督管理;另一方面有助于提高我国民间非营利组织的财务管理和会计水平,提高透明度,促进我国民间非营利组织的健康发展。

记:那么如何保证民间非营利机构实施好新《制度》?

陆:会计规范是一个体系,除了《制度》本身,还需要一系列配套的法规,才能真正发挥《制度》规范会计行为的作用。最起码要做好以下五个环节。

(1)领导重视。会计法规定,单位负责人要对单位编制的财务会计报告的真实性、完整性负责,如果是虚假的财务报告,不仅编制报告的会计人员承担法律责任,单位负责人也要承担责任。

(2)完善内部治理结构和内控制度。单位内部要有一套治理结构,并相应地建立内控、资产管理等制度。

(3)独立的审计机构要跟上。NPO 没有国有资产,一般来说国家的审计不会涉及。基金会必须委托会计师事务所的注册会计师,对年报进行审计。

(4)政府的监管要转换思路。政府年检的重要内容之一就是要 NPO 提供包括会计报表在内的年度财务会计报告。年检的时候就要看年检的内容是不是完整,是不是按照会计制度的要求编制,有没有按照相关的法规审计,有没有附审计报告。政府监管部门要特别重视保留意见和否定意见的审计报告。政府监管部门可以清晰地看到每个单位的资产负债,净增资产,收入费用的情况,可以拿到相应的汇总的统计数据,就可以知道这个行业到底今年的资产有多少,所有基金会资产总额是多少,负债总额多少,费用多少,收入多少,汇总起来就可以看到这个行业的发展怎样。政府可以了解这一类的组织掌握了多大的资源。

当然,报表的真实性,需要前边几个环节上的努力来保证。另外,《制度》第一次将宗教包含在内。尤其是"法轮功"之后,政府开始加强对宗教组织的管理。国家要了解这些组织收入怎么来,到底有多少钱,多少资产在里面。过去没有监管,信息渠道也没有;现在根据会计报表,虽然会有虚假的成分在里面,但大体的统计数据就可以拿出来。宗教局是特别欢迎我们这个制度的。

(5)捐赠人的监管。很多捐赠人被列到董事会、理事会,这样捐赠者就可以进行有效的监管。

　　这是个系统工程,五个环节相辅相成,相互促进,五个环节都做到,才可以很有效地贯彻落实。

　　资料来源:徐辉.NPO 新会计制度凸显"民间性".http://www.sina.com.cn.2004 年11 月 3 日.

第十五章

民间非营利组织负债
与净资产管理

第一节　民间非营利组织负债管理

负债是指过去的交易或者事项形成的现时义务,履行该义务预期会导致含有经济利益或者服务潜力的资源流出民间非营利组织。负债应当按其流动性分为流动负债、长期负债和受托代理负债等。

一、流动负债及管理

流动负债是指将在 1 年内(含 1 年)偿还的负债,包括短期借款、应付款项、应付工资、应交税金、预收账款、预提费用和预计负债等。

1.短期借款

是指民间非营利组织向银行或其他金融机构等借入的期限在 1 年以下(含 1 年)的各种借款。

2.应付款项

是指民间非营利组织在日常业务活动过程中发生的各项应付票据、应付账款和其他应付款等应付未付款项。

3.应付工资

是指民间非营利组织应付未付的员工工资。

4.应交税金

是指民间非营利组织应交未交的各种税费。

5.预收账款

是指民间非营利组织向服务和商品购买单位预收的各种款项。

6.预提费用

是指民间非营利组织预先提取的已经发生但尚未支付的费用,如预提的租金、保险费、借款利息等。

7.预计负债

是指民间非营利组织对因或有事项所产生的现时义务而确认的负债。

各项流动负债应当按实际发生额入账。

短期借款应当按照借款本金和确定的利率按期计提利息,计入当期费用。

二、长期负债及管理

长期负债是指偿还期限在1年以上(不含1年)的负债,包括长期借款、长期应付款和其他长期负债。

1.长期借款

是指民间非营利组织向银行或其他金融机构等借入的期限在1年以上(不含1年)的各种借款。

2.长期应付款

是指民间非营利组织融资租入固定资产发生的应付租赁款。

3.其他长期负债

是指除长期借款和长期应付款外的长期负债。

各项长期负债应当按实际发生额入账。

三、受托代理负债及管理

受托代理负债是指民间非营利组织因从事受托代理业务、接受受托代理资产而产生的负债。

受托代理负债应当按照相对应的受托代理资产的金额予以确认和计量。

第二节　民间非营利组织净资产管理

一、民间非营利组织净资产的含义

民间非营利组织的净资产是指资产减去负债后的余额。

由于民间非营利组织的开办人并不具有投资回报的要求权,因而民间非营利组织本身没有明确的所有者,相应的,民间非营利组织的净资产在法律上归属于社会,任何人都不能分割民间非营利组织的净资产。即使由于种种原因民间非营利组织因故停止业务,民间非营利组织的净资产仍应继续用于社会公益事业。

二、民间非营利组织净资产的分类

净资产应当按照其是否受到限制,分为限定性净资产和非限定性净资产等。

如果资产或者资产所产生的经济利益(如资产的投资收益和利息等)的使用受到资产提供者或者国家有关法律、行政法规所设置的时间限制或(和)用途限制,则由此形成的净资产即为限定性净资产;国家有关法律、行政法规对净资产的使用直接设置限制的,该受限制的净资产亦为限定性净资产;除此之外的其他净资产,即为非限定性净资产。

时间限制,是指资产提供者或者国家有关法律、行政法规要求民间非营利组织在收到资产后的特定时期之内或特定日期之后使用该项资产,或者对资产的使用设置了永久限制。

用途限制,是指资产提供者或者国家有关法律、行政法规要求民间非营利组织将收到的资产用于某一特定的用途。

三、民间非营利组织净资产的管理

民间非营利组织的董事会、理事会或类似机构对净资产的使用所作的限定性决策、决议或拨款限额等,属于民间非营利组织在内部管理上对资产使用所作的限制。

如果限定性净资产的限制已经解除,应当对净资产进行重新分类,将限定性净资产转为非限定性净资产。

当存在下列情况之一时,可以认为限定性净资产的限制已经解除:

(1)所限定净资产的限制时间已经到期;

(2)所限定净资产规定的用途已经实现(或者目的已经达到);

(3)资产提供者或者国家有关法律、行政法规撤销了所设置的限制。

如果限定性净资产受到两项或两项以上的限制,应当在最后一项限制解除时,才能认为该项限定性净资产的限制已经解除。

为了核算限定性净资产业务,民间非营利组织应设置"限定性净资产"总账科目。期末将当期限定性收入实际发生额转为限定性净资产,借记"捐赠收入——限定性收入"、"政府补助收入——限定性收入"、"会费收入——限定性收入"等科目,贷记"限定性净资产"科目。如果限定性净资产的限制已经解除,应当对净资产进行重新分类,将限定性净资产转为非限定性净资产,借记"限定性净资产"科目,贷记"非限定性净资产"科目。如果因调整以前期间收入、费用项目而涉及调整限定性净资产的,应当就需要调整的金额,借记或贷记有关科目,贷记或借记"限定性净资产"科目。本科目期末贷记余额,反映民间非营利组织历年积存的限定性净资产。

思考题

1. 负债具有哪些特征? 它是如何分类的?
2. 民间非营利组织的净资产是如何分类的?
3. 限定性净资产和非限定性净资产是如何进行管理的?

阅读材料

全国性社会团体公益性捐赠税前扣除资格初审暂行办法

一、根据有关法律法规及《关于公益性捐赠税前扣除有关问题的通知》(财税字〔2008〕160号)规定,为做好全国性社会团体公益性捐赠税前扣除资格认定的资格初审工作,特制定本办法。

二、本办法中社会团体是指按照《社会团体登记管理条例》经民政部批准登记的社会团体法人。

三、申请获得公益性捐赠税前扣除资格的社会团体应当具备以下条件:

(一)有确定的公益目的。社会团体设立的宗旨、目的、业务范围等应当符合《公益事业捐赠法》相关规定,服务对象面向社会公众。

(二)财产权利属性清晰。社会团体应当由捐赠资金设立,捐赠者不以任何形式参与财产分配。净资产不低于登记的活动资金数额。全部资产及其增值属于社会团体法人所有,终止后的剩余财产应当交由其他公益性社会组织管理。

(三)公益活动特点突出。公益活动以捐赠、资助、志愿服务为主要形式。公益活动的受益人或者服务对象应当是会员以外的不特定的社会公众。公益活动应当由社会公众自愿参与。社会团体申请前连续3年每年用于公益活动的支出不低于上年总收入的70%,同时需达到当年总支出的50%以上(含50%)。

（四）财务会计工作规范。执行《民间非营利组织会计制度》，设立银行账号，使用规定票据，实行独立会计核算，财务制度健全，内控制度完善。

（五）活动信息公开透明。社会团体组织机构、业务活动、财务管理、负责人和工作人员工资福利支出、捐赠款物管理使用、公益活动支出情况等信息始终公开透明，并通过指定媒体及时向社会公布。

（六）遵纪守法情况良好。在民政部门依法登记 3 年以上，申请前的 3 年内未受过行政处罚，申请前连续 2 年年度检查合格或者最近一次年度检查合格且评估等级为 3A 以上（含 3A）。

四、下列社会团体不属于公益性捐赠税前扣除资格的认定范围：

（一）以企业、事业单位为会员主体和服务对象的行业协会、商会等行业性社会团体。

（二）以从事同一职业或者具有相同职务称谓、职业资格或者执业资格的自然人为会员主体和服务对象的职业性、专业性社会团体。

（三）以具有相同或者相近的教育背景、职业经历、兴趣爱好的自然人为会员主体和服务对象的联谊性、联合性社会团体。

（四）经批准参照公务员管理，工作人员工资福利由国家财政拨款，业务活动由国家财政资金支持的社会团体。

五、社会团体计算公益活动支出比例时，不得将会议、访问、评比表彰、有偿服务等活动的支出计入公益活动支出，不得将社会团体专职工作人员工资福利和行政办公支出计入公益活动成本。

六、申请资格初审的社会团体应当委托民政部门推荐的会计师事务所，按照（财税字〔2008〕160 号）文件及本通知规定，对社会团体的公益活动支出进行逐项审计，在审计报告中对列举的各项公益活动逐项书面说明，包括活动的性质、目的、受益人或者服务对象、活动形式、参与方式、活动支出、活动成果等详细情况。

七、民政部负责对全国性社会团体获得公益捐赠税前扣除资格进行初审，必要时可以通过评估专家委员会进行事前审议。

资料来源：中央政府门户网站 www.gov.cn，2011 年 6 月 3 日。

第十六章

民间非营利组织财务
会计报告和财务分析

第一节　民间非营利组织财务会计报告概述

一、财务会计报告的含义

财务会计报告是反映民间非营利组织财务状况、业务活动情况和现金流量等的书面报告。

二、财务会计报告的作用

1. 为组织明确发展方向

民间非营利组织本身的决策者可以通过财务报告了解民间非营利组织财务状况和报告期内的财务成果,总结民间非营利组织经济管理的经验教训,剖析民间非营利组织经济情况,进一步找出薄弱环节,从而研究改善经济管理,确定发展方向和决策。

2. 为有关部门提供宏观调控依据

国家有关部门、社会有关方面,可以通过财务报告掌握民间非营利组织经济活动和财务收支状况,检查民间非营利组织预算资金情况,考查民间非营利组织对财经纪律、法规、制度的遵守情况,分析不同类型、不同地区、不同规模民间非营利组织在经济运营中存在的问题,作为确定民间非营利组织发展的依据,以利于宏观调控。

3. 为资金提供者了解情况

资金提供者可以从财务报告中取得自己所关心的民间非营利组织资金的

使用及其业务开展情况,债权人则可以从财务报告中取得他们关心的民间非营利组织的偿债能力。

三、财务会计报告的构成

民间非营利组织财务会计报告由会计报表、会计报表附注和财务情况说明书组成。

财务会计报告分为年度财务会计报告和中期财务会计报告。

以短于一个完整的会计年度的期间(如半年度、季度和月度)为基础编制的财务会计报告称为中期财务会计报告。年度财务会计报告则是以整个会计年度为基础编制的财务会计报告。

1.会计报表

财务会计报告中的会计报表至少应当包括以下三张报表:

(1)资产负债表;

(2)业务活动表;

(3)现金流量表。

2.会计报表附注

会计报表附注至少应当包括下列内容:

(1)重要会计政策及其变更情况的说明;

(2)董事会(或者理事会或者类似权力机构)成员和员工的数量、变动情况以及获得的薪金等报酬情况的说明;

(3)会计报表重要项目及其增减变动情况的说明;

(4)资产提供者设置了时间或用途限制的相关资产情况的说明;

(5)受托代理交易情况的说明,包括受托代理资产的构成、计价基础和依据、用途等;

(6)重大资产减值情况的说明;

(7)公允价值无法可靠取得的受赠资产和其他资产的名称、数量、来源和用途等情况的说明;

(8)对外承诺和或有事项情况的说明;

(9)接受劳务捐赠情况的说明;

(10)资产负债表日后非调整事项的说明;

(11)有助于理解和分析会计报表需要说明的其他事项。

3.财务情况说明书

财务情况说明书至少应当对下列情况作出说明:

(1)民间非营利组织的宗旨、组织结构以及人员配备等情况；

(2)民间非营利组织业务活动基本情况，年度计划和预算完成情况，产生差异的原因分析，下一会计期间业务活动计划和预算等；

(3)对民间非营利组织运作有重大影响的其他事项。

4.会计科目表

表 16-1　民间非营利组织会计科目表

序号	编号	名称	序号	编号	名称
		一、资产类(23 个)			二、负债类(12 个)
1	1001	现金	24	2101	短期借款
2	1002	银行存款	25	2201	应付票据
3	1009	其他货币资金	26	2202	应付账款
4	1101	短期投资	27	2203	预收账款
5	1102	短期投资跌价准备	28	2204	应付工资
6	1111	应收票据	29	2206	应交税金
7	1121	应收账款	30	2209	其他应付款
8	1122	其他应收款	31	2301	预提费用
9	1131	坏账准备	32	2401	预计负债
10	1141	预付账款	33	2501	长期借款
11	1201	存货	34	2502	长期应付款
12	1202	存货跌价准备	35	2601	受托代理负债
13	1301	待摊费用			三、净资产类(2 个)
14	1401	长期股权投资	36	3101	非限定性净资产
15	1402	长期债权投资	37	3102	限定性净资产
16	1421	长期投资减值准备			四、收入费用类(11 个)
17	1501	固定资产	38	4101	捐赠收入
18	1502	累计折旧	39	4201	会费收入
19	1505	在建工程	40	4301	提供服务收入
20	1506	文物文化资产	41	4401	政府补助收入
21	1509	固定资产清理	42	4501	商品销售收入

续表

序号	编号	名称	序号	编号	名称
22	1601	无形资产	43	4601	投资收益
23	1701	受托代理资产	44	4901	其他收入
			45	5101	业务活动成本
			46	5201	管理费用
			47	5301	筹资费用
			48	5401	其他费用

四、财务报告的提供

民间非营利组织对外提供的财务会计报告应当依次编定页数,加具封面,装订成册,加盖公章。封面上应当注明:组织名称、组织登记证号、组织形式、地址、报表所属年度或者中期、报出日期,并由单位负责人和主管会计工作的负责人、会计机构负责人(会计主管人员)签名并盖章;设置总会计师的单位,还应当由总会计师签名并盖章。

第二节　民间非营利组织会计报表

会计报表的编制要符合《民间非营利组织会计制度》的要求,真实、完整地反映组织的财务状况、业务活动情况和现金流量。

一、民间非营利组织资产负债表

(一)资产负债表

表 16-2　资产负债表

编制单位:　　　　　　　　　　　年月日　　　　　　　　　　　单位:元

资产	行次	年初数	期末数	负债和净资产	行次	年初数	期末数
流动资产:				流动负债:			
货币资金	1			短期借款	23		
短期投资	2			应付款项	24		
应收款项	3			应付工资	25		

续表

资产	行次	年初数	期末数	负债和净资产	行次	年初数	期末数
预付账款	4			应交税金	26		
存货	5			预收账款	27		
待摊费用	6			预提费用	28		
一年内到期的长期债权投资	7			预计负债	29		
其他流动资产	8			一年内到期的长期负债	30		
流动资产合计	9			其他流动负债	31		
				流动负债合计	32		
长期投资：							
长期股权投资	10			长期负债：			
长期债权投资	11			长期借款	33		
长期投资合计	12			长期应付款	34		
				其他长期负债	35		
固定资产：				长期负债合计	36		
固定资产原价	13						
减：累计折旧	14			受托代理负债：			
固定资产净值	15			受托代理负债	37		
在建工程	16						
文物文化资产	17			负债合计	38		
固定资产清理	18						
固定资产合计	19						
无形资产：							
无形资产	20			净资产			
				非限定性净资产	39		
受托代理资产：				限定性净资产	40		
受托代理资产	21			净资产合计	41		
资产总计	22			负债和净资产总计	42		

（二）资产负债表编制说明

（1）本表反映民间非营利组织某一会计期末全部资产、负债和净资产的情况。

（2）本表"年初数"栏内各项数字，应当根据上年年末资产负债表"期末数"栏内数字填列。如果本年度资产负债表规定的各个项目的名称和内容同上年度不相一致，应对上年年末资产负债表各项目的名称和数字按照本年度的规定进行调整，填入本表"年初数"栏内。

（3）本表"期末数"各项目的内容和填列方法：

①"货币资金"项目。反映民间非营利组织期末库存现金、存放银行的各类款项以及其他货币资金的合计数。本项目应当根据"现金"、"银行存款"、"其他货币资金"科目的期末余额合计填列。如果民间非营利组织的受托代理资产为现金、银行存款或其他货币资金且通过"现金"、"银行存款"、"其他货币资金"科目核算，还应当扣减"现金"、"银行存款"、"其他货币资金"科目中"受托代理资产"明细科目的期末余额。

②"短期投资"项目。反映民间非营利组织持有的各种能够随时变现并且持有时间不准备超过1年（含1年）的投资，包括短期股票、债券投资和短期委托贷款、委托投资等。本项目应当根据"短期投资"科目的期末余额，减去"短期投资跌价准备"科目的期末余额后的金额填列。

③"应收款项"项目。反映民间非营利组织期末应收票据、应收账款和其他应收款等应收未收款项。本项目应当根据"应收票据"、"应收账款"、"其他应收款"科目的期末余额合计，减去"坏账准备"科目的期末余额后的金额填列。

④"预付账款"项目。反映民间非营利组织预付给商品或者服务供应单位等的款项。

本项目应当根据"预付账款"科目的期末余额填列。

⑤"存货"项目。反映民间非营利组织在日常业务活动中持有以备出售或捐赠的，或者为了出售或捐赠仍处在生产过程中的，或者将在生产、提供服务或日常管理过程中耗用的材料、物资、商品等。本项目应当根据"存货"科目的期末余额，减去"存货跌价准备"科目的期末余额后的金额填列。

⑥"待摊费用"项目。反映民间非营利组织已经支出，但应当由本期和以后各期分别负担的、分摊期在1年以内（含1年）的各项费用，如预付保险费、预付租金等。本项目应当根据"待摊费用"科目的期末余额填列。

⑦"一年内到期的长期债权投资"项目。反映民间非营利组织将在1年内

（含 1 年）到期的长期债权投资。本项目应当根据"长期债权投资"科目的期末余额中将在 1 年内（含 1 年）到期的长期债权投资余额,减去"长期投资减值准备"科目的期末余额中 1 年内（含 1 年）到期的长期债权投资减值准备余额后的金额填列。

⑧"其他流动资产"项目。反映民间非营利组织除以上流动资产项目外的其他流动资产。本项目应当根据有关科目的期末余额分析填列。如果其他流动资产价值较大的,应当在会计报表附注中单独披露其内容和金额。

⑨"长期股权投资"项目。反映民间非营利组织不准备在 1 年内（含 1 年）变现的各种股权性质的投资的可收回金额。本项目应当根据"长期股权投资"科目的期末余额,减去"长期投资减值准备"科目的期末余额中长期股权投资减值准备余额后的金额填列。

⑩"长期债权投资"项目。反映民间非营利组织不准备在 1 年内（含 1 年）变现的各种债权性质的投资的可收回金额。本项目应当根据"长期债权投资"科目的期末余额,减去"长期投资减值准备"科目的期末余额中长期债权投资减值准备余额,再减去本表"一年内到期的长期债权投资"项目金额后的金额填列。

⑪"固定资产"项目。反映民间非营利组织的各项固定资产的账面价值。本项目应当根据"固定资产"科目的期末余额,减去"累计折旧"科目的期末余额后的金额填列。

⑫"在建工程"项目。反映民间非营利组织期末各项未完工程的实际支出,包括交付安装的设备价值、已耗用的材料、工资和费用支出、预付出包工程的价款等。本项目应当根据"在建工程"科目的期末余额填列。

⑬"文物文化资产"项目。反映民间非营利组织用于展览、教育或研究等目的的历史文物、艺术品以及其他具有文化或者历史价值并作长期或者永久保存的典藏等。本项目应当根据"文物文化资产"科目的期末借方余额填列。

⑭"固定资产清理"项目。反映民间非营利组织因出售、毁损、报废等原因转入清理但尚未清理完毕的固定资产的账面价值,以及固定资产清理过程中发生的清理费用和变价收入等各项金额的差额。本项目应当根据"固定资产清理"科目的期末借方余额填列;如果"固定资产清理"科目期末为贷方余额,则以"－"号填列。

⑮"无形资产"项目。反映民间非营利组织拥有的为开展业务活动出租给他人或为管理目的而持有的没有实物形态的非货币性长期资产,包括专利权、

非专利技术、商标权、著作权、土地使用权等。本项目应当根据"无形资产"科目的期末余额填列。

⑯"受托代理资产"项目。反映民间非营利组织接受委托方委托从事受托代理业务而收到的资产。本项目应当根据"受托代理资产"科目的期末余额填列。如果民间非营利组织的受托代理资产为现金、银行存款或其他货币资金且通过"现金"、"银行存款"、"其他货币资金"科目核算,还应当加上"现金"、"银行存款"、"其他货币资金"科目中"受托代理资产"明细科目的期末余额。

⑰"短期借款"项目。反映民间非营利组织向银行或其他金融机构等借入的、尚未偿还的期限在 1 年以下(含 1 年)的各种借款。本项目应当根据"短期借款"科目的期末余额填列。

⑱"应付款项"项目。反映民间非营利组织期末应付票据、应付账款和其他应付款等应付未付款项。本项目应当根据"应付票据"、"应付账款"、"其他应付款"科目的期末余额合计填列。

⑲"应付工资"项目。反映民间非营利组织应付未付的员工工资。本项目应当根据"应付工资"科目的期末贷方余额填列;如果"应付工资"科目期末为借方余额,以"-"号填列。

⑳"应交税金"项目。反映民间非营利组织应交未交的各种税费。本项目应当根据"应交税金"科目的期末贷方余额填列;如果"应交税金"科目期末为借方余额,则以"-"号填列。

㉑"预收账款"项目。反映民间非营利组织向服务和商品购买单位等预收的各种款项。本项目应当根据"预收账款"科目的期末余额填列。

㉒"预提费用"项目。反映民间非营利组织预先提取的已经发生但尚未实际支付的各项费用。本项目应当根据"预提费用"科目的期末贷方余额填列。

㉓"预计负债"项目。反映民间非营利组织对因或有事项所产生的现时义务而确认的负债。本项目应当根据"预计负债"科目的期末贷方金额填列。

㉔"一年内到期的长期负债"项目。反映民间非营利组织承担的将于 1 年内(含 1 年)偿还的长期负债。本项目应当根据有关长期负债科目的期末余额中将在 1 年内(含 1 年)到期的金额分析填列。

㉕"其他流动负债"项目。反映民间非营利组织除以上流动负债之外的其他流动负债。本项目应当根据有关科目的期末余额填列。如果其他流动负债金额较大的,应当在会计报表附注中单独披露其内容和金额。

㉖"长期借款"项目。反映民间非营利组织向银行或其他金融机构等借入的期限在 1 年以上（不含 1 年）的各种借款本息。本项目应当根据"长期借款"科目的期末余额减去其中将于 1 年内（含 1 年）到期的长期借款余额后的金额填列。

㉗"长期应付款"项目。反映民间非营利组织承担的各种长期应付款，如融资租入固定资产发生的应付租赁款。本项目应当根据"长期应付款"科目的期末余额减去其中将于 1 年内（含 1 年）到期的长期应付款余额后的金额填列。

㉘"其他长期负债"项目。反映民间非营利组织除以上长期负债项目之外的其他长期负债。本项目应当根据有关科目的期末余额减去其中将于 1 年内（含 1 年）到期的其他长期负债余额后的金额分析填列。如果其他长期负债金额较大，应当在会计报表附注中单独披露其内容和金额。

㉙"受托代理负债"项目。反映民间非营利组织因从事受托代理业务、接受受托代理资产而产生的负债。本项目应当根据"受托代理负债"科目的期末余额填列。

㉚"非限定性净资产"项目。反映民间非营利组织拥有的非限定性净资产期末余额。本项目应当根据"非限定性净资产"科目的期末余额填列。

㉛"限定性净资产"项目。反映民间非营利组织拥有的限定性净资产期末余额。本项目应当根据"限定性净资产"科目的期末余额填列。

二、民间非营利组织业务活动表

（一）业务活动表

表 16-3　业务活动表

编制单位：　　　　　　　　　　年　月　日　　　　　　　　　　单位：元

项目	行次	本月数			本年累计数		
		非限定性	限定性	合计	非限定性	限定性	合计
一、收入							
其中：捐赠收入	1						
会费收入	2						
提供服务收入	3						
商品销售收入	4						

续表

项目	行次	本月数			本年累计数		
		非限定性	限定性	合计	非限定性	限定性	合计
政府补助收入	5						
投资收益	6						
其他收入	7						
收入合计	8						
二、费用							
(一)业务活动成本	9						
其中：	10						
	11						
	12						
	13						
(二)管理费用	14						
(三)筹资费用	15						
(四)其他费用	16						
费用合计	17						
三、限定性净资产转为非限定性净资产	18						
四、净资产变动额(若为净资产减少额,以"一"号填列)	19						

(二)业务活动表编制说明

(1)本表反映民间非营利组织在某一会计期间内开展业务活动的实际情况。

(2)本表"本月数"栏反映各项目的本月实际发生数;在编制季度、半年度等中期财务会计报告时,应当将本栏改为"本季度数"、"本半年度数"等本中期数栏,反映各项目本中期的实际发生数。在提供上年度比较报表时,应当增设可比期间栏目,反映可比期间各项目的实际发生数。如果本年度业务活动表规定的各个项目的名称和内容同上年度不相一致,应对上年度业务活动表各项目的名称和数字按照本年度的规定进行调整,填入本表上年度可比期间栏目内。

本表"本年累计数"栏反映各项目自年初起至报告期末止的累计实际发生数。

本表"非限定性"栏反映本期非限定性收入的实际发生数、本期费用的实际发生数和本期由限定性净资产转为非限定性净资产的金额;本表"限定性"栏反映本期限定性收入的实际发生数和本期由限定性净资产转为非限定性净资产的金额(以"-"号填列)。在提供上年度比较报表项目金额时,限定性和非限定性栏目的金额可以合并填列。

(3)本表各项目的内容和填列方法:

①"捐赠收入"项目。反映民间非营利组织接受其他单位或者个人捐赠所取得的收入总额。本项目应当根据"捐赠收入"科目的发生额填列。

②"会费收入"项目。反映民间非营利组织根据章程等的规定向会员收取的会费总额。本项目应当根据"会费收入"科目的发生额填列。

③"提供服务收入"项目。反映民间非营利组织根据章程等的规定向其服务对象提供服务取得的收入总额。本项目应当根据"提供服务收入"科目的发生额填列。

④"商品销售收入"项目。反映民间非营利组织销售商品等所形成的收入总额。本项目应当根据"商品销售收入"科目的发生额填列。

⑤"政府补助收入"项目。反映民间非营利组织接受政府拨款或者政府机构给予的补助而取得的收入总额。本项目应当根据"政府补助收入"科目的发生额填列。

⑥"投资收益"项目。反映民间非营利组织以各种方式对外投资所取得的投资净损益。本项目应当根据"投资收益"科目的贷方发生额填列;如果为借方发生额,则以"-"号填列。

⑦"其他收入"项目。反映民间非营利组织除上述收入项目之外所取得的其他收入总额。本项目应当根据"其他收入"科目的发生额填列。

上述各项收入项目应当区分"限定性"和"非限定性"分别填列。

⑧"业务活动成本"项目。反映民间非营利组织为了实现其业务活动目标、开展其项目活动或者提供服务所发生的费用。本项目应当根据"业务活动成本"科目的发生额填列。

民间非营利组织应当根据其所从事的项目、提供的服务或者开展的业务等具体情况,按照"业务活动成本"科目中各明细科目的发生额,在本表第12行至第21行之间填列业务活动成本的各组成部分。

⑨"管理费用"项目。反映民间非营利组织为组织和管理其业务活动所发

生的各项费用总额。本项目应当根据"管理费用"科目的发生额填列。

⑩"筹资费用"项目。反映民间非营利组织为筹集业务活动所需资金而发生的各项费用总额，包括利息支出(减利息收入)、汇兑损失(减汇兑收益)以及相关手续费等。本项目应当根据"筹资费用"科目的发生额填列。

⑪"其他费用"项目。反映民间非营利组织除以上费用项目之外发生的其他费用总额。本项目应当根据有关科目的发生额填列。

⑫"限定性净资产转为非限定性净资产"项目。反映民间非营利组织当期从限定性净资产转入非限定性净资产的金额。本项目应当根据"限定性净资产"、"非限定性净资产"科目的发生额分析填列。

⑬"净资产变动额"项目。反映民间非营利组织当期净资产变动的金额。本项目应当根据本表"收入合计"项目的金额，减去"费用合计"项目的金额，再加上"限定性净资产转为非限定性净资产"项目的金额后填列。

三、民间非营利组织现金流量表

(一)现金流量表

表 16-4　现金流量表

编制单位：　　　　　　年度　　　　　　　　　　单位:元

项目	行次	金额
一、业务活动产生的现金流量：		
接受捐赠收到的现金	1	
收取会费收到的现金	2	
提供服务收到的现金	3	
销售商品收到的现金	4	
政府补助收到的现金	5	
收到的其他与业务活动有关的现金	6	
现金流入小计	7	
提供捐赠或者资助支付的现金	8	
支付给员工以及为员工支付的现金	9	
购买商品、接受服务支付的现金	10	
支付的其他与业务活动有关的现金	11	

续表

项目	行次	金额
现金流出小计	12	
业务活动产生的现金流量净额	13	
二、投资活动产生的现金流量：		
收回投资所收到的现金	14	
取得投资收益所收到的现金	15	
处置固定资产和无形资产所收回的现金	16	
收到的其他与投资活动有关的现金	17	
现金流入小计	18	
购建固定资产和无形资产所支付的现金	19	
对外投资所支付的现金	20	
支付的其他与投资活动有关的现金	21	
现金流出小计	22	
投资活动产生的现金流量净额	23	
三、筹资活动产生的现金流量：		
借款所收到的现金	24	
收到的其他与筹资活动有关的现金	25	
现金流入小计	26	
偿还借款所支付的现金	27	
偿付利息所支付的现金	28	
支付的其他与筹资活动有关的现金	29	
现金流出小计	30	
筹资活动产生的现金流量净额	31	
四、汇率变动对现金的影响额	32	
五、现金及现金等价物净增加额	33	

（二）现金流量表编制说明

（1）本表反映民间非营利组织在某一会计期间内现金和现金等价物流入和流出的信息。

（2）本表所指的现金，是指民间非营利组织的库存现金以及可以随时用于支付的存款，包括现金、可以随时用于支付的银行存款和其他货币资金；现金等价物，是指民间非营利组织持有的期限短、流动性强、易于转换为已知金额现金、价值变动风险很小的投资（除特别指明外，以下所指的现金均包含现金等价物）。

民间非营利组织应当根据实际情况确定现金等价物的范围，并且一贯性地保持其划分标准，如果改变划分标准，应当视为会计政策变更。民间非营利组织确定现金等价物的原则及其变更，应当在会计报表附注中披露。

（3）现金流量表应当按照业务活动产生的现金流量、投资活动产生的现金流量和筹资活动产生的现金流量分别反映。本表所指的现金流量，是指现金的流入和流出。

（4）民间非营利组织应当采用直接法编制业务活动产生的现金流量。采用直接法编制业务活动现金流量时，有关现金流量的信息可以从会计记录中直接获得，也可以在业务活动表收入和费用数据基础上，通过调整存货和与业务活动有关的应收应付款项的变动、投资以及固定资产折旧、无形资产摊销等项目后获得。

（5）本表各项目的内容和填列方法：

①"接受捐赠收到的现金"项目。反映民间非营利组织接受其他单位或者个人捐赠取得的现金。本项目可以根据"现金"、"银行存款"、"捐赠收入"等科目的记录分析填列。

②"收取会费收到的现金"项目。反映民间非营利组织根据章程等的规定向会员收取会费取得的现金。本项目可以根据"现金"、"银行存款"、"应收账款"、"会费收入"等科目的记录分析填列。

③"提供服务收到的现金"项目。反映民间非营利组织根据章程等的规定向其服务对象提供服务取得的现金。本项目可以根据"现金"、"银行存款"、"应收账款"、"应收票据"、"预收账款"、"提供服务收入"等科目的记录分析填列。

④"销售商品收到的现金"项目。反映民间非营利组织销售商品取得的现金。本项目可以根据"现金"、"银行存款"、"应收账款"、"应收票据"、"预收账款"、"商品销售收入"等科目的记录分析填列。

⑤"政府补助收到的现金"项目。反映民间非营利组织接受政府拨款或者政府机构给予的补助而取得的现金。本项目可以根据"现金"、"银行存款"、"政府补助收入"等科目的记录分析填列。

⑥"收到的其他与业务活动有关的现金"项目。反映民间非营利组织收到

的除以上业务之外的现金。本项目可以根据"现金"、"银行存款"、"其他应收款"、"其他收入"等科目的记录分析填列。

⑦"提供捐赠或者资助支付的现金"项目。反映民间非营利组织向其他单位和个人提供捐赠或者资助支出的现金。本项目可以根据"现金"、"银行存款"、"业务活动成本"等科目的记录分析填列。

⑧"支付给员工以及为员工支付的现金"项目。反映民间非营利组织开展业务活动支付给员工以及为员工支付的现金。本项目可以根据"现金"、"银行存款"、"应付工资"等科目的记录分析填列。

民间非营利组织支付的在建工程人员的工资等,在本表"购建固定资产、无形资产所支付的现金"项目中反映。

⑨"购买商品、接受服务支付的现金"项目。反映民间非营利组织购买商品、接受服务而支付的现金。本项目可以根据"现金"、"银行存款"、"应付账款"、"应付票据"、"预付账款"、"业务活动成本"等科目的记录分析填列。

⑩"支付的其他与业务活动有关的现金"项目。反映民间非营利组织除上述项目之外支付的其他与业务活动有关的现金。本项目可以根据"现金"、"银行存款"、"其他应付款"、"管理费用"、"其他费用"等科目的记录分析填列。

⑪"收回投资所收到的现金"项目。反映民间非营利组织出售、转让或者到期收回除现金等价物之外的短期投资、长期投资而收到的现金。不包括长期投资收回的股利、利息,以及收回的非现金资产。本项目可以根据"现金"、"银行存款"、"短期投资"、"长期股权投资"、"长期债权投资"等科目的记录分析填列。

⑫"取得投资收益所收到的现金"项目。反映民间非营利组织因对外投资而取得的现金股利、利息,以及从被投资单位分回利润收到的现金;不包括股票股利。本项目可以根据"现金"、"银行存款"、"投资收益"等科目的记录分析填列。

⑬"处置固定资产和无形资产所收回的现金"项目。反映民间非营利组织处置固定资产和无形资产所取得的现金,减去为处置这些资产而支付的有关费用之后的净额。由于自然灾害所造成的固定资产等长期资产损失而收到的保险赔款收入,也在本项目反映。本项目可以根据"现金"、"银行存款"、"固定资产清理"等科目的记录分析填列。

⑭"收到的其他与投资活动有关的现金"项目。反映民间非营利组织除上述各项之外收到的其他与投资活动有关的现金。其他现金流入金额较大的,应当单列项目反映。本项目可以根据"现金"、"银行存款"等有关科目的记录

分析填列。

⑮"购建固定资产和无形资产所支付的现金"项目。反映民间非营利组织购买和建造固定资产,取得无形资产和其他长期资产所支付的现金。不包括为购建固定资产而发生的借款利息资本化的部分,以及融资租入固定资产支付的租赁费。借款利息和融资租入固定资产支付的租赁费,在筹资活动产生的现金流量中反映。本项目可以根据"现金"、"银行存款"、"固定资产"、"无形资产"、"在建工程"等科目的记录分析填列。

⑯"对外投资所支付的现金"项目。反映民间非营利组织进行对外投资所支付的现金,包括取得除现金等价物之外的短期投资、长期投资所支付的现金,以及支付的佣金、手续费等附加费用。本项目可以根据"现金"、"银行存款"、"短期投资"、"长期股权投资"、"长期债权投资"等科目的记录分析填列。

⑰"支付的其他与投资活动有关的现金"项目。反映民间非营利组织除上述各项之外,支付的其他与投资活动有关的现金。其他现金流出金额较大的,应当单列项目反映。本项目可以根据"现金"、"银行存款"等有关科目的记录分析填列。

⑱"借款所收到的现金"项目。反映民间非营利组织举借各种短期、长期借款所收到的现金。本项目可以根据"现金"、"银行存款"、"短期借款"、"长期借款"等科目的记录分析填列。

⑲"收到的其他与筹资活动有关的现金"项目。反映民间非营利组织除上述项目之外,收到的其他与筹资活动有关的现金。其他现金流入金额较大的,应当单列项目反映。本项目可以根据"现金"、"银行存款"等有关科目的记录分析填列。

⑳"偿还借款所支付的现金"项目。反映民间非营利组织以现金偿还债务本金所支付的现金。本项目可以根据"现金"、"银行存款"、"短期借款"、"长期借款"、"筹资费用"等科目的记录分析填列。

㉑"偿付利息所支付的现金"项目。反映民间非营利组织实际支付的借款利息、债券利息等。本项目可以根据"现金"、"银行存款"、"长期借款"、"筹资费用"等科目的记录分析填列。

㉒"支付的其他与筹资活动有关的现金"项目。反映民间非营利组织除上述项目之外,支付的其他与筹资活动有关的现金,如融资租入固定资产所支付的租赁费。本项目可以根据"现金"、"银行存款"、"长期应付款"等有关科目的记录分析填列。

㉓"汇率变动对现金的影响额"项目。反映民间非营利组织外币现金流量

及境外所属分支机构的现金流量折算为人民币时,所采用的现金流量发生日的汇率或期初汇率折算的人民币金额与本表"现金及现金等价物净增加额"中外币现金净增加额按期末汇率折算的人民币金额之间的差额。

㉔"现金及现金等价物净增加额"项目。反映民间非营利组织本年度现金及现金等价物变动的金额。本项目应当根据本表"业务活动产生的现金流量净额"、"投资活动产生的现金流量净额"、"筹资活动产生的现金流量净额"和"汇率变动对现金的影响额"项目的金额合计填列。

第三节 民间非营利组织财务分析

一、民间非营利组织财务分析的含义

民间非营利组织财务分析是指以财务报表及其他有关资料为依据,运用系统科学的方法对非营利组织的财务状况和业绩成果进行比较、评价,以利于非营利组织的管理者、投资者以及政府宏观管理机构掌握非营利组织的资金活动情况,并进行运营决策的一项管理活动。

二、民间非营利组织财务分析的方法

在财务管理活动中,最重要的是要通过对掌握的财务报表资料的分析发现内在的规律,这就需要学习掌握一定数量的分析方法。根据财务分析所要达到的目的、不同类型公共组织的资金活动的特征,财务分析可采用对比分析法、比率分析法、因素分析法、结构分析法、量本利分析法等多种技术分析方法。

比率分析法是民间非营利组织财务分析的具体方法。

1.流动性比率

流动性比率主要包括流动比率和现金比率。

(1)流动比率

是指流动资产与流动负债之比。其计算公式为:

$$流动比率 = \frac{流动资产}{流动负债}$$

一般说来,比率越高,说明资产的变现能力越强,短期偿债能力亦越强;反之则弱。一般认为流动比率应在 2∶1 以上。

(2)现金比率

是指现金与流动负债的比率,反映组织即刻变现的能力。这里所说的现金,是指现金及现金等价物。这项比率可显示组织立即偿还到期债务的能力。其计算公式为:

$$现金比率 = \frac{现金 + 短期有价证券}{流动负债}$$

由于现金及短期有价证券是流动资产中变现能力最强的项目,因此,现金比率是评价民间非营利组织短期偿债能力强弱的最可信的指标。

2.筹资比率

筹资比率主要反映民间非营利组织筹集资金的能力,包括捐赠比率和资产负债率。

(1)捐赠比率

是指捐赠收入总额与收入总额之比。其计算公式为:

$$捐赠比率 = \frac{捐赠收入总额}{收入总额}$$

运用捐赠比率,可以分析民间非营利组织收入总额中有多少是来自捐赠,每年的开支在多大程度上依赖捐赠。

(2)资产负债率

是指负债总额与资产总额之比。其计算公式为:

$$资产负债率 = \frac{负债总额}{资产总额} \times 100\%$$

这个指标反映了在民间非营利组织的全部资产中,由债权人提供的资产所占比重的大小,反映了债权人向民间非营利组织提供信贷资金的风险程度,也反映了单位举债经营的能力。

3.营运能力比率

营运能力比率是衡量资产管理效率的财务比率。

(1)应收账款周转率

应收账款周转率,是一定时期营业收入(或销售收入)与平均应收账款余额的比率,反映应收账款变现速度的快慢和管理效率的高低。其计算公式为:

$$应收账款周转率(周转次数) = \frac{营业收入}{平均应收账款余额}$$

其中，

$$平均应收账款余额 = \frac{应收账款余额年初数 + 应收账款余额年末数}{2}$$

$$应收账款周转期（周转天数） = \frac{平均应收账款余额 \times 360}{营业收入}$$

一般情况下，应收账款周转率越高越好，应收账款周转率高，表明收账迅速，账龄较短；资产流动性强，短期偿债能力强；可以减少坏账损失等。

（2）存货周转率

存货周转率，是一定时期营业成本（或销售成本）与平均存货余额的比率，反映各环节的管理状况以及偿债能力和获利能力。其计算公式为：

$$存货周转率（周转次数） = \frac{营业成本}{平均存货余额}$$

其中，

$$平均存货余额 = \frac{存货余额年初数 + 存货余额年末数}{2}$$

$$存货周转期（周转天数） = \frac{平均存货余额 \times 360}{营业成本}$$

一般情况下，存货周转率越高越好。存货周转率高，表明存货变现的速度快；周转额较大，表明资金占用水平较低。

（3）流动资产周转率

流动资产周转率，是一定时期营业收入与平均流动资产总额的比率。其计算公式为：

$$流动资产周转率（周转次数） = \frac{营业收入}{平均流动资产总额}$$

其中，

$$平均流动资产总额 = \frac{流动资产总额年初数 + 流动资产总额年末数}{2}$$

$$流动资产周转期（周转天数） = \frac{平均流动资产总额 \times 360}{营业收入}$$

一般情况下，流动资产周转率越高越好。流动资产周转率高，表明以相同的流动资产完成的周转额较多，流动资产利用效果较好。

（4）固定资产周转率

反映固定资产周转情况的主要指标是固定资产周转率,它是一定时期营业收入与平均固定资产净值的比值。其计算公式为:

$$固定资产周转率(周转次数) = \frac{营业收入}{平均固定资产净值}$$

其中,

$$平均固定资产净值 = \frac{固定资产净值年初数 + 固定资产净值年末数}{2}$$

$$固定资产周转期(周转天数) = \frac{平均固定资产净值 \times 360}{营业收入}$$

一般情况下,总资产周转率越高越好。总资产周转率高,表明全部资产的使用效率较高。

4.现金流量比率

(1)现金流量充足率

反映民间非营利组织从业务活动中产生的现金满足资本性支出和存货投资需要的能力。其计算公式为:

$$现金流量充足率 = \frac{业务活动现金流量5年之和}{资本性支出、存货增加额5年之和}$$

(2)现金再投资比率

是指留存于单位的业务活动现金流量与再投资资产之比。其计算公式为:

$$现金再投资比率 = \frac{业务活动净现金流量}{固定资产 + 长期投资 + 其他资产 + 运营资金}$$

公式中的分母各组成部分是某个特定时点上的存量,其中运营资金指的是流动资产减去流动负债之后的余额。

(3)到期债务本息偿付比率

反映民间非营利组织业务活动创造的现金支付到期债务本金及利息的能力。其计算公式为:

$$到期债务本息偿付比率 = \frac{业务活动现金净流量}{本期到期债务本金 + 现金利息支出}$$

到期债务本息偿付比率越大,说明偿付到期债务的能力就越强,如果该比率超过1,意味着在保证现金支付需要后,还能保持一定的现金余额来满足预

防性和投机性需求。如果比率小于1,说明经营活动产生的现金不足以偿付
到期的本息,必须对外筹资、吸引投资或出售资产才能偿还债务。

(4)强制性现金支付比率

反映民间非营利组织是否有足够的现金应付必须发生的偿还债务、支付
业务活动费用等项支出。其计算公式为:

$$\frac{强制性现金}{支\ 付\ 比\ 率} = \frac{现金流入总额}{业务活动现金流出量+偿还债务本息付现金额}$$

在持续不断的业务活动过程中,民间非营利组织的现金流入量至少应满
足业务活动支出和债务偿还。这一比率越大,其现金支付能力就越强。

三、民间非营利组织财务分析报告的编写

1.清晰的框架和分析思路

财务分析报告的框架具体如下:

报告目录—重要提示—报告摘要—具体分析—问题重点综述及相应的改
进措施。

(1)报告目录。告诉阅读者本报告所分析的内容及所在页码;

(2)重要提示。主要是针对本期报告在新增的内容或须加以重大关注的
问题事先作出说明,旨在引起领导高度重视;

(3)报告摘要。是对本期报告内容的高度浓缩,一定要言简意赅,点到为
止;

(4)具体分析。是报告分析的核心内容,要有一个好的分析思路;

(5)问题重点综述及相应的改进措施。一方面是对上期报告中问题执行
情况的跟踪汇报,同时对本期报告"具体分析"部分中揭示出的重点问题进行
集中阐述。

2.突出重点

财务状况分析重在揭露问题,查找原因,提出建议。所以分析内容应当突
出当期财务情况的重点,抓住问题的本质,找出影响当期指标变动的主要因
素,重点剖析变化较大指标的主、客观原因。这样才能客观、正确地评价、分析
当期财务情况,预测组织发展走势,从而有针对性地提出整改建议和措施。

3.坚持定期分析与日常分析相结合的原则

年度、季度、月度分析固然重要,但随着财务决策对信息及时性要求的不
断提高,要求非营利组织能够及时地分析日常的财务状况、获利能力、资产管

理能力以及未来发展趋势,甚至要求对财务状况进行实时分析,因此,在注重定期分析的同时,同样也要重视日常分析。

4.要坚持报表分析与专题分析相结合的原则

财务分析主要从三大报表着手,对各期的经济指标进行分析,编制财务情况说明书。财务分析报告应围绕领导和广大干部职工最关心的热点问题和实际工作中遇到的新问题来展开,传递对领导决策有用的信息,真正起到参谋作用。

5.编写财务分析报告的总体要求

内容完整,格式统一,数字准确,条理清楚,文字简练,重点突出,说理透彻,评价正确,建议合理,措施可行。

四、加强民间非营利组织财务管理

(一)建立健全民间非营利组织财务管理制度

1.必须要求各个民间非营利组织建立健全财务制度

各级民间非营利组织管理机关必须将财务监管工作落实到位,在各级民间非营利组织管理机关的议事日程中都能够得到有力的体现,建立一整套健全的涵盖会计、出纳、财务审批、财务监督等方面的财务制度。

2.各级民间非营利组织要贯彻财务管理制度

(1)审批一支笔;

(2)收支两条线;

(3)财务管理由组织法人全权负责;

(4)推行财务公开制度;

(5)增加组织财务工作的透明度;

(6)提高财务管理水平;

(7)实现资金专门账户、专门储备、专门款项、专项使用。

(二)建立健全内部财务管理制度和预算制度

民间非营利组织应当根据本单位的具体情况和会计业务的需要,设置会计机构,建立健全组织的财务管理制度,以加强组织的财务管理工作进一步完善内部会计监督机制。同时,制定科学合理的预算制度,加强预算管理工作,提高预算编制的科学性,对预算资金的使用效果进行追踪、监督和评价。

(三)建立健全对各类民间非营利组织财务管理工作审计监督长效机制

为了确保非营利组织财务管理工作健康发展,必须建立健全民间非营利组织财务审计长效机制。在加强民间非营利组织财务管理工作的同时，要注意建立相应的审计机制。该审计工作的要点有二：一是责任审计。这是针对民间组织的负责人在其任职期间内的审计，主要是审查该负责人是否能够严守财经制度，组织经费是否坚持专款专用，有没有挪用或者随意列支的现象。二是看该组织的财务部门的遵守财经制度情况。审查其是否能够做到审批一支笔、收支两条线。在审计的过程中要严格审查，不搞形式主义。在审计工作结束后，要出台相应的审计报告，将审计结果予以公示，同时还要把结果报送至民间组织的管理机关，接受组织投资人、会员等的监督。

（四）加强财会人员的专业知识教育和职业道德教育

民间非营利组织应对财会人员加强业务培训，注重业务能力的培养，以提高财会人员的业务水平，更好地完成组织的会计记录和核算工作。同时，民间非营利组织还应该加强财务管理人员的职业道德教育，培养其良好的职业道德和职业操守，树立诚信服务理念，使财务管理人员能够适应新形势下民间非营利组织快速发展的需要。

（五）大力推广民间非营利组织财务管理信息系统应用

根据民政部加强民间组织财务管理和服务工作的要求，民间非营利组织财务管理信息系统，是通过财政部、国家审计署联合制定的。使用该系统，能有效帮助民间组织进行财务管理，保证会计信息的完整、准确，便于财务数据的收集和交换，提高财务工作的质量和效率。同时，该系统已纳入民间组织登记管理信息系统，成为登记管理机关和有关部门加强财务监督管理工作的新手段。因此，我们必须大力加强民间非营利组织财务管理信息系统在民间组织中的推广普及工作，努力提高民间组织财务管理的信息化水平。

思考题

1. 民间非营利组织财务报告包括哪些内容？
2. 民间非营利组织现金流量分为哪几类？各类分别包括哪些内容？
3. 简述财务情况说明书的内容。
4. 什么是财务报表分析？简述财务报表分析的步骤及基本方法。
5. 什么是财务报表的比率分析法？民间非营利组织主要进行哪些比率分析？

阅读材料

民办非企业单位
年度检查报告书
（   年度）

单位名称＿＿＿＿＿＿＿＿＿＿＿＿＿（盖章）

登记证号＿＿＿＿＿＿＿＿＿＿＿＿＿

报告日期　　　年　月　日

中华人民共和国民政部制

填表说明

一、本报告书务必填写真实情况。可打印或用钢笔、签字笔填写。使用 5 号字打印，填写不下，可适当缩小字体。

二、表中选择项，请在"□"中打"√"或涂黑"■"。

三、表中的数据、时间、电话号码一律用阿拉伯数字填写。

四、本报告书填写不下的内容可以另附 A4 纸填写。

五、本报告书要求签名之处，应当由本人用钢笔或签字笔签署，代签或复印无效。

六、本报告书一式 3 份。本报告书必须经法定代表人（单位负责人）本人签字，同时加盖本单位印章，方为有效。

一、基本情况

单位名称					登记日期	
住所地址	区				邮政编码	
住所来源	□自有　　□个人或组织无偿提供　　□租赁（租赁到期日：　年　月）					
联系人	①姓名		电话	传真	E-mail	
	②姓名		电话	传真	E-mail	
单位网址			网站名称			
法定代表人	姓名		性别	年龄	职务	
	专/兼职		联系电话	人大/政协任职①		
	现所在单位及职务（兼职请填写）					

续表

举办者②	性质	□个人 □多人 □单位 _____				
	姓名		性别		职务	
	专/兼职	现所在单位及职务(兼职请填写)				
从业人数	人	专职: 人	兼职: 人	本科及以上: 人	大专及以下: 人	
执业许可证号		本年度被媒体报道次数(附相关复印件)			次	
单位性质	□法人 □合伙 □个体		组织机构代码		开办资金 民币	万元人
理事长/董事长姓名				理事/董事	人	
是否设有监事会	□有 □无			监事	人	
业务主管单位				电话		
内设机构名称						

注①:法定代表人如果是人大代表或政协委员职务请填写具体职务,如"市人大代表",如果不是,请填写"无"。

注②:举办者如果是个人请直接在下面填写其相关信息;

举办者如果是多人请将表格个人信息项复制后分别填写,有几个人就填写几个人;

举办者如果是单位请在单位选项后面填写单位名称,并在下面填写单位负责人相关信息。

二、本年度变更登记事项

变更事项	变更前情况	变更后情况	批准时间		
□单位名称			年	月	日
□住所			年	月	日
□法定代表人			年	月	日
□开办资金			年	月	日
□业务主管单位			年	月	日
□宗旨和业务范围			年	月	日
本年度章程是否修改	□是 □否	修改后是否核准 □是 □否 核准时间	年	月	日

三、本年度内设机构增减情况

	机构名称	负责人	备案时间
□增加　□减少			年　月　日
□增加　□减少			年　月　日
□增加　□减少			年　月　日
□增加　□减少			年　月　日
□增加　□减少			年　月　日

四、内部制度建设

机构管理	单位制度建设	□有　□无		
单位制度建设	单位登记证是否悬挂于办公场地	□是　□否	章程是否公开	□是　□否
	单位信息及服务承诺是否公开	□是　□否		
证书印章管理	法人证书保管、使用管理制度	□有　□无	保管在^①	
	印章保管、使用管理制度	□有　□无	保管在	
工作人员管理	人事管理制度	□有　□无	专职工作人员签订聘用合同人数	人
	专职工作人员参加社会保险人数	人		
财务管理	开户银行		账号	
	税务登记	□国税　□地税　□未登记		
	专职会计人数	人	具有会计执业资格人数	人
	使用票据种类	□行政事业单位收据□会费收据□捐赠收据 □税务发票　□其他		
	财务制度	是否执行《民间非营利组织会计制度》：□是　　□否		
	相关财务软件	□已经使用　□计划使用　□不使用 软件名称：		

注①：此处请填写具体保管人职位或保管地点，如"理事长处"，"财务办公室"等。

五、本年度开展公益活动情况

活动名称	参加人次	时　间	社会效益

六、工作报告

（请填写本年度遵守法律法规和国家政策情况、履行登记手续情况、人员和机构变动情况、财务管理情况、按照章程开展活动情况等。举办过面向社会的研讨会、论坛的还应当填写研讨会、论坛等活动情况。）

（本页可复制）

七、法定代表人(单位负责人)声明

谨此确认,本报告书所填内容真实有效。

法定代表人(单位负责人)签字:＿＿＿＿＿＿＿

年　月　日

八、年检审查意见

业务主管单位意见	初审	登记管理机关审核意见
		审定
评价: □好　□较好　□一般　□差 (印鉴) 年　　月　　日	承办人: 负责人: (印鉴) 年　月　日	承办人: 负责人: (印鉴) 年　月　日
备注		

送达记录

呈报人		联系电话	
收件人		签收日期	

附录一

行政单位财务规则

（2013年1月1日起施行）

第一章 总则

第一条 为了规范行政单位的财务行为,加强行政单位财务管理和监督,提高资金使用效益,保障行政单位工作任务的完成,制定本规则。

第二条 本规则适用于各级各类国家机关、政党组织（以下统称行政单位)的财务活动。

第三条 行政单位财务管理的基本原则是:量入为出,保障重点,兼顾一般,厉行节约,制止奢侈浪费,降低行政成本,注重资金使用效益。

第四条 行政单位财务管理的主要任务是:

(一)科学、合理编制预算,严格预算执行,完整、准确、及时编制决算,真实反映单位财务状况;

(二)建立健全财务管理制度,实施预算绩效管理,加强对行政单位财务活动的控制和监督;

(三)加强资产管理,合理配置、有效利用、规范处置资产,防止国有资产流失;

(四)定期编制财务报告,进行财务活动分析;

(五)对行政单位所属并归口行政财务管理的单位的财务活动实施指导、监督;

(六)加强对非独立核算的机关后勤服务部门的财务管理,实行内部核算办法。

第五条 行政单位的财务活动在单位负责人领导下,由单位财务部门统一管理。

行政单位应当单独设置财务机构，配备专职财务会计人员，实行独立核算。人员编制少、财务工作量小等不具备独立核算条件的单位，可以实行单据报账制度。

第二章　单位预算管理

第六条　行政单位预算由收入预算和支出预算组成。

第七条　按照预算管理权限，行政单位预算管理分为下列级次：

（一）向同级财政部门申报预算的行政单位，为一级预算单位；

（二）向上一级预算单位申报预算并有下级预算单位的行政单位，为二级预算单位；

（三）向上一级预算单位申报预算，且没有下级预算单位的行政单位，为基层预算单位。

一级预算单位有下级预算单位的，为主管预算单位。

第八条　各级预算单位应当按照预算管理级次申报预算，并按照批准的预算组织实施，定期将预算执行情况向上一级预算单位或者同级财政部门报告。

第九条　财政部门对行政单位实行收支统一管理，定额、定项拨款，超支不补，结转和结余按规定使用的预算管理办法。

第十条　行政单位编制预算，应当综合考虑以下因素：

（一）年度工作计划和相应支出需求；

（二）以前年度预算执行情况；

（三）以前年度结转和结余情况；

（四）资产占有和使用情况；

（五）其他因素。

第十一条　行政单位预算依照下列程序编报和审批：

（一）行政单位测算、提出预算建议数，逐级汇总后报送同级财政部门；

（二）财政部门审核行政单位提出的预算建议数，下达预算控制数；

（三）行政单位根据预算控制数正式编制年度预算，逐级汇总后报送同级财政部门；

（四）经法定程序批准后，财政部门批复行政单位预算。

第十二条　行政单位应当严格执行预算，按照收支平衡的原则，合理安排各项资金，不得超预算安排支出。

预算在执行中原则上不予调整。因特殊情况确需调整预算的,行政单位应当按照规定程序报送审批。

第十三条 行政单位应当按照规定编制决算,逐级审核汇总后报同级财政部门审批。

第十四条 行政单位应当加强决算审核和分析,规范决算管理工作,保证决算数据的完整、真实、准确。

第三章 收入管理

第十五条 收入是指行政单位依法取得的非偿还性资金,包括财政拨款收入和其他收入。

财政拨款收入,是指行政单位从同级财政部门取得的财政预算资金。

其他收入,是指行政单位依法取得的除财政拨款收入以外的各项收入。

行政单位依法取得的应当上缴财政的罚没收入、行政事业性收费、政府性基金、国有资产处置和出租出借收入等,不属于行政单位的收入。

第十六条 行政单位取得各项收入,应当符合国家规定,按照财务管理的要求,分项如实核算。

第十七条 行政单位的各项收入应当全部纳入单位预算,统一核算,统一管理。

第四章 支出管理

第十八条 支出是指行政单位为保障机构正常运转和完成工作任务所发生的资金耗费和损失,包括基本支出和项目支出。

基本支出,是指行政单位为保障机构正常运转和完成日常工作任务发生的支出,包括人员支出和公用支出。

项目支出,是指行政单位为完成特定的工作任务,在基本支出之外发生的支出。

第十九条 行政单位应当将各项支出全部纳入单位预算。

各项支出由单位财务部门按照批准的预算和有关规定审核办理。

第二十条 行政单位的支出应当严格执行国家规定的开支范围及标准,建立健全支出管理制度,对节约潜力大、管理薄弱的支出进行重点管理和控制。

第二十一条 行政单位从财政部门或者上级预算单位取得的项目资金，应当按照批准的项目和用途使用，专款专用、单独核算，并按照规定向同级财政部门或者上级预算单位报告资金使用情况，接受财政部门和上级预算单位的检查监督。

项目完成后，行政单位应当向同级财政部门或者上级预算单位报送项目支出决算和使用效果的书面报告。

第二十二条 行政单位应当严格执行国库集中支付制度和政府采购制度等规定。

第二十三条 行政单位应当加强支出的绩效管理，提高资金的使用效益。

第二十四条 行政单位应当依法加强各类票据管理，确保票据来源合法、内容真实、使用正确，不得使用虚假票据。

第五章 结转和结余管理

第二十五条 结转资金，是指当年预算已执行但未完成，或者因故未执行，下一年度需要按照原用途继续使用的资金。

第二十六条 结余资金，是指当年预算工作目标已完成，或者因故终止，当年剩余的资金。

结转资金在规定使用年限未使用或者未使用完的，视为结余资金。

第二十七条 财政拨款结转和结余的管理，应当按照同级财政部门的规定执行。

第六章 资产管理

第二十八条 资产是指行政单位占有或者使用的，能以货币计量的经济资源，包括流动资产、固定资产、在建工程、无形资产等。

第二十九条 流动资产是指可以在一年内变现或者耗用的资产，包括现金、银行存款、零余额账户用款额度、应收及暂付款项、存货等。

前款所称存货是指行政单位在工作中为耗用而储存的资产，包括材料、燃料、包装物和低值易耗品等。

第三十条 固定资产是指使用期限超过一年，单位价值在 1 000 元以上（其中：专用设备单位价值在 1 500 元以上），并且在使用过程中基本保持原有物质形态的资产。单位价值虽未达到规定标准，但是耐用时间在一年以上的大批同类物资,作为固定资产管理。

固定资产一般分为六类:房屋及建筑物;通用设备;专用设备;文物和陈列品;图书、档案;家具、用具、装具及动植物。

第三十一条　在建工程是指已经发生必要支出,但尚未达到交付使用状态的建设工程。

在建工程达到交付使用状态时,应当按照规定办理工程竣工财务决算和资产交付使用。

第三十二条　无形资产是指不具有实物形态而能为使用者提供某种权利的资产,包括著作权、土地使用权等。

第三十三条　行政单位应当建立健全单位资产管理制度,加强和规范资产配置、使用和处置管理,维护资产安全完整。

第三十四条　行政单位应当按照科学规范、从严控制、保障工作需要的原则合理配置资产。

行政单位资产有原始凭证的,按照原始凭证记账;无原始凭证的,应当依法进行评估,按照评估价值记账。

第三十五条　行政单位应当加强资产日常管理工作,做好资产建账、核算和登记工作,定期或者不定期进行清查盘点,保证账账相符,账实相符。年度终了,应当进行全面清查盘点。对资产盘盈、盘亏应当及时处理。

第三十六条　行政单位开设银行存款账户,应当报同级财政部门审批,并由财务部门统一管理。

第三十七条　行政单位应当加强应收及暂付款项的管理,严格控制规模,并及时进行清理,不得长期挂账。

第三十八条　行政单位的资产增加时,应当及时登记入账;减少时,应当按照资产处置规定办理报批手续,进行账务处理。

行政单位的固定资产不计提折旧,但财政部另有规定的除外。

第三十九条　行政单位不得以任何形式用占有、使用的国有资产对外投资或者举办经济实体。对于未与行政单位脱钩的经济实体,行政单位应当按照有关规定进行监管。

除法律、行政法规另有规定外,行政单位不得举借债务,不得对外提供担保。

第四十条　未经同级财政部门批准,行政单位不得将占有、使用的国有资产对外出租、出借。

第四十一条　行政单位应当按照国家有关规定实行资源共享、装备共建,提高资产使用效率。

  第四十二条 行政单位资产处置应当遵循公开、公平、公正的原则,依法进行评估,严格履行相关审批程序。

第七章 负债管理

  第四十三条 负债是指行政单位所承担的能以货币计量,需要以资产或者劳务偿还的债务,包括应缴款项、暂存款项、应付款项等。

  第四十四条 应缴款项是指行政单位依法取得的应当上缴财政的资金,包括罚没收入、行政事业性收费、政府性基金、国有资产处置和出租出借收入等。

  第四十五条 行政单位取得罚没收入、行政事业性收费、政府性基金、国有资产处置和出租出借收入等,应当按照国库集中收缴的有关规定及时足额上缴,不得隐瞒、滞留、截留、挪用和坐支。

  第四十六条 暂存款项是行政单位在业务活动中与其他单位或者个人发生的预收、代管等待结算的款项。

  第四十七条 行政单位应当加强对暂存款项的管理,不得将应当纳入单位收入管理的款项列入暂存款项;对各种暂存款项应当及时清理、结算,不得长期挂账。

第八章 行政单位划转撤并的财务处理

  第四十八条 行政单位划转撤并的财务处理,应当在财政部门、主管预算单位等部门的监督指导下进行。

  划转撤并的行政单位应当对单位的财产、债权、债务等进行全面清理,编制财产目录和债权、债务清单,提出财产作价依据和债权、债务处理办法,做好资产的移交、接收、划转和管理工作,并妥善处理各项遗留问题。

  第四十九条 划转撤并的行政单位的资产经主管预算单位审核并上报财政部门和有关部门批准后,分别按照下列规定处理:

  (一)转为事业单位和改变隶属关系的行政单位,其资产无偿移交,并相应调整、划转经费指标。

  (二)转为企业的行政单位,其资产按照有关规定进行评估作价后,转作企业的国有资本。

（三）撤销的行政单位，其全部资产由财政部门或者财政部门授权的单位处理。

（四）合并的行政单位，其全部资产移交接收单位或者新组建单位；合并后多余的资产，由财政部门或者财政部门授权的单位处理。

（五）分立的行政单位，其资产按照有关规定移交分立后的行政单位，并相应划转经费指标。

第九章 财务报告和财务分析

第五十条 财务报告是反映行政单位一定时期财务状况和预算执行结果的总结性书面文件。

第五十一条 行政单位的财务报告，包括财务报表和财务情况说明书。

财务报表包括资产负债表、收入支出表、支出明细表、财政拨款收入支出表、固定资产投资决算报表等主表及有关附表。

财务情况说明书，主要说明行政单位本期收入、支出、结转、结余、专项资金使用及资产负债变动等情况，以及影响财务状况变化的重要事项，总结财务管理经验，对存在的问题提出改进意见。

第五十二条 财务分析是依据会计核算资料和其他有关信息资料，对单位财务活动过程及其结果进行的研究、分析和评价。

第五十三条 财务分析的内容包括预算编制与执行情况、收入支出状况、人员增减情况、资产使用情况等。

财务分析的指标主要有：支出增长率、当年预算支出完成率、人均开支、项目支出占总支出的比率、人员支出占总支出的比率、公用支出占总支出的比率、人均办公使用面积、人车比例等。

行政单位可以根据其业务特点，增加财务分析指标。

第五十四条 行政单位应当真实、准确、完整、及时地编制财务报告，认真进行财务分析，并按照规定报送财政部门、主管预算单位和其他有关部门。

第十章 财务监督

第五十五条 行政单位财务监督主要包括对预算管理、收入管理、支出管理、结转和结余管理、资产管理、负债管理等的监督。

第五十六条 行政单位财务监督应当实行事前监督、事中监督、事后监督相结合,日常监督与专项监督相结合,并对违反财务规章制度的问题进行检查处理。

第五十七条 行政单位应当建立健全内部控制制度、经济责任制度、财务信息披露制度等监督制度,依法公开财务信息。

第五十八条 行政单位应当依法接受主管预算单位和财政、审计部门的监督。

第五十九条 财政部门、行政单位及其工作人员违反本规则,按照《财政违法行为处罚处分条例》(国务院令第 427 号)处理。

第十一章 附 则

第六十条 行政单位基本建设投资的财务管理,应当执行本规则,但国家基本建设投资财务管理制度另有规定的,从其规定。

第六十一条 参照公务员法管理的事业单位财务制度的适用,由财政部另行规定。

行政单位所属独立核算的企业、事业单位分别执行相应的财务制度,不执行本规则。

第六十二条 省、自治区、直辖市人民政府财政部门可以依据本规则结合本地区实际情况制定实施办法。

第六十三条 本规则自 2013 年 1 月 1 日起施行。

附:行政单位财务分析指标

1.支出增长率,衡量行政单位支出的增长水平。计算公式为:

$$支出增长率=\left(\frac{本期支出总额}{上期支出总额}-1\right)\times100\%$$

2.当年预算支出完成率,衡量行政单位当年支出总预算及分项预算完成的程度。计算公式为:

$$当年预算支出完成率=\frac{年终执行数}{年初预算数\pm年中预算调整数}\times100\%$$

年终执行数不含上年结转和结余支出数。

3.人均开支,衡量行政单位人均年消耗经费水平。计算公式为:

$$人均开支=\frac{本期支出数}{本期平均在职人员数}\times100\%$$

4. 项目支出占总支出的比率,衡量行政单位的支出结构。计算公式为:

$$项目支出比率＝\frac{本期项目支出数}{本期支出总数}\times100\%$$

5. 人员支出、公用支出占总支出的比率,衡量行政单位的支出结构。计算公式为:

$$人员支出比率＝\frac{本期人员支出数}{本期支出总数}\times100\%$$

$$公用支出比率＝\frac{本期公用支出数}{本期支出总数}\times100\%$$

6. 人均办公使用面积,衡量行政单位办公用房配备情况。计算公式为:

$$人均办公使用面积＝\frac{本期末单位办公用房使用面积}{本期末在职人员数}$$

7. 人车比例,衡量行政单位公务用车配备情况。计算公式为:

$$人车比例＝\frac{本期末在职人员数}{本期末公务用车实有数}$$

附录二

事业单位财务规则

（2012 年 4 月 1 日起施行）

第一章　总　则

第一条　为了进一步规范事业单位的财务行为,加强事业单位财务管理和监督,提高资金使用效益,保障事业单位健康发展,制定本规则。

第二条　本规则适用于各级各类事业单位(以下简称事业单位)的财务活动。

第三条　事业单位财务管理的基本原则是:执行国家有关法律、法规和财务规章制度;坚持勤俭办事业的方针;正确处理事业发展需要和资金供给的关系,社会效益和经济效益的关系,国家、单位和个人三者利益的关系。

第四条　事业单位财务管理的主要任务是:合理编制单位预算,严格预算执行,完整、准确编制单位决算,真实反映单位财务状况;依法组织收入,努力节约支出;建立健全财务制度,加强经济核算,实施绩效评价,提高资金使用效益;加强资产管理,合理配置和有效利用资产,防止资产流失;加强对单位经济活动的财务控制和监督,防范财务风险。

第五条　事业单位的财务活动在单位负责人的领导下,由单位财务部门统一管理。

第二章　单位预算管理

第六条　事业单位预算是指事业单位根据事业发展目标和计划编制的年度财务收支计划。

事业单位预算由收入预算和支出预算组成。

第七条 国家对事业单位实行核定收支、定额或者定项补助、超支不补、结转和结余按规定使用的预算管理办法。

定额或者定项补助根据国家有关政策和财力可能,结合事业特点、事业发展目标和计划、事业单位收支及资产状况等确定。定额或者定项补助可以为零。

非财政补助收入大于支出较多的事业单位,可以实行收入上缴办法。具体办法由财政部门会同有关主管部门制定。

第八条 事业单位参考以前年度预算执行情况,根据预算年度的收入增减因素和措施,以及以前年度结转和结余情况,测算编制收入预算;根据事业发展需要与财力可能,测算编制支出预算。

事业单位预算应当自求收支平衡,不得编制赤字预算。

第九条 事业单位根据年度事业发展目标和计划以及预算编制的规定,提出预算建议数,经主管部门审核汇总报财政部门(一级预算单位直接报财政部门,下同)。事业单位根据财政部门下达的预算控制数编制预算,由主管部门审核汇总报财政部门,经法定程序审核批复后执行。

第十条 事业单位应当严格执行批准的预算。预算执行中,国家对财政补助收入和财政专户管理资金的预算一般不予调整。上级下达的事业计划有较大调整,或者根据国家有关政策增加或者减少支出,对预算执行影响较大时,事业单位应当报主管部门审核后报财政部门调整预算;财政补助收入和财政专户管理资金以外部分的预算需要调增或者调减的,由单位自行调整并报主管部门和财政部门备案。

收入预算调整后,相应调增或者调减支出预算。

第十一条 事业单位决算是指事业单位根据预算执行结果编制的年度报告。

第十二条 事业单位应当按照规定编制年度决算,由主管部门审核汇总后报财政部门审批。

第十三条 事业单位应当加强决算审核和分析,保证决算数据的真实、准确,规范决算管理工作。

第三章 收入管理

第十四条 收入是指事业单位为开展业务及其他活动依法取得的非偿还性资金。

第十五条 事业单位收入包括:

(一)财政补助收入,即事业单位从同级财政部门取得的各类财政拨款。

(二)事业收入,即事业单位开展专业业务活动及其辅助活动取得的收入。其中:按照国家有关规定应当上缴国库或者财政专户的资金,不计入事业收入;从财政专户核拨给事业单位的资金和经核准不上缴国库或者财政专户的资金,计入事业收入。

(三)上级补助收入,即事业单位从主管部门和上级单位取得的非财政补助收入。

(四)附属单位上缴收入,即事业单位附属独立核算单位按照有关规定上缴的收入。

(五)经营收入,即事业单位在专业业务活动及其辅助活动之外开展非独立核算经营活动取得的收入。

(六)其他收入,即本条上述规定范围以外的各项收入,包括投资收益、利息收入、捐赠收入等。

第十六条 事业单位应当将各项收入全部纳入单位预算,统一核算,统一管理。

第十七条 事业单位对按照规定上缴国库或者财政专户的资金,应当按照国库集中收缴的有关规定及时足额上缴,不得隐瞒、滞留、截留、挪用和坐支。

第四章 支出管理

第十八条 支出是指事业单位开展业务及其他活动发生的资金耗费和损失。

第十九条 事业单位支出包括:

(一)事业支出,即事业单位开展专业业务活动及其辅助活动发生的基本支出和项目支出。基本支出是指事业单位为了保障其正常运转、完成日常工作任务而发生的人员支出和公用支出。项目支出是指事业单位为了完成特定工作任务和事业发展目标,在基本支出之外所发生的支出。

(二)经营支出,即事业单位在专业业务活动及其辅助活动之外开展非独立核算经营活动发生的支出。

(三)对附属单位补助支出,即事业单位用财政补助收入之外的收入对附属单位补助发生的支出。

（四）上缴上级支出，即事业单位按照财政部门和主管部门的规定上缴上级单位的支出。

（五）其他支出，即本条上述规定范围以外的各项支出，包括利息支出、捐赠支出等。

第二十条 事业单位应当将各项支出全部纳入单位预算，建立健全支出管理制度。

第二十一条 事业单位的支出应当严格执行国家有关财务规章制度规定的开支范围及开支标准；国家有关财务规章制度没有统一规定的，由事业单位规定，报主管部门和财政部门备案。事业单位的规定违反法律制度和国家政策的，主管部门和财政部门应当责令改正。

第二十二条 事业单位在开展非独立核算经营活动中，应当正确归集实际发生的各项费用数；不能归集的，应当按照规定的比例合理分摊。

经营支出应当与经营收入配比。

第二十三条 事业单位从财政部门和主管部门取得的有指定项目和用途的专项资金，应当专款专用、单独核算，并按照规定向财政部门或者主管部门报送专项资金使用情况；项目完成后，应当报送专项资金支出决算和使用效果的书面报告，接受财政部门或者主管部门的检查、验收。

第二十四条 事业单位应当加强经济核算，可以根据开展业务活动及其他活动的实际需要，实行内部成本核算办法。

第二十五条 事业单位应当严格执行国库集中支付制度和政府采购制度等有关规定。

第二十六条 事业单位应当加强支出的绩效管理，提高资金使用的有效性。

第二十七条 事业单位应当依法加强各类票据管理，确保票据来源合法、内容真实、使用正确，不得使用虚假票据。

第五章 结转和结余管理

第二十八条 结转和结余是指事业单位年度收入与支出相抵后的余额。

结转资金是指当年预算已执行但未完成，或者因故未执行，下一年度需要按照原用途继续使用的资金。结余资金是指当年预算工作目标已完成，或者因故终止，当年剩余的资金。

经营收支结转和结余应当单独反映。

第二十九条 财政拨款结转和结余的管理,应当按照同级财政部门的规定执行。

第三十条 非财政拨款结转按照规定结转下一年度继续使用。非财政拨款结余可以按照国家有关规定提取职工福利基金,剩余部分作为事业基金用于弥补以后年度单位收支差额;国家另有规定的,从其规定。

第三十一条 事业单位应当加强事业基金的管理,遵循收支平衡的原则,统筹安排、合理使用,支出不得超出基金规模。

第六章 专用基金管理

第三十二条 专用基金是指事业单位按照规定提取或者设置的有专门用途的资金。

专用基金管理应当遵循先提后用、收支平衡、专款专用的原则,支出不得超出基金规模。

第三十三条 专用基金包括:

(一)修购基金,即按照事业收入和经营收入的一定比例提取,并按照规定在相应的购置和修缮科目中列支(各列 50%),以及按照其他规定转入,用于事业单位固定资产维修和购置的资金。事业收入和经营收入较少的事业单位可以不提取修购基金,实行固定资产折旧的事业单位不提取修购基金。

(二)职工福利基金,即按照非财政拨款结余的一定比例提取以及按照其他规定提取转入,用于单位职工的集体福利设施、集体福利待遇等的资金。

(三)其他基金,即按照其他有关规定提取或者设置的专用资金。

第三十四条 各项基金的提取比例和管理办法,国家有统一规定的,按照统一规定执行;没有统一规定的,由主管部门会同同级财政部门确定。

第七章 资产管理

第三十五条 资产是指事业单位占有或者使用的能以货币计量的经济资源,包括各种财产、债权和其他权利。

第三十六条 事业单位的资产包括流动资产、固定资产、在建工程、无形资产和对外投资等。

第三十七条 事业单位应当建立健全单位资产管理制度,加强和规范资产配置、使用和处置管理,维护资产安全完整,保障事业健康发展。

第三十八条　事业单位应当按照科学规范、从严控制、保障事业发展需要的原则合理配置资产。

第三十九条　流动资产是指可以在一年以内变现或者耗用的资产,包括现金、各种存款、零余额账户用款额度、应收及预付款项、存货等。

前款所称存货是指事业单位在开展业务活动及其他活动中为耗用而储存的资产,包括材料、燃料、包装物和低值易耗品等。

事业单位应当建立健全现金及各种存款的内部管理制度,对存货进行定期或者不定期的清查盘点,保证账实相符。对存货盘盈、盘亏应当及时处理。

第四十条　固定资产是指使用期限超过一年,单位价值在 1 000 元以上(其中:专用设备单位价值在 1 500 元以上),并在使用过程中基本保持原有物质形态的资产。单位价值虽未达到规定标准,但是耐用时间在一年以上的大批同类物资,作为固定资产管理。

固定资产一般分为六类:房屋及建筑物;专用设备;通用设备;文物和陈列品;图书、档案;家具、用具、装具及动植物。行业事业单位的固定资产明细目录由国务院主管部门制定,报国务院财政部门备案。

第四十一条　事业单位应当对固定资产进行定期或者不定期的清查盘点。年度终了前应当进行一次全面清查盘点,保证账实相符。

第四十二条　在建工程是指已经发生必要支出,但尚未达到交付使用状态的建设工程。

在建工程达到交付使用状态时,应当按照规定办理工程竣工财务决算和资产交付使用。

第四十三条　无形资产是指不具有实物形态而能为使用者提供某种权利的资产,包括专利权、商标权、著作权、土地使用权、非专利技术、商誉以及其他财产权利。

事业单位转让无形资产,应当按照有关规定进行资产评估,取得的收入按照国家有关规定处理。事业单位取得无形资产发生的支出,应当计入事业支出。

第四十四条　对外投资是指事业单位依法利用货币资金、实物、无形资产等方式向其他单位的投资。

事业单位应当严格控制对外投资。在保证单位正常运转和事业发展的前提下,按照国家有关规定可以对外投资的,应当履行相关审批程序。事业单位不得使用财政拨款及其结余进行对外投资,不得从事股票、期货、基金、企业债券等投资,国家另有规定的除外。

事业单位以非货币性资产对外投资的,应当按照国家有关规定进行资产评估,合理确定资产价值。

第四十五条 事业单位资产处置应当遵循公开、公平、公正和竞争、择优的原则,严格履行相关审批程序。

事业单位出租、出借资产,应当按照国家有关规定经主管部门审核同意后报同级财政部门审批。

第四十六条 事业单位应当提高资产使用效率,按照国家有关规定实行资产共享、共用。

第八章 负债管理

第四十七条 负债是指事业单位所承担的能以货币计量,需要以资产或者劳务偿还的债务。

第四十八条 事业单位的负债包括借入款项、应付款项、暂存款项、应缴款项等。

应缴款项包括事业单位收取的应当上缴国库或者财政专户的资金、应缴税费,以及其他按照国家有关规定应当上缴的款项。

第四十九条 事业单位应当对不同性质的负债分类管理,及时清理并按照规定办理结算,保证各项负债在规定期限内归还。

第五十条 事业单位应当建立健全财务风险控制机制,规范和加强借入款项管理,严格执行审批程序,不得违反规定举借债务和提供担保。

第九章 事业单位清算

第五十一条 事业单位发生划转、撤销、合并、分立时,应当进行清算。

第五十二条 事业单位清算,应当在主管部门和财政部门的监督指导下,对单位的财产、债权、债务等进行全面清理,编制财产目录和债权、债务清单,提出财产作价依据和债权、债务处理办法,做好资产的移交、接收、划转和管理工作,并妥善处理各项遗留问题。

第五十三条 事业单位清算结束后,经主管部门审核并报财政部门批准,其资产分别按照下列办法处理:

(一)因隶属关系改变,成建制划转的事业单位,全部资产无偿移交,并相应划转经费指标。

（二）转为企业管理的事业单位,全部资产扣除负债后,转作国家资本金。需要进行资产评估的,按照国家有关规定执行。

（三）撤销的事业单位,全部资产由主管部门和财政部门核准处理。

（四）合并的事业单位,全部资产移交接收单位或者新组建单位,合并后多余的资产由主管部门和财政部门核准处理。

（五）分立的事业单位,资产按照有关规定移交分立后的事业单位,并相应划转经费指标。

第十章　财务报告和财务分析

第五十四条　财务报告是反映事业单位一定时期财务状况和事业成果的总结性书面文件。

事业单位应当定期向主管部门和财政部门以及其他有关的报表使用者提供财务报告。

第五十五条　事业单位报送的年度财务报告包括资产负债表、收入支出表、财政拨款收入支出表、固定资产投资决算报表等主表,有关附表以及财务情况说明书等。

第五十六条　财务情况说明书,主要说明事业单位收入及其支出、结转、结余及其分配、资产负债变动、对外投资、资产出租出借、资产处置、固定资产投资、绩效考评的情况,对本期或者下期财务状况发生重大影响的事项,以及需要说明的其他事项。

第五十七条　财务分析的内容包括预算编制与执行、资产使用、收入支出状况等。

财务分析的指标包括预算收入和支出完成率、人员支出与公用支出分别占事业支出的比率、人均基本支出、资产负债率等。主管部门和事业单位可以根据本单位的业务特点增加财务分析指标。

第十一章　财务监督

第五十八条　事业单位财务监督主要包括对预算管理、收入管理、支出管理、结转和结余管理、专用基金管理、资产管理、负债管理等的监督。

第五十九条　事业单位财务监督应当实行事前监督、事中监督、事后监督相结合,日常监督与专项监督相结合。

第六十条 事业单位应当建立健全内部控制制度、经济责任制度、财务信息披露制度等监督制度，依法公开财务信息。

第六十一条 事业单位应当依法接受主管部门和财政、审计部门的监督。

第十二章 附 则

第六十二条 事业单位基本建设投资的财务管理，应当执行本规则，但国家基本建设投资财务管理制度另有规定的，从其规定。

第六十三条 参照公务员法管理的事业单位财务制度的适用，由国务院财政部门另行规定。

第六十四条 接受国家经常性资助的社会力量举办的公益服务性组织和社会团体，依照本规则执行；其他社会力量举办的公益服务性组织和社会团体，可以参照本规则执行。

第六十五条 下列事业单位或者事业单位特定项目，执行企业财务制度，不执行本规则：

（一）纳入企业财务管理体系的事业单位和事业单位附属独立核算的生产经营单位；

（二）事业单位经营的接受外单位要求投资回报的项目；

（三）经主管部门和财政部门批准的具备条件的其他事业单位。

第六十六条 行业特点突出，需要制定行业事业单位财务管理制度的，由国务院财政部门会同有关主管部门根据本规则制定。

部分行业根据成本核算和绩效管理的需要，可以在行业事业单位财务管理制度中引入权责发生制。

第六十七条 省、自治区、直辖市人民政府财政部门可以根据本规则结合本地区实际情况制定事业单位具体财务管理办法。

第六十八条 本规则自 2012 年 4 月 1 日起施行。

附件：事业单位财务分析指标

事业单位财务分析指标

1.预算收入和支出完成率，衡量事业单位收入和支出总预算及分项预算完成的程度。计算公式为：

$$预算收入完成率 = \frac{年终执行数}{年初预算数 \pm 年中预算调整数} \times 100\%$$

年终执行数不含上年结转和结余收入数

$$预算支出完成率 = \frac{年终执行数}{年初预算数 \pm 年中预算调整数} \times 100\%$$

年终执行数不含上年结转和结余支出数

2.人员支出、公用支出占事业支出的比率,衡量事业单位事业支出结构。计算公式为:

$$人员支出比率 = \frac{人员支出}{事业支出} \times 100\%$$

$$公用支出比率 = \frac{公用支出}{事业支出} \times 100\%$$

3.人均基本支出,衡量事业单位按照实际在编人数平均的基本支出水平。计算公式为:

$$人均基本支出 = \frac{基本支出 - 离退休人员支出}{实际在编人数}$$

4.资产负债率,衡量事业单位利用债权人提供资金开展业务活动的能力,以及反映债权人提供资金的安全保障程度。计算公式为:

$$资产负债率 = \frac{负债总额}{资产总额} \times 100\%$$

附录三

事业单位会计准则

（2013 年 1 月 1 日起施行）

第一章　总　则

第一条　为了规范事业单位的会计核算,保证会计信息质量,促进公益事业健康发展,根据《中华人民共和国会计法》等有关法律、行政法规,制定本准则。

第二条　本准则适用于各级各类事业单位。

第三条　事业单位会计制度、行业事业单位会计制度（以下统称会计制度）等,由财政部根据本准则制定。

第四条　事业单位会计核算的目标是向会计信息使用者提供与事业单位财务状况、事业成果、预算执行等有关的会计信息,反映事业单位受托责任的履行情况,有助于会计信息使用者进行社会管理、作出经济决策。

事业单位会计信息使用者包括政府及其有关部门、举办（上级）单位、债权人、事业单位自身和其他利益相关者。

第五条　事业单位应当对其自身发生的经济业务或者事项进行会计核算。

第六条　事业单位会计核算应当以事业单位各项业务活动持续正常地进行为前提。

第七条　事业单位应当划分会计期间,分期结算账目和编制财务会计报告（又称财务报告,下同）。

会计期间至少分为年度和月度。会计年度、月度等会计期间的起讫日期采用公历日期。

第八条　事业单位会计核算应当以人民币作为记账本位币。发生外币业务时,应当将有关外币金额折算为人民币金额计量。

第九条 事业单位会计核算一般采用收付实现制;部分经济业务或者事项采用权责发生制核算的,由财政部在会计制度中具体规定。

行业事业单位的会计核算采用权责发生制的,由财政部在相关会计制度中规定。

第十条 事业单位会计要素包括资产、负债、净资产、收入、支出或者费用。

第十一条 事业单位应当采用借贷记账法记账。

第二章 会计信息质量要求

第十二条 事业单位应当以实际发生的经济业务或者事项为依据进行会计核算,如实反映各项会计要素的情况和结果,保证会计信息真实可靠。

第十三条 事业单位应当将发生的各项经济业务或者事项统一纳入会计核算,确保会计信息能够全面反映事业单位的财务状况、事业成果、预算执行等情况。

第十四条 事业单位对于已经发生的经济业务或者事项,应当及时进行会计核算,不得提前或者延后。

第十五条 事业单位提供的会计信息应当具有可比性。

同一事业单位不同时期发生的相同或者相似的经济业务或者事项,应当采用一致的会计政策,不得随意变更。确需变更的,应当将变更的内容、理由和对单位财务状况及事业成果的影响在附注中予以说明。

同类事业单位中不同单位发生的相同或者相似的经济业务或者事项,应当采用统一的会计政策,确保同类单位会计信息口径一致,相互可比。

第十六条 事业单位提供的会计信息应当与事业单位受托责任履行情况的反映,会计信息使用者的管理、决策需要相关,有助于会计信息使用者对事业单位过去、现在或者未来的情况作出评价或者预测。

第十七条 事业单位提供的会计信息应当清晰明了,便于会计信息使用者理解和使用。

第三章 资 产

第十八条 资产是指事业单位占有或者使用的能以货币计量的经济资源,包括各种财产、债权和其他权利。

第十九条 事业单位的资产按照流动性,分为流动资产和非流动资产。

流动资产是指预计在 1 年内(含 1 年)变现或者耗用的资产。

非流动资产是指流动资产以外的资产。

第二十条 事业单位的流动资产包括货币资金、短期投资、应收及预付款项、存货等。

货币资金包括库存现金、银行存款、零余额账户用款额度等。

短期投资是指事业单位依法取得的,持有时间不超过 1 年(含 1 年)的投资。

应收及预付款项是指事业单位在开展业务活动中形成的各项债权,包括财政应返还额度、应收票据、应收账款、其他应收款等应收款项和预付账款。

存货是指事业单位在开展业务活动及其他活动中为耗用而储存的资产,包括材料、燃料、包装物和低值易耗品等。

第二十一条 事业单位的非流动资产包括长期投资、在建工程、固定资产、无形资产等。

长期投资是指事业单位依法取得的,持有时间超过 1 年(不含 1 年)的各种股权和债权性质的投资。

在建工程是指事业单位已经发生必要支出,但尚未完工交付使用的各种建筑(包括新建、改建、扩建、修缮等)和设备安装工程。

固定资产是指事业单位持有的使用期限超过 1 年(不含 1 年),单位价值在规定标准以上,并在使用过程中基本保持原有物质形态的资产,包括房屋及建筑物、专用设备、通用设备等。单位价值虽未达到规定标准,但是耐用时间超过 1 年(不含 1 年)的大批同类物资,应当作为固定资产核算。

无形资产是指事业单位持有的没有实物形态的可辨认非货币性资产,包括专利权、商标权、著作权、土地使用权、非专利技术等。

第二十二条 事业单位的资产应当按照取得时的实际成本进行计量。除国家另有规定外,事业单位不得自行调整其账面价值。

应收及预付款项应当按照实际发生额计量。

以支付对价方式取得的资产,应当按照取得资产时支付的现金或者现金等价物的金额,或者按照取得资产时所付出的非货币性资产的评估价值等金额计量。

取得资产时没有支付对价的,其计量金额应当按照有关凭据注明的金额加上相关税费、运输费等确定;没有相关凭据的,其计量金额比照同类或类似资产的市场价格加上相关税费、运输费等确定;没有相关凭据、同类或类似资产的市场价格也无法可靠取得的,所取得的资产应当按照名义金额入账。

第二十三条　事业单位对固定资产计提折旧、对无形资产进行摊销的,由财政部在相关财务会计制度中规定。[1]

第四章　负　债

第二十四条　负债是指事业单位所承担的能以货币计量,需要以资产或者劳务偿还的债务。

第二十五条　事业单位的负债按照流动性,分为流动负债和非流动负债。

流动负债是指预计在 1 年内(含 1 年)偿还的负债。

非流动负债是指流动负债以外的负债。

第二十六条　事业单位的流动负债包括短期借款、应付及预收款项、应付职工薪酬、应缴款项等。

短期借款是指事业单位借入的期限在 1 年内(含 1 年)的各种借款。

应付及预收款项是指事业单位在开展业务活动中发生的各项债务,包括应付票据、应付账款、其他应付款等应付款项和预收账款。

应付职工薪酬是指事业单位应付未付的职工工资、津贴补贴等。

应缴款项是指事业单位应缴未缴的各种款项,包括应当上缴国库或者财政专户的款项、应缴税费,以及其他按照国家有关规定应当上缴的款项。

第二十七条　事业单位的非流动负债包括长期借款、长期应付款等。

长期借款是指事业单位借入的期限超过 1 年(不含 1 年)的各种借款。

长期应付款是指事业单位发生的偿还期限超过 1 年(不含 1 年)的应付款项,主要指事业单位融资租入固定资产发生的应付租赁款。

第二十八条　事业单位的负债应当按照合同金额或实际发生额进行计量。

第五章　净资产

第二十九条　净资产是指事业单位资产扣除负债后的余额。

第三十条　事业单位的净资产包括事业基金、非流动资产基金、专用基金、财政补助结转结余、非财政补助结转结余等。

事业基金是指事业单位拥有的非限定用途的净资产,其来源主要为非财政补助结余扣除结余分配后滚存的金额。

非流动资产基金是指事业单位非流动资产占用的金额。

专用基金是指事业单位按规定提取或者设置的具有专门用途的净资产。

财政补助结转结余是指事业单位各项财政补助收入与其相关支出相抵后剩余滚存的、须按规定管理和使用的结转和结余资金。

非财政补助结转结余是指事业单位除财政补助收支以外的各项收入与各项支出相抵后的余额。其中,非财政补助结转是指事业单位除财政补助收支以外的各专项资金收入与其相关支出相抵后剩余滚存的、须按规定用途使用的结转资金;非财政补助结余是指事业单位除财政补助收支以外的各非专项资金收入与各非专项资金支出相抵后的余额。

第三十一条　事业基金、非流动资产基金、专用基金、财政补助结转结余、非财政补助结转结余等净资产项目应当分项列入资产负债表。

第六章　收　入

第三十二条　收入是指事业单位开展业务及其他活动依法取得的非偿还性资金。

第三十三条　事业单位的收入包括财政补助收入、事业收入、上级补助收入、附属单位上缴收入、经营收入和其他收入等。

财政补助收入是指事业单位从同级财政部门取得的各类财政拨款,包括基本支出补助和项目支出补助。

事业收入是指事业单位开展专业业务活动及其辅助活动取得的收入。其中:按照国家有关规定应当上缴国库或者财政专户的资金,不计入事业收入;从财政专户核拨给事业单位的资金和经核准不上缴国库或者财政专户的资金,计入事业收入。

上级补助收入是指事业单位从主管部门和上级单位取得的非财政补助收入。

附属单位上缴收入是指事业单位附属独立核算单位按照有关规定上缴的收入。

经营收入是指事业单位在专业业务活动及其辅助活动之外开展非独立核算经营活动取得的收入。

其他收入是指财政补助收入、事业收入、上级补助收入、附属单位上缴收入和经营收入以外的各项收入,包括投资收益、利息收入、捐赠收入等。

第三十四条　事业单位的收入一般应当在收到款项时予以确认,并按照实际收到的金额进行计量。

采用权责发生制确认的收入,应当在提供服务或者发出存货,同时收讫价款或者取得索取价款的凭据时予以确认,并按照实际收到的金额或者有关凭据注明的金额进行计量。

第七章 支出或者费用

第三十五条 支出或者费用是指事业单位开展业务及其他活动发生的资金耗费和损失。

第三十六条 事业单位的支出或者费用包括事业支出、对附属单位补助支出、上缴上级支出、经营支出和其他支出等。

事业支出是指事业单位开展专业业务活动及其辅助活动发生的基本支出和项目支出。

对附属单位补助支出是指事业单位用财政补助收入之外的收入对附属单位补助发生的支出。

上缴上级支出是指事业单位按照财政部门和主管部门的规定上缴上级单位的支出。

经营支出是指事业单位在专业业务活动及其辅助活动之外开展非独立核算经营活动发生的支出。

其他支出是指事业支出、对附属单位补助支出、上缴上级支出和经营支出以外的各项支出,包括利息支出、捐赠支出等。

第三十七条 事业单位开展非独立核算经营活动的,应当正确归集开展经营活动发生的各项费用数;无法直接归集的,应当按照规定的标准或比例合理分摊。

事业单位的经营支出与经营收入应当配比。

第三十八条 事业单位的支出一般应当在实际支付时予以确认,并按照实际支付金额进行计量。

采用权责发生制确认的支出或者费用,应当在其发生时予以确认,并按照实际发生额进行计量。

第八章 财务会计报告

第三十九条 财务会计报告是反映事业单位某一特定日期的财务状况和某一会计期间的事业成果、预算执行等会计信息的文件。

第四十条 事业单位的财务会计报告包括财务报表和其他应当在财务会计报告中披露的相关信息和资料。

第四十一条 财务报表是对事业单位财务状况、事业成果、预算执行情况等的结构性表述。财务报表由会计报表及其附注构成。

会计报表至少应当包括下列组成部分：

（一）资产负债表；

（二）收入支出表或者收入费用表；

（三）财政补助收入支出表。

第四十二条 资产负债表是指反映事业单位在某一特定日期的财务状况的报表。

资产负债表应当按照资产、负债和净资产分类列示。资产和负债应当分别按照流动资产和非流动资产、流动负债和非流动负债列示。

第四十三条 收入支出表或者收入费用表是指反映事业单位在某一会计期间的事业成果及其分配情况的报表。

收入支出表或者收入费用表应当按照收入、支出或者费用的构成和非财政补助结余分配情况分项列示。

第四十四条 财政补助收入支出表是指反映事业单位在某一会计期间财政补助收入、支出、结转及结余情况的报表。

第四十五条 附注是指对在会计报表中列示项目的文字描述或明细资料，以及对未能在会计报表中列示项目的说明等。

附注至少应当包括下列内容：

（一）遵循事业单位会计准则、事业单位会计制度（行业事业单位会计制度）的声明；

（二）会计报表中列示的重要项目的进一步说明，包括其主要构成、增减变动情况等；

（三）有助于理解和分析会计报表需要说明的其他事项。

第四十六条 事业单位财务报表应当根据登记完整、核对无误的账簿记录和其他有关资料编制，做到数字真实、计算准确、内容完整、报送及时。

第九章　附　则

第四十七条 纳入企业财务管理体系的事业单位执行企业会计准则或小企业会计准则。

第四十八条 参照公务员法管理的事业单位对本准则的适用,由财政部另行规定。

第四十九条 本准则自2013年1月1日起施行。1997年5月28日财政部印发的《事业单位会计准则(试行)》(财预字〔1997〕286号)同时废止。

参考文献

1. 侯江红. 公共组织财务管理[M]. 北京：高等教育出版社，2012.

2. 李兰英. 公共部门财务管理概论[M]. 北京：中国财政经济出版社，2002.

3. 中华人民共和国财政部颁布. 行政单位财务规则（2013 年 1 月 1 日起施行）、事业单位财务规则（2012 年 4 月 1 日起施行）、事业单位会计准则（2013 年 1 月 1 日起施行）.

4. 国务院颁布. 中华人民共和国预算法（1995 年 1 月 1 日施行）.

5. 迟道春. 机关事业单位财务管理制度范例[M]. 北京：工商出版社，2002.

6. 刘霞. 公共组织学习理论[M]. 北京：中国社会科学出版社，2005.

7. 王金秀，陈志勇. 国家预算管理[M]. 北京：中国人民大学出版社，2001.

8. 苏忠林. 公共组织理论[M]. 武汉：武汉大学出版社，2007.

9. 李传军. 公共组织学[M]. 北京：人民大学出版社，2008.

10. 竹立家，李登样. 国外组织理论精选[M]. 北京：中共中央党校出版社，1997.

11. 罗伯特·登哈特. 公共组织理论[M]. 北京：中国人民大学出版社，2003.

12. 朱国云. 公共组织理论[M]. 南京：南京大学出版社，2003.

13. 理查德·斯格特[美]. 组织理论[M]. 北京：华夏出版社，2002.

14. 阿曼·卡恩（美）. 公共部门财政管理理论[M]. 孙开，译. 上海：上海人民出版社，2008.

15. John J. Green（英）. 公共部门财务管理[M]. 北京：经济管理出版社，2002.

16. 王树汉. 事业单位财务管理[M]. 西安：陕西人民出版社，1997.

17. 王庆成，门玉峰. 事业单位新会计制度操作实务[M]. 北京：中国计划出版社，1997.

18. 王庆成. 政府与事业单位会计[M]. 北京：中国人民大学出版社，2004.

19. 门玉峰. 行政单位新会计制度操作实务[M]. 北京：中国计划出版社，1997.

20. 阎达五. 事业单位会计实用手册[M]. 北京：首都经济贸易大学出版社，1998.

21. 王为民. 公共组织财务管理[M]. 北京：中国人民大学出版社，2009.

22. 朱小平. 新预算会计实务全书[M]. 北京：九州图书出版社，1999.

23. 房蒲建. 行政事业单位财务管理[M]. 太原：山西经济出版社，2001.

24. 李明安. 事业行政财务管理[M]. 北京：科学出版社，1998.

25. 王金秀，陈志勇. 国家预算管理[M]. 北京：中国人民大学出版社，2001.

26. 陈振明. 公共组织理论[M]. 上海：上海人民出版社，2006.

27. 施晓凤. 行政事业单位会计实务[M]. 北京：化学工业出版社，2009.

28. 王树. 新编轻松做行政事业单位会计一本通[M]. 北京：中国纺织出版社，2009.

29. 朱传华. 行政单位会计理论与实务[M]. 北京：首都经济贸易大学出版社，1998.

30. 金锦萍. 社会组织财税制度[M]. 北京：中国社会出版社，2011.

31. 孙开. 公共支出管理[M]. 大连：东北财经大学出版社，2009.

32. 林万祥. 曹钟候. 政府与事业单位会计[M]. 北京：中国财政经济出版社，2000.

33. 中国注册会计师协会. 会计[M]. 北京：中国财政经济出版社，2006.

34. 宋效中. 公共组织财务管理[M]. 北京：机械工业出版社，2006.

35. 贾明春. 政府与事业单位会计[M]. 北京：经济科学出版社，2010.

36. 郭彦斌，等. 政府与事业单位会计[M]. 北京：经济管理出版社，2009.

37. 张彪. 非营利组织财务研究[M]. 长沙：湖南人民出版社，2010.

38. 石华英. 政府财务信息披露研究[M]. 北京：中国财经出版社，2006.

39. 范恒山. 中国事业单位改革探索[M]. 北京：人民出版社，2010.

40. 上官敬芝. 财务管理学[M]. 北京：高等教育出版社，2010.

41. 李海波，刘学华. 行政事业会计（第二版）[M]. 上海：立信会计出版社，2001.

42. 樊行健，刘贵生. 财务分析改革探索[M]. 成都：西南财经大学出版社，1993.

43. 高松和男. 财务分析入门[M]. 金周英译. 北京：经济科学出版社，1986.

44. 卢贤光，罗绍德. 如何编制和分析会计报表[M]. 成都：西南财经大学出版社，1994.

45. 陈信华. 财务报表分析技巧[M]. 上海：立信会计出版社，1994.

46. 安玉华. 企业会计报表与分析[M]. 上海：上海人民出版社，1995.

47. 财政部会计资格评价中心. 中级财务管理[M]. 北京：中国财政经济出版社，2005.

48. 何云燕. 浅议行政事业单位财务管理的重要性[J]. 知识经济，2012(14).

49. 周咏梅，王孟龙. 公共组织财务管理基本理论初探[J]. 经济师，2012(7).

50. 王军. 浅谈财务管理方法在企业中的应用[J]. 中国总会计师，2012(06).

51. 李倩. 试论新形势下我国行政事业单位的财务管理创新[J]. 中国外资，2013(2).

52. 殷典平，林涛. 新形势下行政事业单位如何做好财务管理创新工作[J]. 现代商业，2008(27).

53. 罗海东. 公共事业行政组织预算编制的原则与方法[J]. 商业经济，2009(3).

54. 杨金凤. 事业单位经营收入的会计确认和账务处理[J]. 经济研究导刊，2010(32).

55. 曹燕. 行政事业单位专项资金管理的思考. 财务顾问网，2007-09-10.

56. 刘丽. 谈单位预算的编制、审批及调整[J]. 经营管理者，2009(08).

57. 孙莉. 新时期事业单位财务管理创新的思考[J]. 产业与科技论坛，2007(10).

58. 田文宇，王芳，田正宇. 新时期行政事业单位财务管理的对策[J]. 内蒙古财会，2002(9).

59. 张盼. 当前行政事业单位财务管理中存在的问题及对策[J]. 经济师，2005(5).

60. 李建发. 市场经济环境下事业单位的财务行为规范——兼论事业单位财务制度改革[J]. 事业财会，2004(1)、(2).

61. 李建发，肖华. 公共财务管理与政府财务报告改革[J]. 会计研究，2004(9).

62. 姜宏青. 公共部门理财学科的兴起与建设[J]. 会计研究,2008(8).

63. 荣莉. 公共财政框架下政府公共部门的财务管理[J]. 企业经济,2005(10).

64. 张国生. 改革预算会计与构建政府会计体系[J]. 中南财经政法大学学报,2005(6).

65. 魏晓艳,李军训. 民间非营利组织收入和成本费用的核算[J]. 现代商业,2008(33).

66. 石宏. 非营利组织预算管理研究[D]. 山东农业大学 2004.

图书在版编目(CIP)数据

公共组织财务管理/缪匡华编著. —厦门:厦门大学出版社,2014.5
应用型本科财经类规划教材
ISBN 978-7-5615-5028-1

Ⅰ.①公… Ⅱ.①缪… Ⅲ.①国家行政机关-财务管理-高等学校-教材
②行政事业单位-财务管理-高等学校-教材 Ⅳ.①F810.6

中国版本图书馆 CIP 数据核字(2014)第 063960 号

厦门大学出版社出版发行
(地址:厦门市软件园二期望海路 39 号 邮编:361008)
http://www.xmupress.com
xmup @ public. xm. fj. cn
三明市华光印务有限公司印刷
2014 年 5 月第 1 版 2014 年 5 月第 1 次印刷
开本:720×970 1/16 印张:21.5
字数:380 千字 印数:1～3 000 册
定价:36.00 元
如有印装质量问题请与承印厂调换